음악교육 교재·교구 개발 및 활동

# 음악과 교재 연구

## Teaching Materials in Music Education

김미숙 · 현경실 · 민경훈 · 장근주 · 김영미 · 조성기
김지현 · 조대현 · 송주현 · 박지현 · 최윤경 · 김지현 공저

학지사

머리말

    좋은 학습 자료로 효율성 있게 수업을 이끌어 가는 것은 모든 음악교사의 희망이자 목표이다. 시대의 흐름을 반영하여 새롭게 개발된 교재, 교수법, 음악보조교구의 사용은 학생의 음악적 욕구를 충족시키고, 그들의 음악적 능력을 최대한 길러 줄 수 있으며, 항상 새로운 아이디어를 생각하는 창의적 자세를 확립하게 해 준다.

    따라서 음악교사는 효과적인 교수법을 제공해야 하며, 학생들이 흥미롭고 재미있는 음악활동에 적극 참여할 수 있도록 환경을 조성해 주어야 한다. 원활한 교육 환경의 조성을 위해서 교재와 교구도 구비되어야 하는데, 각 교수법에 따라 그에 맞는 교재와 교구가 다르게 선정되어야 한다. 음악 수업에 영향을 미치는 교수법과 교수 매체의 선택에 따라 수업의 효율성과 교사의 전문성이 다른 결과로 나타난다. 올바른 사고를 위한 교재의 제공은 바람직한 심성의 개발과 태도의 형성에 도움을 주며, 학생들이 적극적으로 현대 사회에 적응하며 융화할 수 있게 만든다.

    이 책은 이러한 필요성에 따라 구상되었으며, 음악교육학 이론의 실제적 적용을 위한 교과목인 음악교재 연구 및 지도법에 적합한 내용으로 구성되어 있다. 학생들이 자율적인 태도를 함양하고 배움의 본질적인 기쁨을 창조하게 하기 위해서는 다양한 교수 내용과 교재의 개발이 요구되는데, 이 책에서 저자들은 음악교사뿐만 아니라 예비교사, 문화예술교육사들에게 필요한 구체적이고 실질적이며 현장에서 사용 가능한 음악 수업 자료의 개발 방법 및 활동 내용을 포함하려고 노력하였다. 특히 음악적 수준과 배경이 다른 학생들을 위해 다양한 형태의 음악 수업이 이루어질 수 있도록 하였는데, 제시된 수업 예시는 학생들의 수준, 학교의 사정, 음악교사들의 여건과 능력에 따라서 변화시키고 재구성하여 응용할 수 있다.

이 책은 음악과 교재연구와 음악교육 교재·교구 개발 및 활동을 위한 교재로서 '제1부 음악과 교재 연구의 기초' '제2부 음악과 교재 연구의 실제' '제3부 음악과 교과서 분석의 실제' '제4부 음악과 교재의 활용과 실제' 로 구성되어 있다.

'제1장 교재 연구의 배경' 에서는 음악과 교재 연구가 왜 필요한지를 생각해 보고, 음악과 교재의 의미와 특성, 음악과 교재의 구성 원리, 그리고 대표적 교재인 음악 교과서의 중요성을 알아보았다.

'제2장 교재의 발달과 유형' 에서는 교재의 역사적 배경을 알아보고, 교재를 유형별로 분류하였으며, 각 교재에 따른 특징을 제시하였다.

'제3장 교육과정기별 교재의 변천' 에서는 우리나라 음악 수업에서 가장 중요하게 활용되는 교재인 교과서가 교육과정 시기별로 어떻게 편찬 및 개발되어 왔는지에 대하여 알아보았다.

'제4장 학교 교육과정의 개발' 에서는 각 학교의 상황에 맞게 교육과정을 개발할 수 있도록 국가 및 지역 음악과 교육과정 분석, 실태 조사 및 분석, 학교 음악과 교육과정 시안 작성, 학교 음악과 교육과정 시안 검토 및 수정, 학교 음악과 교육과정 확정 및 공지, 학생용 수업 계획서 작성 및 공지, 음악과 교육과정 운영, 음악과 교육과정 평가 등의 단계로 제시하였다.

'제5장 수업 설계 및 지도안 작성' 에서는 가르치는 과정을 최적화하기 위한 활동으로 음악 수업을 설계하는 절차를 살펴보고, 음악 수업 시간에 실제로 활용할 수 있는 음악과 수업 지도안을 구체적으로 검토하였다.

'제6장 교수·학습 자료의 개발' 에서는 학습 자료, 교수 자료의 개념과 교수·학습 자료의 분류에 대해 알아보고, 나아가 보다 실제적인 음악과 교수·학습 자료를 개발하였다.

'제7장 교재·교구의 선정 기준' 에서는 음악과 교재·교구의 선정 기준을 크게 음악적 측면과 음악 외적 측면으로 분류하고 음악적 측면에서는 음악적 개념과 지적 이해를 포함하는 음악적 이해, 음악 기술과 음악적 표현력을 포함하는 음악 활동, 음악에 대한 태도와 가치관을 포함하는 음악적 태도 등 세 가지로 제시하였으며, 음악 외적 측면에서는 교육적 측면, 실용적 측면, 동기유발적 측면, 상호작용적 측면 등 네 가지로 제시하였다.

　'제8장 교과서 분석 방법'에서는 교과서가 국가 교육과정에 제시된 음악과의 성격, 음악과의 목표와 내용을 효과적으로 달성할 수 있는 조건을 담아내고 있는지를 파악할 수 있도록 음악 교과서를 효율적으로 분석하고 비판하며 개선을 모색하였다.

　'제9장 초등학교 교과서 분석'에서는 초등학교 음악교과 관련 교과서를 소개하고, 제8장에서 제시한 '음악 교과서 분석을 위한 분석 범주화'에 따라 '외형의 관점' '음악의 관점' '지도방법의 관점'으로 초등학교 음악 교과서를 예로 들어 분석의 실제를 제시하였다.

　'제10장 중학교 교과서 분석'에서는 예비교사들에게 우리나라 중학교 음악 교과서를 소개하고, '음악 교과서 분석을 위한 분석 범주화'에 따라 교과서를 분석하는 방법과 그 구체적인 예를 제시하였다.

　'제11장 고등학교 교과서 분석'에서는 고등학교의 음악교과 관련 교과서를 소개하고, '음악 교과서 분석을 위한 분석 범주화'에 따라 고등학교 『음악과 생활』 교과서를 예로 들어 분석의 실제를 제시하였다.

　'제12장 다문화 음악교육'에서는 세계적 안목을 소유한 인재 그리고 다양한 민족 문화를 이해하고 그들의 주체성을 인정하는 인재를 양성하기 위해서 다양한 시대·문화·장르의 음악으로 질적인 교수·학습 방법을 사용하여 실제적인 경험을 하는 음악 수업을 제시하였다.

　'제13장 융합교육'에서는 STEAM 교육을 중심으로 융합 및 융합교육의 이론적 배경에 대해 정리하고, 나아가 음악 수업 내에서 실현할 수 있는 융합의 가능성에 대해 살펴보았다.

　'제14장 인성교육'에서는 인성교육의 개념을 정리하고 인성교육의 가치덕목·인성역량을 여덟 가지 요소로 설정하였다. 그리고 이에 대한 초등학교와 중학교에서의 실천 가능성을 위해서 내용을 구체화하였으며, 해당 교육 내용에 대한 활동의 예를 제시하였다.

　이 책이 음악교사, 예비교사, 문화예술교육사 등 음악교육에 관계된 모든 분에게 음악 수업의 방법과 내용으로 과학화 및 현대화에 부응하는 창의적이고 효율적인

교재가 되기를 기대한다. 마지막으로 음악교육에 변함없는 관심을 가져 주시는 학
지사의 김진환 사장님, 이 교재가 나오기까지 애써 주신 편집부의 이하나 선생님과
직원분들께 감사의 마음을 전한다.

2015년
저자 일동

차례

## 제4부 음악과 교재의 활용과 실제

# 제1부
# 음악과 교재 연구의 기초

# 제1장
# 교재 연구의 배경

민경훈

음악과 교재 연구의 궁극적인 목적은 교재의 질을 높여 줌으로써 음악교육의 발전을 도모하기 위함이다. 이 장에서는 먼저 음악과 교재 연구가 왜 필요한지를 생각해 보고, 그 다음 음악과 교재의 의미와 특성, 음악과 교재의 구성 원리, 그리고 대표적 교재인 음악 교과서의 중요성에 대하여 알아본다.

## 1. 음악과 교재 연구의 필요성

모든 시대의 국가는 교육을 백년대계로 여겨 매우 중시하고 있다. 그만큼 교육은 사회적으로 매우 중요한 일이고, 개인적으로나 공동체적으로 세상을 의미 있게 살아갈 수 있는 기회를 만들어 주는 가장 좋은 방법이다. 특히 음악교과는 음악적 아름다움을 통해 고귀한 인간 정신을 고양시키고 바른 인간적 품성을 지닐 수 있도록 해 주는 것을 기본으로, 아름다운 내적 영혼과 인간다운 외적 삶의 조화로운 발달을 지향하는 교과이다.

음악과 교재(teaching material)를 연구하기 위해서는 가장 먼저 '왜 음악과 교재의 연구가 필요한지' 그리고 '음악과 교재가 무엇을 의미하는지'를 생각하여야 한다. 왜 음악과 교재 연구가 필요한가? 이에 대한 궁극적인 답은 음악과 교재가 음악 수업 활동을 가능하게 이끌어 주는 매우 중요한 매개물로서 음악교육에 가장 큰 영향을 주는 요인 중 하나이기 때문이며, 이러한 교재 연구를 통하여 보다 더 나은 교재의 발전과 함께 학교 음악교육의 질을 높일 수 있기 때문이다.

수업은 교사, 학생 그리고 교재의 상호작용에 의하여 행해지는 학습 활동이다. 교사는 교재를 매개로 해서 학생들을 지도한다. 그리고 교사는 교재의 내용을 바탕으로 효과적인 지도 계획을 수립한다. 이처럼 교재는 수업을 위해 매우 중요한 역할을 한다. 그러므로 교재에 대한 연구는 과거 교재들의 문제점에 대한 반성과 새로운 교재의 개선을 위한 성찰의 자세로 진지하게 논의되어야 한다.

음악과 교재의 연구에서 가장 먼저 다루어야 할 논점은 음악과 교재가 무엇을 의미하는지에 대한 해답을 구하는 것이다. 왜냐하면 많은 학자가 교재를 동일한 의미로 사용하지 않고 있기 때문이다. 많은 학자가 교재를 동일한 의미로 사용하지 않는 이유는 교재 자체에 대한 다양한 차원의 이론으로부터 논의 수준이 다르기 때문이다.

이와 같이 교재의 개념이 모호하여 정의하기 어려움에도 교과교육학에서 '교재 연구'가 필히 다루어져야 하는 이유는 교재가 교과의 내용을 가르치는 데 필수적으로 필요하다는 점에서 교과와 떨어질 수 없는 상관관계가 있기 때문이다. 그러므로 이 장(章)에서는 음악과 교재 연구를 위해 먼저 음악과 교재의 의미와 특성을 알아보고, 그다음에 음악과 교재의 구성 원리, 그리고 음악 수업을 위한 대표적인 교재로서 음악 교과서의 중요성에 대하여 살펴보고자 한다.

## 2. 음악과 교재의 의미와 특성

### 1) 교재의 일반적 개념

음악과 교재의 연구를 위해서는 교재에 대한 개념 정의가 선행되어야 한다. 교재를 어떻게 정의할 것인가? 많은 학자가 교재의 개념에 대하여 각기 다르게 설명하고 있다. 따라서 이 질문에 대한 해답을 구하는 것이 쉽지는 않다. 교재의 사전적 의미는 '학문이나 기에 따위를 가르치거나 학습하는 데 쓰이는 재료'이다. 즉, 교재란 교육에 필요한 내용을 담아서 가르치거나 학습하는 데 쓰이는 여러 가지 재료를 말하는 것으로서, 교과서 또는 시청각 자료 등이 이에 속한다. 교재는 교수·학습에 중핵적인 역할과 기능을 갖고 있으므로 교재에는 여러 가지 사실, 사실에 대한 해석(과학적 성과), 사실을 해석하기 위한 방법 등을 포함하여야 한다(박은종, 2010).

교재의 개념에 대한 학자들의 견해는 다양하게 나타난다. 남덕우 등(1985)은 교재의 개념을 '교육의 목적에 따라 학습시키는 데 필요하다고 인정된 교육의 내용'이라고 정의하고 있다. 이어서 그는 교육의 내용은 교육과정 또는 단원으로 구성되어야 하고, 학습자의 교육 연령에 따라 적절하게 선택되어야 한다고 강조한다. 이러한 점에서 남덕우는 교재를 '교육의 내용'으로 이해하고 있다고 볼 수 있다. 한편, 박은종(2010)은 "교재(material)란 교수·학습에서 사용되는 교과서를 비롯한 모든 학습 자료, 즉 참고서, 신문, 잡지, 노트북, 표본, 괘도, 비디오, 슬라이드 등과 같은 자료와 매체를 의미한다"고 주장한다. 즉, 그의 주장에 따르면 교과의 모든 교수·학습에서 사용되는 모든 형태의 자료와 도구가 곧 교재인 것이다. 더 나아가 그는 교재란 우선 교육적으로 가치로운 것이어야 하기 때문에 교재 중에서 가장 중요한 것이 교과용 도서인 교과서와 교사용 지도서라고 강조한다. 허재영(2006)은 교육적인 내용을 담고 있는 교육용 도구를 교재라고 하였다. 교육용 도구라 함은 교육을 위해 사용되는 도구, 즉 피아노, 악기, 노트북, 표본, 실험기구, 슬라이드, 비디오, 교과서 등을 의미한다. 그는 이러한 교육용 도구 중에서도 교육할 내용을 담고 있는 도구를 교재라고 하였다. 또한 이성영(1992)은 교재란 물리적 실체로서 학습 내용이 담겨 있는 구체적 표상이 되어야 한다고 주장하면서, 교재는 교수·학습 활동과의 관계로 성립되어야 한다고 강조한다. 그리고 그는 이러한 점에서 교과서가 가장 중심이 되는 교재라고 언급하였다. 이성영의 주장과 비슷하게 김순애(1997)도 역시 교재를 '첫째, 교수·학습의 내용, 둘째, 특정한 교수·학습 활동을 촉진하는 소재'로 규정하고 있다.

이와 같은 사실에서 알 수 있듯이, 교재에 관한 개념 정의는 학자들에 따라 차이가 있다. 이처럼 교육 활동의 다면성과 그에 따른 수업 목표 혹은 교육 방법의 다양성으로부터 빚어진 개념의 모호성으로 인하여, 그리고 실제로 교재가 교육적인 내용과 교수 매체를 엄밀히 구별하지 않고 서로 중첩된 의미로 쓰이는 경우가 많기 때문에 교재의 개념을 명확하게 규정한다는 것은 쉬운 일이 아니다.

## 2) 음악과 교재의 의미

앞에서 언급한 여러 학자의 교재관을 바탕으로 광의적 차원에서의 음악과 교재의 의미를 다음과 같이 제시할 수 있다.

첫째, 음악과 교재는 음악적 인지를 목표로 하는 교수 · 학습 활동에 관한 내용을 포함하여야 한다. 예를 들어, 음악 교과서의 경우 음악적 인지를 목표로 하는 교수 · 학습 활동의 내용을 포함하고 있기 때문에 음악 교재가 된다는 것이다. 이러한 경우 '내용＝음악 교재'의 관계가 성립하게 된다.

둘째, 고등정신기능이라고 불리는 분석력, 종합력, 평가력이나 사고의 방식 및 탐구의 방법 등을 학습의 목표로 세우는 경우, 인지적인 내용만으로는 이러한 목표에 도달할 수 없다. 학습의 목표는 인지적인 내용을 출발점으로 하여 고등정신의 기능이 나타날 수 있는 학습 활동이 이루어질 때 성취될 수 있다. 즉, 교재는 인지적인 내용을 담아내는 것만으로는 충분하지 못하고, 이와 동시에 실제의 학습 활동까지를 포함하여야 한다는 것이다. 예를 들어, 음악 교과서에 "주제에 맞는 노랫말과 극본을 만들어 음악극으로 표현할 수 있다"고 학습 목표가 제시된 경우, 음악과 교재는 교과서의 인지적 내용과 더불어 음악극을 만들 때 나타나는 고등정신기능의 실제 활동까지를 포함하여야 한다.

셋째, 악기 활동을 통한 기능 습득이 목표가 될 경우 악기나 직접적인 악기 연주의 경험이 곧 음악 교재가 되고, 악보와 같은 인쇄 매체는 참고 자료가 된다.

넷째, 심미성, 도덕성 등의 정의적 목표의 학습에 있어서는 주어진 소재보다 이에 대한 의미나 가치 부여 등 교사의 해석이 심미적 · 도야적 기능을 수행한다. 이러한 경우, 교사 자신이 음악 교재가 되어 학생들의 공감이나 모방 등의 교육적 기제 (mechanism)를 이루는 것이다.

앞에서 언급한 내용들을 바탕으로 효율적인 교재 연구를 위해 교수 · 학습 자료, 교재, 교구의 개념을 〈표 1-1〉과 같이 구분할 수 있다.

표 1-1   교수 · 학습 자료, 교재, 교구의 개념 구분

| 용어 | | 의미 | 예 |
|---|---|---|---|
| 교수 · 학습 자료 (material) | ➡ | 교수 · 학습에서 두루 사용되는 자료와 매체로 교재와 교구를 포함 | 교과서, 참고서, 컴퓨터, 비디오, 피아노 등 |
| 교재 (textbooks) | ➡ | • 가르치거나 학습하여야 할 내용을 담은 재료<br>• 인지적인 내용과 더불어 분석하는 능력, 종합하는 능력, 평가하는 능력 등 고등정신의 기능을 발전시킬 수 있는 다양한 학습 활동까지도 포함 | 교과서, 수업 교재 등 |
| 교구 (teaching tools) | ➡ | 학습을 효과적으로 지도하기 위하여 지원해 주는 도구 | 칠판, 오디오, 비디오, 컴퓨터 등 |

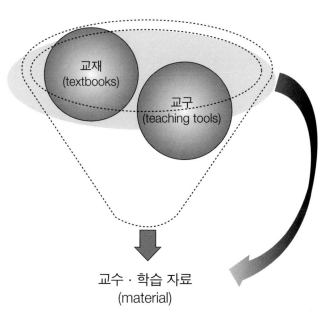

교수 · 학습 자료
(material)

[그림 1-1]  교수 · 학습 자료, 교재, 교구의 구분

## 3. 음악과 교재의 구성 원리

음악과 교재의 효율성과 효과성을 높이기 위해서 음악교사는 자신이 사용하는 교재의 특징이나 한계를 확인해 보아야 한다. 무엇보다도 음악교사는 교재를 사용함에 있어서 과연 교재가 학생들의 수준과 능력에 적합한지를 숙고해 보아야 한다. 물론 교재의 학습 내용이 학생들의 인지 발달 단계를 감안하여 배열되었다고 생각하지만, 현실적으로 학생들의 입장에서 볼 때 정말 바람직한지 분석해 보아야 하는 것이다. 음악과 교재 연구의 핵심은 학습자의 수준과 능력에 따라 학습의 난이도를 적절하게 고려하였는지를 분석하고, 학생들의 관심과 흥미를 감안하여 학습자의 의욕을 북돋우는 내용을 반영하였는지 파악하며, 여러 가지 이론적·기능적 관점에서의 내용 및 다양한 학습 활동의 방법을 체계적으로 배열하였는지를 알아보는 데 있다. 바람직한 음악과 교재의 조건은 다음과 같다.

첫째, 학습자들이 수업 중에 행하는 여러 가지 발표나 발견 등 학습자의 다양한 사고 능력과 탐구 능력을 최대한 발전시켜 주는 등 교육적으로 유의미한 유도를 할 수 있는 교재가 되어야 한다.

둘째, 시대의 흐름과 과학의 발달에 발맞추어 학습자의 관심과 흥미를 유도하고 배양해 줄 수 있는 교재이어야 한다. 교재가 학습자의 관심과 흥미를 고려하여 내용과 활동을 효과적으로 다룬다면 학습자의 학습 의욕이 높아질 것이다.

셋째, 음악과 교재는 학생의 수준과 능력 그리고 학습의 난이도를 고려하여야 한다. 교재의 내용은 학생들의 학습 발달 단계에 따라 쉬운 정도부터 어려운 정도까지 체계적으로 배열되어 학생들의 사고 능력과 탐구 능력을 발전시켜 주어야 한다.

넷째, 음악과 교재는 상황에 따라 제한적일 수 있다. 이러한 점에서 교재는 학생들의 여건과 환경 그리고 지역에 따라 적절히 재구성될 수 있는 성질을 갖추어야 한다. 교사는 이러한 교재를 바탕으로 환경과 지역에 알맞게 내용을 재구성하고 현장에 적용함으로써 실질적인 교육이 이루어지도록 노력하여야 한다.

앞에서 언급한 내용들을 바탕으로 음악과 교재의 구성 원리를 〈표 1-2〉와 같이 정리할 수 있다.

| 표 1-2 | 음악과 교재의 구성 원리 |

| 교재 구성의<br>핵심 원리 | 내용 |
|---|---|
| ① 명확성 ➡ | 교재를 통해서 전달하고자 하는 음악적 주제와 메시지가 분명하게 드러나야 한다. |
| ② 통일성 ➡ | 교재가 담고 있는 내용이 교수·학습 목표를 충분히 달성할 수 있도록 통일성을 유지하여야 한다. |
| ③ 일관성 ➡ | 교재를 구성하는 각 부분이 일관성 있게 음악 수업에 활용하기에 용이한 구조로 이루어져야 한다. |
| ④ 정교성 ➡ | 내용을 단순하게 나열해서는 안 되고 오류 없이 잘 정선되어야 한다. |
| ⑤ 적절성 ➡ | 학습자가 충분히 이해하고 수용할 수 있는 수준에서 음악과 관련한 언어를 적절하게 사용하여야 한다. |
| ⑥ 적합성 ➡ | 학습자의 심리, 음악적 관심, 음악적 흥미 등이 적합하게 반영되어야 한다. |
| ⑦ 창의성 ➡ | 사고력을 증진시킬 수 있는 유의미한 질문들이 두루 사용되어야 한다. |

# 4. 음악 교과서의 중요성

　　교재 중에서도 전통적으로 중핵적인 위치를 차지하는 것은 '교과서'이다. 음악 수업을 위한 교재는 교육과정에 진술된 교육 목표, 내용, 교수·학습 방법, 평가 등의 요소들을 유기적으로 담아내야 하지만, 교과서는 그중에서도 내용과 가장 밀접하게 관계하여야 하고, 내용을 지원하기 위한 학습 활동도 포함하여야 한다. 음악 교과서는 음악과 교육과정을 바탕으로 구체적인 주제와 내용을 담은 주된 음악 학습의 자료로서의 역할을 한다. 교과서는 국가의 교육 이념이나 목적을 구현하는 수단이며 도구로서 교육과정의 취지에 따라 편찬되어야 하며, 교사와 학생 그리고 교육 목표와 학생 간의 매개물로 작용하여야 한다.

음악 교과서는 음악교과가 요구하는 지식, 음악적 경험을 체계적으로 쉽게 그리고 분명하고 간결하게 편집하여 학생들이 음악 학습의 기본 자료로 활용할 수 있도록 제작된 교재이다(이홍수, 1990). 최근에는 학습을 점검하고 기본 학습과 심화 학습을 체계적으로 다루기 위하여 학습 과정에 따른 진단 및 형성 평가 방법을 교과서에 포함하는 경향이 있다. 그리고 더 나아가 다양하고도 질 높은 사진이나 그림을 사용하여 학생들이 재미있고 쉽게 내용을 이해할 수 있도록 매우 창의적인 편집 양상을 보이고 있다.

교과서는 각 시대의 교육관이나 철학 그리고 사회의 변천에 따라 그 기능을 달리하면서 변화·발전되었다. 음악 교과서의 기능 또한 시대와 사회의 변천에 따라 음악교육의 목적이나 교수 방법 등을 달리하면서 지속적으로 발전되어 왔다. 이러한 배경에서 음악 교과서에 대하여 논의할 때에는, 먼저 해당 시기의 교육철학과 사회의 상황을 파악하여야 한다. 또한 교육심리학의 발달 배경을 바탕으로 음악과의 성격, 목표, 교수·학습 방법 그리고 평가에 이르기까지 폭넓은 이해가 있어야 한다. 물론, 음악 교과서가 미학적 관점에서 숭고한 음악미를 다루는 것은 시대를 초월한 근본 원리가 되어야 한다.

어느 해당 시기의 교육철학 및 사회학적 사고는 왜 학교에서 음악을 가르쳐야 하는지, 그리고 학교에서 무엇을 가르쳐야 하는지에 대한 질문과 관련이 있다. 이러한 사고는 음악교육의 당위성과 교과서의 편찬 목적 그리고 교과서의 내용을 위하여 뚜렷한 방향을 제시한다. 따라서 현재의 교과서를 파악해 보는 것은 미래에 음악과 교육과정의 수립과 교과서의 편찬에 있어 유용한 시사점을 제공해 준다.

---

**토의 주제**

1. 음악과 교재의 연구가 왜 필요한지 토의해 보자.

2. 바람직한 음악과 교재의 조건에 대하여 이야기해 보자.

3. 음악 교과서의 중요성에 대하여 설명해 보자.

# 제2장

# 교재의 발달과 유형

조성기 · 김지현 1

이 장에서는 교재에 대한 역사적 배경과 그 발달과정을 알아보고 교재의 다양한 유형을 이해한다. 교재의 발달에서는 시각 교재와 시청각 교재로 분류하여 학자들의 이론을 구체적으로 제시하고, 교재의 유형에서는 상징체계의 유형에 따라 시각 교재, 청각 교재, 시청각 교재, 상호작용 교재로 나누어서 설명한다.

## 1. 교재의 역사적 배경

제1장에서 알아본 바와 같이 교재는 교수·학습을 위한 모든 자료 혹은 매체와 같은 의미로서, 교수 내용 그 자체가 담겨 있는 소프트웨어(software)로서의 의미와 이러한 교수 내용을 제시해 주는 하드웨어(hardware)로서의 교구를 포함하는 포괄적인 개념이다. 이러한 교재의 개발과 활용에 있어서 음악교과를 비롯하여 교과 교육에서의 역사적 배경과 발달은 일반 교육학에서의 그것과 맥을 같이하고 있다.

교재의 중요성에 대한 인식은 17세기 코메니우스(J. A. Comenius, 1592-1670)에 의해 시작된다. 코메니우스는 1658년에 직관적 이해를 촉진시켜 라틴어를 쉽게 가르치기 위해 인류 역사상 최초로 풍부한 도해(圖解)를 삽입한 언어 교과서 『세계도

회(Orbis Sensualium Pictus)』를 개발하였다(인명사전편찬위원회, 2002). 그는 자연의
법칙을 관찰하여 그 모방에 의해 아동을 교육시켜야 한다고 주장하고, 감각적 교육
방법과 직관 교육을 강조하였다.

로크(J. Locke, 1632-1704)는 아동들이 주변에서 흔히 찾아볼 수 있는 물건들(돌멩
이, 종잇조각, 열쇠 등)을 놀이 도구로 사용할 것을 주장하였으며, 장난감이나 게임이
아동들에게 매우 중요한 교육적 도구가 된다는 것을 인식하고 '로크 블록'을 고안
하여 교육에의 적용을 시도하였다.

루소(J. J. Rousseau, 1712-1778)는 아동 중심 교육을 강조하고 자연에서 감각 기
관을 통해 직접 만져 보고 체험해 봄으로써 배울 수 있는 경험에 입각한 교육을 주
창하였으며, 교육을 위해 사물 그 자체의 활용을 강조하였다.

페스탈로치(J. H. Pestalozzi, 1746-1827)는 루소의 정신을 이어받아 교육 방법으
로 자주 실물 교육을 강조하였고, 교육은 아동의 본성에 따라야 하며, 아동의 잠재
적 가능성을 개발시키기 위해 적절한 감각적 경험을 활용할 것을 주장하였다.

프뢰벨(F. W. A. Fröbel, 1782-1852)은 아이들은 자기 활동인 놀이를 통해 인간의
본성을 신장시켜야 하며, 이때 놀이도구는 그 중요한 매체라고 주장하면서(이철수,
2009), 1837년 '은물'(Gabe, 선물)이라는 놀이 교구를 고안하였다. 또한 그는 아동
의 상상력 발달을 돕고 교육의 원리를 실현하기 위해 여러 가지 다양한 교구가 필
요함을 강조하였다.

몬테소리(M. Montessori, 1870-1952)는 준비된 환경과 교구들 속에서 아동들이 어
떻게 자기의 잠재력을 발전시키는지에 대해 관심을 갖고, 감각을 통한 활동과 이를
위한 교구들을 창안하였다.

슈타이너(R. Steiner, 1861-1925)는 교육 매체로 자연의 나뭇조각이나 이들로 만든
동물 인형, 면이나 실크 등 자연 소재의 단순한 천을 활용하고, 자연과 미적 경험을
위해 현장체험을 중시하였으며, 자연과의 일체감을 통한 교육을 강조하였다. 또한
12감각(촉감, 생존 감각, 고유 운동 감각, 균형 감각, 후각, 시각, 미각, 온도 감각, 청각, 언
어 감각, 사고 감각, 자아 감각)을 자극하고 개발시키는 교육 방법을 강조하였다.

## 2. 교재의 분류

교수 · 학습을 위해 사용되는 자료로서 교재는 일반적으로 인간의 다양한 감각을 자극하고, 자극을 통해 정보를 효과적이고 효율적으로 획득하도록 하는 데 목적을 두고 있다. 청각에 의존하고 그것을 기반으로 하는 음악교과의 경우라 하더라도, 그 텍스트로서의 음악을 이해하고 관련된 맥락을 학습하기 위해서 청각을 포함한 다양한 감각을 자극하는 교육 방법이 필요한 것이다. 따라서 교재의 발달과 유형은 인간의 다양한 감각의 활용과 발달을 위한 방법과 밀접한 관련을 갖는다.

인간의 주요한 감각인 시각, 청각, 후각, 촉각, 미각 중 무엇보다도 시각과 청각은 인간의 감지력이나 기억력, 기억의 보유율에서 탁월한 기능을 발휘한다.

| 표 2-1 | 감지력, 기억력, 기억 보유율 통계(임세빈, 1991) |

| 감지력 | 기억력 | 기억 보유율 |
| --- | --- | --- |
| • 시각: 87% <br> • 청각: 7% <br> • 후각: 3.5% <br> • 촉각: 1.5% <br> • 미각: 1% | • 들은 것: 10% <br> • 본 것: 50% <br> • 듣고, 보고, 경험한 것: 80% | • 청각교육 – 3시간 후: 70% <br>   3일 후: 10% <br> • 시청각교육 – 3시간 후: 85% <br>   3일 후: 65% |

이러한 이유로 교육은 이들 두 감각의 활용과 효과 그리고 이들 감각을 통한 인식과 인지 능력에 대한 연구와 개발 등으로 이어져 발전되어 오고 있으며, 교재를 통해 감각 활용 교육의 실현이 드러나고 있다.

### 1) 교재의 발달

교육에서 시각 교육과 시청각 교육의 발달은 교재의 발달과 진화를 촉진시켜 왔으며, 교육 방법을 체계화하고 구체화시켜 왔다. 이들 교육의 발달과 관련하여 학자들이 분류하고 있는 시각 교재와 시청각 교재에 대해 알아보면 다음과 같다.

## (1) 시각 교재

1920~1930년대에 시각 교육 운동이 활발하게 진행되면서 시각 교재의 사용과 방법에 관심을 갖게 되는데, 이때의 시각 교육은 추상적인 개념을 구체화하기 위해 시각 보조물을 사용하는 것에 기반을 두고 있다.

따라서 시각 교재는 추상적인 개념을 구체화하거나 보완하고 학습자의 바람직한 태도를 개발시키며 교수·학습 활동에 대한 흥미를 자극하기 위해 사용하는 교수·학습 자료로서 모든 그림, 모형, 사물, 혹은 장치를 말한다.

호반(C. F. Hoban)은 학습자에게 제공되는 경험이 구체적 혹은 추상적인가에 따라 시각 자료를 분류하였는데, [그림 2-1]과 같이 구체적인 것에서 추상적인 것으로 순차적으로 제시하고 있다. 즉, 견학이나 실물, 모형은 구체적인 교재(매체)로 분류하고 지도, 도표, 언어는 추상적인 교재(매체)로 분류하였다. 호반은 사실과 가까운 교재일수록 더 정확한 메시지를 전달하며, 추상성이 높아질수록 이해도가 낮아진다고 주장한다(이지연, 2008).

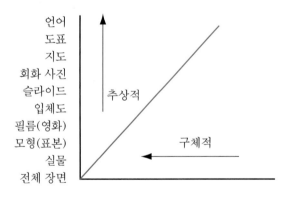

[그림 2-1] **호반의 교재 분류**

호반은 교육의 목적은 경험의 일반화에 있고 이를 위해서는 추상적인 내용을 구체적인 예시로 일반화된 개념을 갖도록 지도해야 하는데 이를 위해 시각 교재의 적절한 사용이 요구된다고 주장한다. 따라서 경험을 언어에 결부시키고, 추상을 구체에 의하여 뒷받침하기 위해서는 학습자에게 반구체적·반추상적 교재를 갖추어야 한다고 말한다. 학습 지도는 구체적인 것에서부터 시작해서 추상적인 것으로 갈 때 효과적일 수 있으며, 언어를 동반한 시각 자료는 추상적인 개념을 구체적으로 경험할 수 있게 만들어 준다(권성호, 1990). 이때 시각 자료는 독립적으로 활용하기보다는 교육과정에 통합시켜 활용할 것을 강조하였다. 그러나 이 시기는 시각 자료 그 자체를 단지 교수 보조물 정도로 이해하는 데 그치고 있었으며, 시각 교재의 고안이나 개발, 제작, 평가의 측면을 심도 있게 고려하지 못하였다.

### (2) 시청각 교재

시청각 교육은 다양한 시청각 매체를 통해 학습자의 감각 기관, 특히 눈과 귀를 자극하여 학습 내용을 효과적으로 전달하기 위한 것이다. 제2차 세계 대전 직후 교사 교육에 대한 요구가 증가하고 과학의 발달로 인해 시청각 기자재가 광범위하게 사용됨에 따라 시청각 교육의 필요성이 대두되기 시작했는데, 처음에는 효과적인 학습 지도를 위한 보조 재료의 활용에 초점을 두었다. 언어적 · 상징적 경험을 강조하는 교수 방법과는 달리, 시청각 교육은 학습 과정에서의 구체적인 경험과 비언어

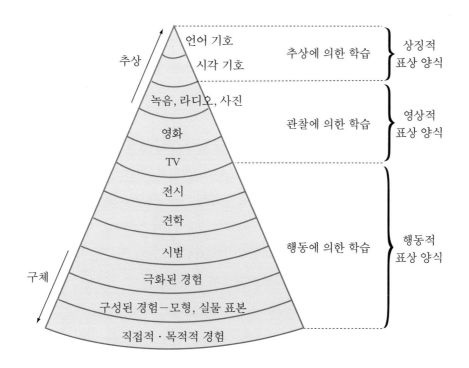

[그림 2-2] 데일의 경험의 원추

적인 경험의 가치를 강조한다.

　　데일(E. Dale)은 호반의 이론을 발전시켜 '경험의 원추(Cone of Experience)'를 통해 시청각 교재를 구체적으로 분류하고 있다. 데일은 교육의 목적을 개념 형성에 두고, 개념 형성을 위한 기초로서 구체적이고 풍부한 경험이 주어져야 함을 강조한다. [그림 2-2]에서 알 수 있듯이, 제1단계에서는 행동과 관련된 교재와 방법을 제시하고 있으며, 제2단계에서는 관찰과 관련된 교재와 방법, 제3단계에서는 상징과 관련된 교재와 방법을 소개하고 있다. 그림의 아랫부분으로 갈수록 교육의 구체성이 강해지고, 그림의 윗부분으로 갈수록 구체성이 약해지는 반면 추상성이 강해짐을 보여 주고 있다. 경험의 원추에서 보여 주는 이러한 세 부분의 단계는 브루너(J. Bruner)의 인지적 학습 단계인 행동적 표상 양식, 영상적 표상 양식, 상징적 표상 양식의 구분과 대응된다.

## 2) 교재의 유형

　　일반적으로 교재는 내용을 전달하기 위해 주로 의존하는 상징체계의 유형에 따라 시각 교재, 청각 교재, 시청각 교재, 상호작용 교재로 나눌 수 있다(이지연, 2008).

### (1) 시각 교재

　　시각 교재는 자료의 내용을 주로 시각적인 방법에 의존하여 제시하는 교재로서, 크게 평면 자료, 입체 자료, 투영 자료로 분류하는데, 평면 자료에는 그림, 포스터, 사진, 지도, 괘도, 도표, 그래프, 포스터, 융판, 게시판, 칠판 등이 있고, 입체 자료에는 표본, 모형, 실물 등이 있으며, 투영 자료에는 무성영화, 슬라이드, 필름 스트립, TP(Trans-Parency) 자료 등이 있다(서울대학교 교육연구소, 2011). 음악교과에서는 음악과 관련된 악보 자료와 학습자료, 악기와 관련된 자료, 연주와 관련된 자료 등이 다양한 시각 교재의 형태로 개발되어 활용될 수 있다.

### (2) 청각 교재

　　자료의 내용을 주로 청각을 통해 전달하는 교재로서, 녹음 교재와 같은 음성 메시지나 세상에 존재하는 사운드의 녹음, 혹은 인공적으로 만들어지는 사운드를 교재로 제시할 수 있다. 청각 자료에는 라디오 프로그램을 비롯하여 레코드, 녹음 테이프, CD, 미디어파일(midi, mp3) 등의 교재가 있다. 음악교과에서는 모든 소리, 즉 자연의 소리, 사람의 소리, 악기 소리, 기계나 각종 도구에 의해 만들어지는 소리, 컴퓨터에 의한 인공적인 소리, 이들 모든 다양한 소리의 합성 등 모든 소리가 다양한 청각 교재의 형태로 만들어져 활용될 수 있다.

### (3) 시청각 교재

학습자가 자료의 내용을 수용할 때 시각과 청각을 동시에 활용하는 교재로서, 글자 그대로 시각과 청각의 다감각(多感覺)에 의해서 학습을 시키므로 다감각 교재이며, 단일 감각에 의한 학습보다 효과적이라고 할 수 있다. 시청각 교재에는 VTR, 영사기, 각종 필름, TV프로, 비디오 테이프, 비디오 디스크, DVD, 컴퓨터 미디어파일(mp4, avi, wmv), 교육방송, 인터넷 방송 등이 있다. 음악교과에서는 다양한 음악적 경험과 활동을 위해 멀티미디어적인 교재의 활용이 무엇보다도 중요하다. 청각을 기반으로 하는 음악과 더불어 다양한 시각 자료와 결합된 교재는 음악을 학습하고 음악을 둘러싼 맥락을 이해하는 데 매우 효과적이고 효율적이다.

### (4) 상호작용 교재

컴퓨터와 인터넷, 구성주의가 발달하고 학습자 중심 및 개별화 학습이 강조되면서 교재와 사용자 간의 상호작용성을 중시하는 교재가 등장하고 있다. 상호작용 교재는 멀티미디어, 하이퍼미디어, 양방향 TV, 상호작용 비디오, 컴퓨터 등을 기반으로 학습자에게 자료나 정보의 내용을 일방적으로 제시하는 수준을 넘어서서 학습자의 반응을 감지하고 그 반응에 대한 피드백이나 결과를 제공하는 기능을 포함한다. 시뮬레이터(simulator), 언어 실습실, 티칭머신, 학습용 CD-ROM, 전자 교과서, 모바일 애플리케이션 등을 비롯하여 통신과 모바일의 발달, LMS(Learning Management System)와 인공지능의 도입으로 학습자 각 개인에 적합한 상호작용 교재로 발전하고 있다.

**토의 주제**

1. 음악교육에서 사용되는 시각 교재, 청각 교재, 시청각 교재의 구체적인 예를 들어 보자.

2. 미래의 음악교육을 위한 상호작용 교재를 생각해 보고 그 활용을 설명해 보자.

# 제3장

# 교육과정기별 교재의 변천

박지현

우리나라 음악 수업에서 가장 중요하게 활용되는 교재인 교과서가 교육과정 시기별로 어떻게 편찬 및 개발되어 왔는지에 대하여 알아본다. 현재 국정 없이 검정 및 인정으로 편찬되고 있는 음악 교과서는 각 시기별 음악과 교육과정 및 교과서 개발 방향에 따라 편찬 제도와 내적ㆍ외적 체제에 있어 변화를 거듭하여 왔다.

음악 수업에서 활용할 수 있는 교수ㆍ학습 교재는 다양하다. 하지만 우리나라는 국가 교육과정에 따라 공교육이 이루어지기 때문에 교육과정에 의거하여 만들어진 교수ㆍ학습 교재인 '교과서'[1]가 수업에서 주로 사용되고 있다. 이렇게 수업 시간에 활용되는 교과서는 국가에서 개정한 교육과정에 제시된 교육 목표 및 내용을 담고 있기 때문에, 교육과정이 바뀌면 교과서도 변하며 이에 따라 새로운 교육이 학교 현장에서 이루어지게 된다. 따라서 실제 학교 현장의 음악 수업을 이해함에 있어 교과서에 대한, 더 나아가 교육과정에 대한 이해가 필요하다고 볼 수 있다.

---

1. 교과서 제도의 근거 법령은 「초ㆍ중등교육법」 제29조, 동법 시행령 제55조(교과용도서의 사용)에 근거한 "교과용도서에 관한 규정"(대통령령)이며, 이에 따라 '교과용도서'의 개념은 '교과서와 (교사용)지도서'를 합한 명칭이다. 여기서는 교사와 학습자가 사용하는 주된 교재인 '교과서'를 중심으로 언급하고자 한다.

그렇다면 이렇게 학교 현장에서 주된 교재로 활용되고 있는 음악 교과서는 그동안 어떻게 편찬되고 발전되어 왔는가? 교재 연구의 기초로서 교과서 편찬 및 체제의 변화 양상에 대하여 교육과정기별로 살펴보는 것은 현재의 음악 교과서를 돌아보고 음악 수업을 이해하는 데 도움을 줄 것이다.

# 1. 음악 교과서의 편찬 제도

국가마다 교과서를 편찬하는 제도에 차이가 있는데, 우리나라 교과서는 〈표 3-1〉과 같이 크게 '국정, 검정, 인정'의 세 가지 유형으로 편찬된다(교육인적자원부, 2002; 한국교과서연구재단, 2000, 2001). 국정 도서는 국가가 교과서를 직접 편찬하는 것이며, 검정 및 인정 도서는 민간이 교과서를 개발하고 국가가 사용을 승인하는 것을 의미한다. 즉, 국정 교과서는 주로 국가적 통일성이 필요하거나 시장성이 부족한 교과목에 한하여 국가(교육부)가 저작권을 가진 교과용 도서로, 연구 기관 또는 대학 등에 위탁 · 편찬하는 도서이다.

한편, 검정 및 인정 교과서는 국가가 아닌 다양한 일반 저작자가 집필하는 도서라는 점에서 공통점이 있으나 다음과 같은 사항에서 차이점이 있다. 먼저 검정 교과서는 주로 수요가 많아서 민간의 개발 의지가 충분한 교과목을 대상으로 일반 저작자들이 개발한 도서로, 국가에서 정한 일정한 기준에 의하여 심사하여 교육부 장관으로부터 합격 결정을 받은 도서이다. 하지만 인정 교과서는 국정이나 검정 교과서가 없거나 이를 보충할 필요가 있는 교과목에 한해 개발되는 것으로 교육부 또는 교육감의 인정을 받은 도서라는 점에서 차이가 있다. 또한 일반적으로 검정 교과서는 내용의 정확성이나 공정성 등에 대한 기준을 보다 엄격히 적용하여 심사하는 반면, 인정 교과서는 다양성 및 창의성을 보다 존중하는 차원에서 상대적으로 느슨한 심사가 이루어지는 경향이 있다. 따라서 학교 현장에서 사용되는 교과서는 국정인지, 검정인지, 인정인지에 따라 성격, 집필 주체, 대상 교과목, 심사 방식, 종수 등에 차이가 나타나게 된다.

| 표 3-1 | 교과서 편찬 제도 |

| 유형 | 집필 주체 | 성격 | 종수 |
|---|---|---|---|
| 국정<br>도서 | 국가<br>(교육부) | 국가적 통일성이 필요하거나 시장성이 부족한 교과목의 도서 | 1종 1책 |
| 검정<br>도서 | 민간<br>(일반<br>저작자) | 민간에서 개발한 도서 중 국가(교육부)의 검정 심사에 합격한 도서로, 수요가 충분하여 민간의 개발 의지가 있는 교과목의 도서 | 1종 다책: 학교에서 별도 선정 |
| 인정<br>도서 | | 국정 및 검정도서가 없거나 이를 보충할 필요가 있는 경우 사용하기 위하여 교육부 장관 혹은 교육감의 인정을 받은 교과용 도서 | |

 이상과 같은 우리나라 교과서 편찬 제도는 교수요목기부터 현재에 이르기까지 큰 변화 없이 유지되고 있다. 당시 법령에 따라 국정도서를 1종도서, 검정도서를 2종도서로 명명한 시기도 있었지만 각 성격과 특징에는 변함이 없었다. 상대적으로 국가의 개입이 강하게 이루어진 제5차 교육과정기까지는 초등학교의 경우 국정도서의 비중이 상당히 높았지만 제6차 교육과정기에 이르러 초등학교 영어가 최초로 검정도서로 구분되면서 이후 지속적으로 검정도서로의 전환이 이루어졌다. 중등학교 교과서는 교과목에 따라 국정 혹은 검정·인정 도서로 구분되어 왔다(윤현진 외, 2014). 그동안 국정·검정·인정 도서의 종수와 비율은 교육과정기별로 증감이 있었으나 국정도서가 검정으로 전환되는 경향이었고, 최근에는 인정도서 확대 정책에 따라 많은 교과가 인정도서로 개발되고 있다.

 음악 교과서의 경우 〈표 3-2〉와 같이 제7차 교육과정기까지 초등학교는 국정, 중·고등학교는 검정이었으나, 교과서 편찬 제도의 변화에 따라 2007 및 2009 개정 교육과정 시기에 와서 국정에서 검정으로, 검정에서 인정으로의 전환이 보다 확대되었다. 음악교과는 국가적 통일성을 요하는 이념이나 민감한 소재 등을 다루기보다 재미있고 다양하며 창의적인 음악 활동을 통하여 학습자가 음악의 아름다움을 경험하고 이를 생활화하는 것을 지향하는 교과라는 점에서 국정보다 검정·인정 도서로 개발되고 있으며, 특히 최근 교육과정기에 이르러 인정도서로 더욱 확대되었다(박지현, 2014). 즉, 음악 교과서는 교과서를 통한 교육의 통일성 및 일관성을 강조하기보다 다양하고 창의적인 교수·학습을 지향함에 따라 국정보다는 검정·인정 도서 중심의 교과서 발행으로 변모하고 있는 것이다. 결국 현행 음악 교과서는 1종만이 존재하는 국정 없이 초등학교의 경우 검정도서, 중·고등학교의 경우 인정도서로 편찬됨에 따라 교과서 종수가 늘어났고 이에 따라 현장 교사에게 주어지는 교과서 선택권이 확대되었다.

이상의 교육과정의 변천에 따른 음악 교과서의 국정·검정·인정 구분을 정리하면 〈표 3-2〉와 같다(교육과학기술부 고시, 2008, 2009, 2010, 2011a, 2011b, 2012; 박지현, 2014).

표 3-2 │ 교육과정기별 음악 교과서의 국정 · 검정 · 인정 구분 변화

| 교육과정 | 구분 고시 시기 | 국정도서 | 검정도서 | 인정도서 |
|---|---|---|---|---|
| 교수요목기~<br>제7차 음악과 교육과정 | | 초등 3-6 | 중 1-3<br>고 1-3 | – |
| 2007 개정 음악과<br>교육과정 | 2008~2009 | 초등 3-4 | 초등 5-6<br>중 1-3<br>고 1-3 | – |
| 2009 개정 교육과정에 따른 음악과 교육과정[2] | 2011~ | – | 초등 3-6 | 중 1-3<br>고 1-3 |

## 2. 음악 교과서의 개발 방향 및 특징

교과서는 교육과정 문서에 명시된 목표, 내용, 교수·학습 방법, 평가 등을 구체적으로 구현하고 있는 도서이기 때문에 교과서의 개발 방향 및 체제는 기본적으로 해당 시기 교육과정의 특성을 고스란히 반영하게 된다. 구체적으로 당시 음악과 교육과정이 표방하는 교육 사조와 교육과정에 담긴 교육 목표 및 기본 방향은 음악 교과서의 내용 체계에 직접적인 영향을 미친다. 교육과정기별 음악 교과서 개발 방향

---

2. '2009 개정 교육과정에 따른 음악과 교육과정' 이 정식 명칭이나, 편의상 '2009 개정 (음악과) 교육과정' 으로 이하 약술하고자 한다.

및 특징의 변화 양상은 크게 두 가지 측면에서 살펴볼 수 있다. 즉, 교과서의 내용과 직접 관련되는 내적(내용) 체제와 그 내용을 효율적으로 담는 외적(외형, 형식) 체제가 그것이다(이종국, 2001). 내적 체제는 주로 학습 목표 달성을 위한 교과서 내용의 선정과 조직, 교수·학습 및 평가와 밀접하게 관련되며, 외적 체제는 교과서의 형태(유형), 판형, 용지, 색도, 편집 디자인 등과 주로 관련된다.

각 교육과정기별로 음악과 교육과정이 지향한 교육 목표(목적)와 이에 따른 음악 교과서 개발 방향 및 내적·외적 체제의 주요 특징을 개략적으로 정리하면〈표 3-3〉과 같다(교육과학기술부, 2009, 2011; 교육과학기술부, 한국교육과정평가원, 2011; 민경훈 외, 2013; 윤문정, 승윤희, 2013).

교수요목기부터 제3차 교육과정기까지는 교육제도 전반의 기틀을 마련하기 위해 애국, 애족, 국민 교육 등을 강조하며 교육 목표 및 교과서 개발 방향에 상대적으로

표 3-3  교육과정기별 음악 교과서의 개발 방향 및 주요 특징

| 교육과정 | 음악과 교육과정의 목표 | 음악 교과서의 개발 방향 및 주요 특징 | |
|---|---|---|---|
| 교수요목기<br>(1945. 8.~1954. 4.) | 인간 생활을 명랑하고 화락하게 함. | 내용 | ▪ 생활 중심 음악교육<br>▪ 음악의 기초 능력 강조<br>▪ 악곡 및 내용 구성 시 국민교육헌장,<br>  조국 근대화 등의 사회적 요구 반영 |
| 제1차 교육과정<br>(1954. 4.~1963. 2.) | 아름다운 정서와 원만한 인격 함양, 가정인, 사회인, 국제인으로서의 교양과 애국애족 정신 함양 | | |
| 제2차 교육과정<br>(1963. 2.~1973. 2.) | 아름다운 정서와 원만한 인격 함양, 국민적 교양, 애국애족, 우리나라 문화 향상에 기여하는 기초적인 능력과 태도 함양 | 외형 | ▪ 모두 단색(초등 및 중등) 구성 원칙<br>  단, 초등 저학년용 일부는 원색 허용<br>▪ 국판, 사륙판, 사륙배판 등 혼용 |
| 제3차 교육과정<br>(1973. 2.~1981. 12.) | 음악성과 창조성 계발, 조화된 인격 형성, 바람직한 국민으로서의 교양 함양 | | |

| 제4차 교육과정<br>(1981. 12.~1987. 6.) | 음악성 계발, 풍부한 정서와 창조성 함양, 조화로운 인격 형성 | 내용 | ▪ 통합 교과서 『즐거운 생활』 편찬<br>▪ 제재곡 중심의 단원 구성(악곡명-악보-학습 목표-학습 활동-정리)<br>▪ 보다 음악 중심적 내용 구성 가능 |
|---|---|---|---|
| | | 외형 | ▪ 원색(초등) / 단색(중등) 구성, 책머리 원색 화보 추가<br>▪ 판형의 대형화(사륙배판) |
| 제5차 교육과정<br>(1987. 6.~1992. 6.) | 음악성 계발, 풍부한 정서와 창조성 함양, 조화로운 인격 형성 | 내용 | ▪ 제4차와 유사한 구성 유지<br>▪ 제재곡 중심의 단원 구성 유지 |
| | | 외형 | ▪ 원색(초등) / 1~3도 및 원색 혼용(중등) 구성<br>▪ 판형(사륙배판) 유지 |
| 제6차 교육과정<br>(1992. 6.~1997. 12.) | 음악성 계발, 창의적인 표현 능력과 감상 능력, 풍부한 정서 함양 | 내용 | ▪ 교육과정 중심 교육, 음악과 교육과정을 구현한 교과서<br>▪ 실음 강조 학습 가능<br>▪ 제재곡 중심의 단원 구성 유지 |
| | | 외형 | ▪ 원색(초등) / 1-3도 및 원색 혼용(중등) 구성 유지<br>▪ 서책 외 보완 자료(비디오, 오디오 등) 도입 |
| 제7차 교육과정<br>(1997. 12.~2007. 2.) | 음악적 잠재력(음악성), 창의성, 음악적 정서, 높은 삶의 질, 전인적인 인간, 문화유산 비교, 우리 음악 유산의 계승 발전 | 내용 | ▪ 자기주도적 학습 능력과 창의성 신장에 적합한 질 높은 음악 교과서<br>▪ 음악 활동 강조<br>▪ 제재곡 중심의 단원 구성 유지 |
| | | 외형 | ▪ 원색(초등) / 2-4도(중등) 구성 →보다 화려한 색 구현 가능<br>▪ 서체의 규격·패턴 자율화<br>▪ 여러 형식의 보완 자료(비디오, 오디오, 멀티미디어 등) 확산 |

| 2007 개정 교육과정<br>(2007. 2.~2009. 12.) | 음악의 아름다움 경험, 음악의 기본 능력, 창의적인 표현 및 감상 능력, 음악적 정서, 음악의 생활화 | 내용 | ▪ 음악과 교육과정을 반영한 다양하고 질 높은 음악 교과서<br>▪ 음악의 생활화 강조<br>▪ 제재곡별, 주제별 등 다양한 내용 및 단원 구성<br>▪ 만화, 신문, 인터넷 등 다양한 교수·학습 자료 활용 |
| | | 외형 | ▪ 매우 다양하고 선명한 색 모두 허용<br>▪ 편집 배열, 서체 및 디자인 자율화 |

⇩

| 2009 개정 교육과정<br>(2009. 12.~) | 음악의 아름다움 경험, 음악성과 창의성, 음악의 역할과 가치에 대한 안목, 음악을 삶 속에서 즐김, 음악적 정서와 표현력 계발, 문화의 다원적 가치 인식, 타인을 존중하고 배려하는 창의적 인재 육성, 우리 문화 발전에 기여, 문화적 소양 | 내용 | ▪ 음악과 교육과정을 충실히 구현하고, 창의·인성 교육에 적합한 학습자 중심의 다양하고 질 높은 음악 교과서<br>▪ 다양성 및 창의성 강조로 인한 음악 교과서 종수 확대<br>▪ 학년군별 음악 교과서 개발<br>▪ 보다 다양하고 자율적인 단원 구성<br>▪ 다양한 유형의 악곡, 활동, 자료 수록 |
| | | 외형 | ▪ 교과서 판형, 형태, 색도, 편집 등 용지를 제외한 외형 체제의 완전 자율화 |

국가의 강한 개입이 이루어진 시기로, 각 교육과정기별 음악 교과서의 특징이 다소 유사한 맥락을 이루고 있다. 제4차 교육과정기부터는 교육의 안정화를 토대로 보다 음악교과적인 특성이 드러나게 되는데, 음악 교과서의 내적·외적 체제 변화는 제7차 교육과정기에 이르러 보다 혁신적으로 나타났다. 따라서 각 교육과정기별로 나타난 음악 교과서 개발 방향 및 내적·외적 체제의 주요 특징을 교수요목기부터 제3차 교육과정기까지, 제4차 교육과정기부터 제6차 교육과정기까지로 묶어서 제시하고 이후의 교육과정기에 대해서는 각각 살펴보도록 하겠다.

## 1) 교수요목기~제3차 교육과정기 교과서

먼저 교수요목기로부터 제2차 교육과정기에 이르는 20~30여 년의 기간 동안 음악 교과서 개발의 기본 방향은 진보주의 교육관의 반영에 따라 생활 중심적·경험 중심적 교육에 적합한 교과서를 편찬하는 것이었다. 제3차 교육과정기의 음악 교과서는 학문 중심적 교육과정으로 전환함에 따라 음악교과의 구조화된 기본 개념을 강조하고 학문의 지식 체계에 대한 이해에 중점을 두는 방향에서 편찬되었다. 또한 제3차 교육과정기까지는 국민교육헌장 등 국가적 이념이나 근대화와 산업 발전이라는 국가적 과업 달성을 위해 범교과적으로 국민정신 교육이 계속 강조되었다.

이상과 같은 음악과 교육과정 및 교과서 개발 방향에 따라 음악 교과서의 내용은 학생들의 생활에 기반하여 흥미를 유발할 수 있도록 구성되었고, 가창·기악·창작·감상에서의 기초 능력을 강조하였다. 동시에 악곡 및 가사를 선정함에 있어 국민교육헌장이나 조국 근대화와 같은 당시의 시대·사회적 요구가 반영되기도 하였다. 또한 내용 체제의 통일성을 유지하기 위하여 통일된 단원 표시를 강조하여 단원 배열에 관한 방침을 따르도록 하였다.

한편, 외적 체제에 있어서는 미색 갱지를 사용하여 흑백의 단색으로 구성하는 것을 원칙으로 하되, 일부 초등 1~3학년용은 원색이 허용되기도 하였다. 교과서의 크기와 관련한 판형에 있어서는 국판을 원칙으로 하되, 음악이나 미술 등의 교과서는 일부 사륙배판으로 좀 더 크게 편찬되기도 하였다.

## 2) 제4차 교육과정기~제6차 교육과정기 교과서

제4차 교육과정기에 이르러 좋은 교과서에 대한 연구가 본격적으로 수행됨에 따라 음악 교과서의 개발 방향 및 구성에 보다 가시적인 변화가 나타났다. 먼저 초등학교 저학년을 대상으로 한 통합 교과서 모형이 보다 구체화되어 초등 음악의 경우 체육, 미술 등과 함께 『즐거운 생활』로 편찬된 점이 특기할 만한 사항이다. 또한 제6차 교육과정기에는 음악 교과서 편찬의 기본 방향이 교과서 중심 교육에서 교육과정 중심 교육으로 전환되어, 교과서란 교육과정을 구현한 주된 교육 자료라는 인식이 강화되기 시작하였다.

이상의 개발 방향에 따라 음악 교과서의 내적·외적 체제도 조금씩 변화를 거듭하였다. 먼저 내적 체제의 측면에서 볼 때, 제4차 교육과정기부터 교과서의 단원은 학습 과제 안내, 학습 내용, 정리 및 적용, 확인 및 보충 등으로, 혹은 단원명, 공부할 문제, 본문 내용, 연구·연습 문제 등으로의 구성이 원칙화되면서(이종국, 2008), 음악 교과서는 [그림 3-1]에 나타난 바와 같이 제재곡을 중심으로 하여 악곡명, 악보, 학습 목표, 학습 활동, 정리(익힘)의 틀로 구성되었다. 이러한 내용 구성은 이후 교육과정의 교과서에서도 계속 유지되었다.

또한 음악 교과서의 내용은 이전에 비해 사회적 요구에 따른 국민정신의 교육적 차원은 상대적으로 약화되고 보다 음악 중심적 내용으로 이루어졌다. 특히 제6차에 이르러 참고서가 없이 자율 학습이 가능한 교과서의 강조에 따라(교육부, 2000), 그동안 교과서란 책의 형태로만 인쇄되는 교재라는 인식에서 더 나아가 비디오, 오디오 등의 보완 자료가 처음으로 개발 및 보급되기 시작하였다. 이에 따라 음악 교과서는 이전보다 실음을 강조하면서 학습에 도움이 되는 참고 자료가 풍부해지는 등 학생들의 자율적인 음악 학습을 돕기 위한 방향으로 구성되었다. 이러한 실음 강조와 보완 자료 개발은 상대적으로 보다 다양한 감상곡 및 감상 활동 수록을 가능케 하기도 하였다.

한편, 제4차 교육과정기에 이르러 외적 체제의 개선이 이루어져 부분적으로나마 판형의 대형화가 실현되었는데, 초등 1~2학년 교과서와 음악 교과서는 사륙배판으로 확대되었다. 용지에 있어서는 미색 갱지에서 중질지(서적지)로 변화되었고, 색도의 경우 여전히 본문을 단색으로 하는 것을 원칙으로 하였으나 초등은 원색을 사용할 수 있도록 개선되었다. 또한 책머리에 원색 화보를 수록할 수 있도록 함에 따라 한정적이나마 음악 교과서의 삽화 및 사진 등의 자료가 이전보다 화려해졌다. 제5차 교육과정기에는 이전에 단색만이 가능하였던 중등 교과서에 1~3도 및 원색 혼용이 허용됨에 따라 흑백의 음영 조절이 가능하여 보다 다양한 색을 활용한 학습 자료가 수록되었고, 이에 따라 전반적으로 삽화나 사진 등의 자료가 늘어났다. 이러한 외형 체제의 모습은 제6차 교육과정기에 이르러서도 그대로 유지되었다(윤문정, 승윤희, 2013; 이종국, 2008).

제4차 교육과정에 따른 교과서(정세문 외, 1983: 40)

제5차 교육과정에 따른 교과서(안형일 외, 1988: 39)

제6차 교육과정에 따른 교과서(신귀복 외, 1994: 20-21)

[그림 3-1] 제4차 교육과정~제6차 교육과정에 따른 음악 교과서의 예

## 3) 제7차 교육과정기 교과서

자율과 창의를 바탕으로 한 학생 중심 교육과정을 표방한 제7차 교육과정에 따른 음악 교과서 편찬의 기본 방향은 학생의 자기주도적 학습 능력과 창의성 신장에 적합한 질 높은 교과서 개발로서 다음과 같은 지향점을 제시하였다. 즉, 제7차 음악과 교육과정에서 추구하는 인간상, 목표, 내용, 방법, 평가 등을 반영한 교과서, 교육과정 중심의 학교 음악교육 체제에 적합한 교과서, 학교 음악과 교육과정 편성 운영의 자료가 될 수 있는 교과서, 학습자 중심의 다양하고 질 높은 교과서이다(교육부, 1999; 2000). 이로 인해 제6차 교육과정기부터 강조되어 왔던 교육과정 중심의 교과서 편찬 방향이 보다 구체화되었다고 볼 수 있다.

이상의 방향에 따라 음악 교과서는 보다 다양하고 학습자 중심의 악곡 및 내용이 수록되었고, 음악을 실제로 행하는 활동이 강조되면서 이전보다 학습자 관점에서의 활동 영역이 확대되었다. 그러나 교과서 내용 구성은 기존과 같이 제재곡을 중심으로 하여 학습 목표, 활동, 정리의 큰 틀을 유지하였다. 다만 목표-활동-평가, 목표-활동-탐구 학습 등 보다 덜 일률적인 형태로 제시되었다는 점에서 다소의 개선이 있었다.

한편 제7차 교육과정기에 이르러 그동안 큰 변화가 없었던 외형 체제에 있어 상당한 발전이 이루어졌다. 그동안 저가격, 저품질 기조를 유지해 오다가 제7차 교육과정에 이르러 교과서의 외형적 품질을 높이기 위한 방안이 마련된 것이다. 용지에 있어서는 이전에 사용한 서적지의 질이 더욱 향상되었고, 판형에 있어서는 초등·중등 모든 교과가 사륙배판으로 확대되었으며, 활자(서체)에 있어서는 전면 디지털 폰트를 사용하되 활자의 규격이나 패턴 등은 자유롭게 선택할 수 있도록 하였고, 색도에 있어서는 중등의 경우 본문에 흑백 외의 컬러(2~4도)가 도입되었다. 또한 정보화 시대에 따라 책 중심의 교과서에서 벗어나 테이프, 전자 교과서, 멀티미디어 등과 같은 여러 형식의 보완 교재가 확산되었다(이종국, 2008; 허강, 2004). 이상의 변화에 따라 [그림 3-2]에 나타난 바와 같이 음악 교과서의 서체가 다양해지고 색감이 화려해져서 보다 학생들의 흥미를 유발하는 교과서로 거듭나게 되었다. 특히 이전보다 화려해진 색의 도입으로 인해 상대적으로 자료가 많이 활용되는 음악교과의 학습이 보다 용이해졌다. 또한 무엇보다 인쇄된 악보나 사진, 삽화 자료와 더불어 실

[그림 3-2] 제7차 교육과정에 따른 음악 교과서의 예

출처: 고춘선 외(2001: 30-31).

제 음악을 들을 수 있는 음원 자료가 상대적으로 많아져서 학교에서의 음악 학습이 더욱 풍부해지게 되었다.

## 4) 2007 개정 교육과정기 교과서

2007 개정 교육과정에 따른 음악 교과서는 음악과 교육과정의 목표 및 내용을 충실히 반영한 교과서, 교육과정 중심의 학교 음악교육 체제에 적합한 교과서, 학습자 중심의 다양하고 질 높은 교과서 등 이전 교육과정기와 유사한 맥락의 기본 방향 하에서 개발되었다(교육과학기술부, 2009). 그러나 2007 개정 교육과정기부터 수시 개정 체제가 도입되면서 교과서 개발 방향에 몇몇 변화가 생겼다. 한 번 개발하여 오랜 기간 사용하는 교과서에서 사회적 변화에 유연하게 대처할 수 있는 교과서로의 인식 전환이 이루어진 것이다. 이에 따라 음악 교과서 개발의 다양성 및 창의성이

보다 강조되었다. 특히 초등의 경우 다양하고 창의적인 교과서 집필이라는 대전제 하에 그동안 국정의 단일 교과서로 편찬되었던 5~6학년 음악 교과서가 검정도서로 개발되면서 교과서 종수가 확대되어 초등 교사에게 처음으로 교과서 선정 권한이 부여된 시기이기도 하다.

　이상의 방향에 따라 2007 개정 교육과정기에는 음악에 대한 이해보다 활동이 강조되고 음악의 생활화가 중요한 내용 체계로 제시됨에 따라 음악 교과서에는 직접적인 실생활과 접목된 악곡 및 내용 구성이 이전보다 많아졌다. 그리고 보다 다양한 유형의 악곡과 활동이 포함되고, 오디오, 비디오, 멀티미디어 등 여러 종류의 매체를 활용하여 학습할 수 있는 내용의 구성도 보다 강조되었다. 또한 친근감과 흥미를 높이는 만화나 삽화를 풍부하게 제시하거나 신문, 인터넷 등 다양한 매체 자료를 활용하여 유기적으로 학습할 수 있도록 교과서를 꾸미게 되면서 보다 학습자 중심의

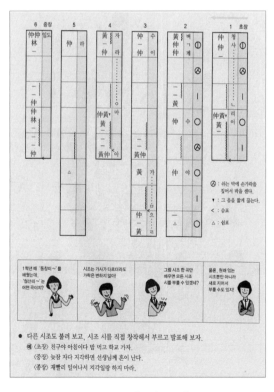

[그림 3-3] 2007 개정 교육과정에 따른 음악 교과서의 예

출처: 좌, 윤경미 외(2010: 31)
　　　우, 김미숙 외(2010: 73).

교과서로 발전하게 되었다.

교과서의 외형 체제에 있어서도 변화가 있었다. 판형은 이전과 동일한 사륙배판이지만 학습자의 학습 효율성 및 가독성을 고려하여 보다 다양하고 선명한 색이 허용되었고 편집 배열, 서체 및 디자인 등이 완전 자율화되었다. 이러한 편집 배열의 자율화는 내용 구성에 직접적인 영향을 미치기도 하였다. 사실 제7차 교육과정기까지의 음악 교과서는 제재곡 중심의 학습 목표-활동-평가로 다소 일률적으로 구성되었으나, 2007 개정 교육과정기에 이르러서는 음악 학습 내용이나 교수·학습 방법 등에 따라 제재곡별, 단원별, 주제별 등 보다 다양한 형태로 제시된 것이다. 다만 교과별로 기준 쪽수(예, 중학교 음악 교과서는 학년별로 각각 100쪽)를 바탕으로 20% 가감할 수 있다는 사항은 반드시 준수해야 하였다(교육과학기술부, 2009). 즉, 교과서의 판형 및 지질과 전체 쪽수를 지키는 범위 내에서 자유롭게 다양하고 선명한 학습 자료들이 대거 추가되고 음원도 확대되었다.

## 5) 2009 개정 교육과정기 교과서

2009 개정 교육과정에 따른 음악 교과서의 개발 방향은 음악과 교육과정을 충실히 구현하는 교과서, 음악교육 현장의 적합성이 높은 교과서, 창의·인성 교육에 적합한 학습자 중심의 다양하고 질 높은 교과서 등이다(교육과학기술부, 한국교육과정평가원, 2011). 이상의 교과서 개발의 큰 방향은 이전 교육과정기와 유사한 맥락을 유지하고 있으나, 창의적인 산지식을 제공하고 학습자 친화적인 미래형 교과서 보급을 주요 골자로 하는 '2010 교과서 선진화 방안'(교육과학기술부, 2010)으로 인해 교과서 개발을 둘러싼 전반적인 체제에 있어서는 변화가 나타났다.

먼저 교과서 유형에 변화가 나타났는데, 다양한 유형의 교과서 보급으로 인해 기존의 종이로 만든 서책 교과서와 더불어 디지털 교과서의 개발이 이루어진 것이다. 이에 따라 음악 디지털 교과서 개발을 염두에 두고 이를 위한 심의 기준 연구(서지영 외, 2012)가 수행되기도 하였으나, 여러 여건상 특정 교과에만 한정 개발되고 음악 디지털 교과서 개발이 이루어지지는 않았다. 더불어 교과서 편찬 제도에도 변화가 나타났는데, 인정도서 확대 정책에 따라 현행 2009 개정 교육과정에 따른 음악 교과서는 단일 종인 국정 없이 여러 종의 검정·인정 체제로만 개발되었다. 특히 2009 개정 교육과정기의 중·고등학교 음악 교과서가 모두 인정도서로 편찬되어 다양성 및 창의성, 선택권 존중 차원에서 심의가 이루어졌고, 이에 따라 교과서 종수는 중학교 18종, 고등학교 10여종 이상에 이르게 되었다.

　교과서를 둘러싼 이러한 전반적인 체제의 변화와 더불어 학년군제를 기반으로 하는 2009 개정 교육과정으로 인해 교과서 내용의 구현 방식에도 다소의 변화가 생겼다. 즉, 기존의 학년별 교과서가 아닌 초등 3~4학년, 초등 5~6학년, 중학교 1~3학년, 고등학교 1~3학년 등의 네 가지 학년군별 음악 교과서가 개발된 것이다. 예를 들어, 이전에는 '중학교 1학년 음악' 교과서였으나, 이제는 1~3학년 학생들이 모두 사용하는 '중학교 음악' 교과서인 것이다. 이에 따라 하나의 교과서 안에 여러 학년의 학습 내용을 담게 되어 학습량과 전체 쪽수가 늘어났으며, 각 학년별로 개발된 이전 교과서에 비해 학년 간 학습 내용의 연계성 및 교수·학습 활용의 유연성이

[그림 3-4] **2009 개정 교육과정에 따른 음악 교과서의 예**

출처: 좌, 허화병 외(2013: 155)
　　　우, 장보윤 외(2013: 47).

높아졌다.

외적 체제에 있어서는 교과서 용지를 제외한 모든 부분의 외형 체제가 완전 자율화되었다(교육과학기술부, 한국교육과정평가원, 2011). 즉, 이전까지 준수해야 하였던 교과서의 크기인 판형과 기준 쪽수까지 자율화되어 2009 개정 교육과정에 따른 음악 교과서의 외형적 모습은 교과서마다 차이를 보이게 되었다. 이러한 외형 체제의 자율화는 필연적으로 보다 자율적인 단원 및 제재 구성, 보다 다양한 유형의 악곡과 창의적인 학습 활동 및 참신한 자료 수록 등을 가능하게 하였다. 결국 이전 교육과정에서부터 2009 개정 교육과정에 이르기까지 음악 교과서에 담긴 내용과 이를 담고 있는 형식 모두가 학습자의 학습 효율성, 가독성, 심미성 등의 차원에서 보다 더 자유롭고 다양한 방향으로 변모해 왔음을 알 수 있다.

## 6) 미래형 교과서

지금까지 학교 수업 현장에서 사용하는 주된 교재인 음악 교과서가 어떤 제도하에서 편찬되며, 교육과정기별 교과서 개발 방향에 따라 음악 교과서의 내적·외적 체제는 어떠한 변화를 거듭하여 왔는지에 대하여 살펴보았다. 초기의 다소 획일적인 모습이었던 음악 교과서는 학습의 효율성이나 가독성 등의 여러 차원에서 보다 자유롭고 다양한 형태로 변모해 왔음을 알 수 있었다. 즉, 편찬은 자율화되고 매체는 다양화되어 왔다.

급변하는 현 사회와 수시로 개정되는 교육과정 체제하에서 앞으로 음악 교과서가 또 어떠한 모습으로 발전해 갈 것인가에 대해서도 생각해 볼 필요가 있다. 최근 교과서와 관련하여 '참고서가 필요 없는 교과서 완결학습 체제'라는 것이 부각되고 있다(교육부, 2013; 박지현, 2014; 윤현진 외, 2014). 이는 각 교과별로 가장 핵심이 되는 성취기준 내용을 중심으로 교과서를 개발하여 학생들의 학습 부담을 경감하고 자기주도적 학습이 가능한 학습 환경 조성을 주요 골자로 하는 것이다. 또한 서책 교과서와 연계한 디지털 교과서의 개발로 언제, 어디서나 자기주도적 학습이 가능한 교과서 중심 학습 환경 구축을 주된 내용으로 보고 있다.

이에 따라 지금까지 서책 교과서 중심으로 개발되어 왔던 음악 교과서 체제에 디지털 교과서가 연계됨에 따라 교과서 유형에 본격적인 변화가 도래할 것으로 보인다. 따라서 앞으로 기존 서책 교과서와 더불어 연계 활용될 음악 디지털 교과서의 역할과 기능에 대해 관심을 가질 필요가 있다. 또한 현재 창의융합 및 인성 교육 강화, 핵심 성취기준 및 핵심 역량 함양, 자기주도적 학습 등을 중심으로 하는 음악과 교육과정 관련 연구가 활발히 이루어지고 있는 바, 이를 반영한 음악 교과서 개발에 대한 논의도 보다 적극적으로 수행될 것으로 보인다.

결국 기본적으로 지금까지 변화 · 발전되어 온 바와 같이 음악과 교육과정을 구현한 교과서이자 보다 다양하고 새로운 악곡과 학습 내용으로 구성된 교과서이면서(김미숙, 2011), 핵심적인 음악 내용 및 요소를 바탕으로 자기주도적인 학습이 가능한 교과서, 다양한 음악 활동 중심의 학습을 통해 창의융합형 인재 양성 및 인성 교육이 가능한 교과서, 서책과 디지털이라는 두 유형이 상호 보완적으로 연계된 교과서가 차후 도래할 미래형 음악 교과서의 모습이라 할 수 있을 것이다. 이러한 모습은 교과서의 내적 · 외적 체제에 혁신적인 변화를 야기할 수 있다는 점에서 앞으로 끊임없이 변모하는 음악 교과서에 더 많은 관심을 가질 필요가 있다.

---

**토의 주제**

1. 음악 교과서에 수록된 하나의 특정 주제나 악곡을 정하여, 이에 대한 내용 구성 및 외형 체제가 교육과정기별로 어떻게 변화 · 발전되어 왔는지 분석해 보자.

2. 음악교과 특성 및 초 · 중 · 고 학교급별 수준에 비추어 볼 때, 현재 검정 및 인정 도서로 발행되는 음악 교과서의 편찬 체제가 적합한지 논의해 보자.

3. 앞으로 음악 교과서가 어떻게 변화 · 발전되어야 하는지 이야기해 보자.

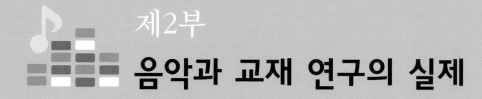

# 제2부
# 음악과 교재 연구의 실제

# 제4장

# 학교 교육과정의 개발

송주현

학교 교육과정은 국가 교육과정이나 각 지역 교육청의 교육과정 편성·운영 지침을 바탕으로 현장 교사들이 각 학교의 상황에 맞게 개발한 교육과정을 의미한다. 학교 음악과 교육과정은 ① 국가 및 지역 음악과 교육과정 분석, ② 실태 조사 및 분석, ③ 학교 음악과 교육과정 시안 작성, ④ 학교 음악과 교육과정 시안 검토 및 수정, ⑤ 학교 음악과 교육과정 확정 및 공지, ⑥ 학생용 수업 계획서 작성 및 공지, ⑦ 음악과 교육과정 운영, ⑧ 음악과 교육과정 평가 등의 단계를 거쳐 개발된다. 학교 음악과 교육과정 문서 체제는 음악교과 목표, 연간 학습 지도 계획, 평가 계획, 유의점 등으로 구성된다.

교육과정 개발(curriculum development)은 교육 목적, 교육 내용, 교육 방법, 평가에 이르기까지 교육활동에 대한 계획을 구체화하는 것을 의미한다(김병희 외, 2011). 교육과정은 개발 주체에 따라 여러 수준으로 분류할 수 있는데, 우리나라의 경우는 크게 국가 수준 교육과정, 지역 수준 교육과정, 학교 수준 교육과정 등으로 구분된다(소진형 외, 2009). 우리나라는 교육과정 개발에 있어서 전통적으로 중앙집권적인 교육과정 결정 방식을 취하여 왔으나, 제6차 교육과정 시기 이후부터는 분권적인 경향성을 취함에 따라(소진형 외, 2009) 학교 현장의 자율성이 확대되면서 학교 수준 교육과정(이하 학교 교육과정)의 중요성이 점차 증대되고 있다.

학교 교육과정은 국가 수준 교육과정이나 각 지역 교육청의 교육과정 편성·운영 지침을 바탕으로 현장 교사들이 각 학교의 상황에 맞게 개발한 교육과정을 의미한다. 일반적으로 학교에서는 매 학년 초에 '학교교육 계획서' 책자를 통해 교육과정의 편성, 운영, 평가 등의 내용을 포함한 학교 교육과정을 제시한다(강현석, 주동범, 2012). 학교 교육과정의 위상이 점점 높아지는 만큼 학교 교육과정의 개발 주체인 현장 교사들이 교육과정 개발과 관련된 지식, 기술, 태도 등을 갖추는 것은 중요한 의미를 갖는다. 학교와 교사의 자율성이 확대되고 학습자 중심의 교육이 점차 보편화되어 감에 따라 교사는 교육적 변화를 수용하고 학생들에게 의미 있는 교육과정을 구현해 내는 중요한 역할을 하게 되었다. 따라서 국가 수준의 교육과정을 충실하게 수행해 내는 것이 교사의 역할이라는 기존의 관념에서 벗어나 교사 스스로가 교육과정 전문가가 되어 교육과정을 개발하는 전문성을 갖춰야 한다. 패리스(Paris, 1990)는 오직 교사만이 학교교육(schooling)의 구조를 이해하며, 직접적인 경험에 의하여 그러한 이해를 심화시켜 왔기 때문에 교육과정 개발자가 될 수 있는 충분한 역량을 가지고 있다고 하였다(Marsh & Willis, 1995). 따라서 학교 교육과정 개발에 대한 실제적 역량을 갖추고 있는 교사에게 있어서 학생들에게 의미 있는 교육과정을 제공하기 위하여 끊임없이 연구하는 연구자 교사(teacher-researcher)로서의 자세는 필수적이라고 할 수 있다. 따라서 이번 장에서는 중요성이 점차 증대되는 학교 음악과 교육과정의 개발 과정과 문서 체제를 검토한 후 학교 음악과 교육과정 개발 사례를 통해 학교 음악과 교육과정의 실제를 파악해 보도록 한다.

## 1. 학교 음악과 교육과정의 개발 과정

학교 교육과정 개발 과정에는 일반적으로 교사, 교육과정 전문가, 학부모 등이 참여하는 학교 교육과정 위원회가 교육과정에 관한 의사결정에 있어 중요한 자문 역할을 하게 되며, 실질적인 작업은 학교의 교무부나 연구부와 같은 부서 중심으로 진행된다(소진형 외, 2009). 학교 교육과정에는 각 교과의 교육과정도 포함되는 만큼 음악 교사들도 음악과 교육과정의 개발에 적극적으로 참여해야 한다. 음악과 교육과정 개발 과정을 구체적으로 제시하면 [그림 4-1]과 같다.

| 단계 | 세부 내용 |
|---|---|
| ① 국가 및 지역 음악과 교육과정 분석 | • 국가 음악과 교육과정 분석<br>• 지역 교육청 음악과 교육과정 지침 분석<br>• 지역 교육청의 음악과 평가 및 장학 지침 분석 |
| ② 실태 조사 및 분석 | • 학교 주변의 지역적 · 사회적 · 문화적 배경 조사 및 분석<br>• 학교 음악실, 악기, 각종 기자재 등 음악 교육 환경 분석<br>• 학생들의 음악 교육적 배경 조사 및 분석<br>• 학생 및 학부모들의 음악적 요구 조사 및 분석 |
| ③ 학교 음악과 교육과정 시안 작성 | • 음악교과 협의회 실시<br>• 학교 음악교육의 목표, 교육 내용, 교수 · 학습 방법, 평가 등에 관한 내용 협의<br>• 학교의 교육과정 작성 지침 확인 후 시안 작성 |
| ④ 학교 음악과 교육과정 시안 검토 및 수정 | • 시안 검토 및 수정 사항 추출<br>• 시안의 수정 및 보완 |
| ⑤ 학교 음악과 교육과정 확정 및 공지 | • 주관 부서에 확정된 음악과 교육과정 제출<br>• 교육과정 책자 발행 및 학교 홈페이지 탑재 |
| ⑥ 학생용 수업 계획서 작성 및 공지 | • 완성된 음악과 교육과정을 바탕으로 하여 학생용 수업 계획서 작성<br>• 음악교과의 목적, 연간 교수 · 학습 계획, 평가 계획, 주의 사항 등 포함<br>• 학기 초 수업 시간에 수업 계획서 배부 및 공지 |
| ⑦ 음악과 교육과정 운영 | • 음악 수업 및 평가 진행<br>• 학생 및 학교 상황에 따른 탄력적 적용<br>• 정기 및 임시 음악교과 협의회 실시<br>• 문제점 도출 시 교과 협의회를 통해 해결 및 교육과정 수정 · 보완 |
| ⑧ 음악과 교육과정 평가 | • 학생 대상 음악과 교육과정 평가 실시<br>• 음악교과 협의회를 통한 음악과 교육과정 운영 총괄 평가<br>• 교육과정 운영상의 문제점 수합 및 대안 제시<br>• 평가 결과를 다음 학년도 음악과 교육과정에 반영 |

[그림 4-1] 학교 음악과 교육과정 개발 단계

① 국가 및 지역 음악과 교육과정 분석

학교 음악과 교육과정 개발은 국가 및 지역 교육청의 음악과 교육과정에 대한 분석으로부터 시작된다. 특히 최근 수시로 개정되는 우리나라 국가 수준 교육과정의 특성상 교육과정에 대한 면밀한 검토는 필수적이다. 또한 지역 교육청에서 각 학교에 전달하는 교육과정, 평가, 장학 관련 지침도 음악 교사가 잘 검토하여 학교 음악과 교육과정에 반영하도록 해야 한다.

② 실태 조사 및 분석

각 학교의 상황과 학생들의 배경이 다양한 만큼 학교 주변의 지역적 · 사회적 · 문화적 배경을 파악하고, 학교의 음악 교육 환경을 잘 살펴서 어떠한 음악 수업이 가능한지를 면밀히 검토해야 한다. 또한 각 학교 학생들의 음악 교육적 배경을 파악하여 학생들의 교육 수준에 적합한 교육과정이 구성되도록 해야 하며, 학생과 학부모의 음악적 요구도 잘 파악하여 가능한 한 학생과 학부모의 요구에 부응하는 음악과 교육과정을 만들 수 있도록 노력해야 한다.

| 표 4-1 | 실태 조사 및 분석 예시

| 영역 | 조사 내용 | 실태 | 시사점 |
|---|---|---|---|
| 학교 주변 환경 | 지역적 · 사회적 배경 | • 본교는 도시의 인구 밀집 지역에 위치함.<br>• 상업 시설보다는 주택, 아파트 등이 많은 주거 지역에 위치하였음.<br>• 지하철역 인근에 위치하여 교통이 편리한 편임.<br>• 아파트 거주자가 75%, 일반 주택 거주자가 25% 정도로 구성됨. | • 학교 주변에 유해 환경이 없어 학습 환경은 나쁘지 않은 편임.<br>• 문화 · 예술 관련 시설이 부족하여 학생들의 음악적 경험이 풍부하지 못한 만큼 음악 시간을 통해 다양한 음악 예술을 경험할 수 있도록 배려해야 함. |
| | 문화적 배경 | • 연주장, 미술관, 박물관, 도서관 같은 문화 · 예술 관련 시설이 부족한 편임. | |
| 학교 환경 | 음악실 | • 음악실 2개로 음악 교사 1명당 1개의 음악실 사용 가능 | • 기본적인 음악실 환경은 조성되어 있으나 악기가 매우 부족함.<br>• 음악과 예산을 증액하여 다양한 악기를 구입할 필요가 있음. |
| | 악기 | • 피아노: 2대    • 장구: 5개<br>• 리듬 스틱: 20개 | |
| | 기자재 | • 컴퓨터: 2대    • 오디오: 2대<br>• DVD 플레이어: 2대  • 빔 프로젝터: 2대 | |

| | | | |
|---|---|---|---|
| 학생 | 음악<br>교육적<br>배경 | • 음악 예술 활동 경험이 많지 않음.<br>• 대중음악을 주로 접하여 가요나 팝 음악에 친숙함.<br>• 서양음악에 비해 국악에 대한 이해도가 낮은 편임. | • 학생들의 대중음악 편중 현상이 심한 편임.<br>• 다양한 시대와 문화권의 음악, 다양한 장르의 음악을 접할 수 있는 기회를 제공할 필요가 있음. |
| | 음악적<br>요구 | • 클래식이나 국악보다는 대중음악에 대한 요구가 많음.<br>• 영화 음악이나 뮤지컬 음악에도 관심이 많음. | |
| 학부모 | 음악적<br>요구 | • 음악에 관심이 많지 않아 특별한 요구 사항은 없는 편임.<br>• 음악 수행 평가 성적에는 관심이 많음. | • 학생들에게 유의미한 음악적 경험을 제공함으로써 학부모들이 음악교과에 대해 긍정적인 관심을 가질 수 있도록 유도할 필요가 있음. |

③ 학교 음악과 교육과정 시안 작성

음악교과 협의회를 실시하여 음악과 교육과정에 관한 모든 내용을 협의한 후, 학교에서 제시한 교육과정 작성 지침에 맞게 음악과 대표 교사가 학교 음악과 교육과정 시안을 작성한다.

④ 학교 음악과 교육과정 시안 검토 및 수정

작성된 음악과 교육과정 시안을 음악 교사들이 상호 검토하여 수정 사항을 도출하고, 수정 사항에 대해 다시 협의하여 음악과 교육과정을 완성한다.

⑤ 학교 음악과 교육과정 확정 및 공지

확정된 음악과 교육과정을 주관 부서에 제출하면, 주관 부서에서 모든 교과의 교육과정을 수합하여 학교 교육과정 책자를 발간하고, 그 책자를 학부모 또는 학생들에게 배부한다. 또한 학교 홈페이지에도 학교 교육과정을 탑재하여 학부모와 학생들에게 공지한다.

### ⑥ 학생용 수업 계획서 작성 및 공지

완성된 음악과 교육과정을 바탕으로 하여 음악교과의 목표, 연간 교수·학습 계획, 평가 계획, 유의 사항 등의 내용을 중심으로 한 학생용 수업 계획서를 작성한다. 학생용 수업 계획서는 인쇄하여 학기 초 수업 시간을 통해 학생들에게 배부 및 설명한다. 학생들이 음악교과의 목표, 교수·학습 내용, 평가 계획 등을 인지하는 것은 음악교과에 대한 학생들의 이해도를 높이고, 음악교과 수업에 학생들의 적극적인 참여를 유도하며, 궁극적으로 효율적인 교육과정 운영에 도움이 되도록 하는 효과를 갖는다.

학생용 수업 계획서는 학생들에게 필수적으로 제공되어야 하는 것은 아니다. 그러나 학생들이 학교 교육과정을 직접 살펴보는 것이 현실적으로 힘든 만큼 교사가 학생들의 눈높이에 맞춰서 교육과정 중 중요한 내용을 정리하여 학생용 수업 계획서로 재구성하고, 이것을 음악 수업 오리엔테이션 시간을 통해 제공해 주는 것이 원활한 음악과 교육과정 운영을 위해 바람직하기에 학생용 수업 계획서를 작성하여 학생들에게 배부하는 것을 권장한다. 구체적인 학생용 수업 계획서 예시는 〈부록 1〉로 제시하였다.

### ⑦ 음악과 교육과정 운영

완성된 음악과 교육과정은 일반적으로 음악 수업과 평가를 통해 운영된다. 음악과 교육과정은 학생들이나 학교 상황에 따라 융통성 있게 적용하는 것이 중요하다. 계획대로 진행되지 않을 때는 반드시 음악교과 협의를 통해 문제를 민주적으로 해결하도록 하고, 필요 시 교육과정을 수정 및 보완하도록 한다. 교육과정을 수정할 때는 반드시 학교의 교육과정 주관 부서 업무 담당자에게 연락하여 수정 사항에 대해 협의한 후, 기안 문서를 통해 관리자에게도 수정 사항을 알리도록 해야 한다. 관리자들이 수정 사항에 대해 승인을 하면 가정통신문을 통해 학생 및 학부모들에게 수정 사항을 알려야 하고, 학교 홈페이지를 통해서도 공지를 하도록 한다.

### ⑧ 음악과 교육과정 평가

모든 교육과정이 종료되는 학년 말에 음악과 교육과정에 대한 평가를 실시하여 학생들의 소감 및 반응을 수렴한다. 평가 실시 결과를 토대로 음악교과 협의회를 통해 당해 학년도의 음악과 교육과정 운영 전반에 대한 총괄적인 평가를 실시한다. 교육과정 운영상 문제점으로 드러난 것들을 잘 정리하여 대안을 제시하고, 그에 대해 협의한 후 다음 학년도 음악과 교육과정에 잘 반영될 수 있도록 한다.

학교 음악과 교육과정 평가는 교육과정 개발의 마지막 단계이자 다음 학년도 교육과정 개발을 위한 준비 단계라고 볼 수 있다. 우리나라는 제7차 교육과정 시기 이후부터 학교 교육과정 자율성에 따른 책무성 강화로 학교 교육과정 운영에 대한 평가를 강조해 오고 있다. 각 학교별로 학교 교육과정 편성 및 운영의 적합성, 타당성, 효과성을 자체 평가하고 문제점과 개선점을 다음 학년도의 교육과정에 반영하도록

표 4-2  학교 음악과 교육과정 평가표

| 평가 항목 | 평가 준거 | 평가 | | |
|---|---|---|---|---|
| | | 1 | 2 | 3 |
| 교육과정 계획의 충실성 | 1. 음악과 교육과정은 학교의 특성을 반영하여 충실하게 계획되어 있는가?<br>2. 음악교과 목표는 적절한가?<br>3. 학습 내용 재구성은 적절하게 이루어지고 있는가?<br>4. 교수 · 학습 방법 계획은 적절한가?<br>5. 평가 계획은 적절한가? | | | |
| 음악 수업의 충실성 | 1. 계획된 음악과 교육과정은 수업을 통하여 충실하게 실천되고 있는가?<br>2. 학습 목표는 적절하게 설정되었는가?<br>3. 수업 내용 및 학습 과제는 학생의 발달단계에 적절한가?<br>4. 교수 · 학습 자료는 적절하게 활용되고 있는가?<br>5. 교수 · 학습 방법은 음악교과의 특성에 맞게 적절히 적용되는가?<br>6. 다양한 평가 방법이 적용되는가? | | | |
| 교과 학습 성취도 | 1. 학생들의 교과 학습 성취도를 적절히 평가하는가?<br>2. 평가를 통해 학습 성취도에 대한 학생의 열의 및 만족도를 확인할 수 있는가?<br>3. 평가를 통해 학생의 성취에 대한 학부모의 만족도를 확인할 수 있는가?<br>4. 평가를 통해 학생의 학습 성취도에 대한 교사의 성취감을 확인할 수 있는가? | | | |
| 평가 및 개선 | 1. 교육과정 운영에 대한 평가 결과는 올바르게 활용되고 있는가?<br>2. 평가 방법의 개선과 관리의 공정성을 위해 노력하고 있는가?<br>3. 수업 평가를 성실히 하고 있는가? | | | |

출처: 교육인적자원부(2003: 257), 권낙원, 민용성, 최미정(2008: 355)에서 재구성

하고 있다(김승익 외, 2009). 따라서 음악 교사들도 음악과 교육과정을 통해 당초에 계획했던 음악교과 목표들이 제대로 달성되었는지, 음악과 교육과정의 운영은 계획 대로 되었는지, 음악과 교육과정의 운영 과정 중에 문제점은 없었는지 등을 검토함 으로써 다음 학년도 교육과정의 개선을 위해 노력할 필요가 있다. 〈표 4-2〉는 학교 음악과 교육과정 평가를 위한 평가표 예시이다.

1부터 6까지의 단계는 학기 초에 모두 마무리가 되어야 하는 만큼 음악 교사는 학기 시작 전에 음악과 교육과정 개발 관련 작업들을 충분한 시간을 갖고 계획적으 로 진행해야 한다. 특히 학생용 수업 계획서는 학기 초 수업 시작과 동시에 공지가 되어야 하는 만큼 교과 협의회를 통해 충분히 협의한 후 작성될 수 있도록 한다.

## 2. 학교 음악과 교육과정의 문서 체제

학교 음악과 교육과정의 문서 체제는 학교마다 다양하지만 일반적으로 〈표 4-3〉 과 같은 내용으로 구성된다. 이와 같은 문서 체제는 하나의 예시로서 다양한 변용이 가능하다.

표 4-3    학교 음악과 교육과정 문서 체제 예시

① 음악교과 목표
② 연간 학습 지도 계획
③ 평가 계획
④ 유의점

① 음악교과 목표

'음악교과 목표' 부분에서는 지역 교육청 및 학교의 교육 목표, 학교 및 학교 주 변의 환경, 학생들의 특성 등을 잘 고려하여 실현 가능한 범위 내에서의 목표를 설 정하도록 해야 한다.

### ② 연간 학습 지도 계획

'연간 학습 지도 계획'은 1년 동안 음악 수업에서 다루는 교수·학습 내용을 제시하는 부분이다. 연간 학습 지도 계획은 월별로 단원명 또는 제재곡, 시수, 주요 학습 내용 등의 내용이 제시되는데, 최근 실시되는 성취 평가제에 따라 지역별로 단원별 성취기준이 제시되는 경우도 있다. 주요 학습 내용은 음악교과 내용 지식과 활동이 드러나게 제시되며, 성취기준은 국가 수준 교육과정을 참고로 학교 상황에 맞게 재구성하여 제시되도록 한다. 연간 학습 지도 계획은 교수·학습 대상, 주당 수업 시수 및 총 수업 시수, 연간 학사 일정, 평가 계획, 교수·학습 방법 등을 상세하게 고려하여 구성되어야 한다. 또한 전 학년에 대한 로드맵을 대략적으로 구상하고, 다음으로 당해 학년도의 연간 학습 지도 계획을 구성하는 것이 바람직하다.

### ③ 평가 계획

'평가 계획' 부분은 일반적으로 평가 영역 및 배점, 학기별 성취수준, 수행 평가 계획 등의 내용으로 구성된다. 일반적으로 학교 교육과정에서 평가는 지필 평가와 수행 평가로 구분되는데, 지역별로 반영 비율에 대한 규제가 다를 수 있으므로 이 점은 반드시 지역 교육청의 평가 지침을 준용하여 개발되어야 한다. 수행 평가 계획에는 일반적으로 평가 기준이 포함되는데, 이것은 평가의 타당도와 신뢰도를 고려하여 개발되어야 하며, 무엇보다도 학생들의 특성을 잘 고려하여 명료한 평가 기준이 개발될 수 있도록 해야 한다. 마지막으로 최근 실행되는 성취 평가제 동향에 맞추어 학기별 성취기준을 학교 상황에 맞게 명시하도록 한다.

### ④ 유의점

'유의점' 부분은 각 학교의 상황이나 학생들의 발달 단계에 대한 인식을 바탕으로 교수·학습 내용, 교수·학습 방법, 평가에 대한 유의점을 제시하는 부분이다. 특히 평가상의 유의점에 있어서 출결과 관련된 평가 기준 부분에 대하여 교사, 학생, 학부모 모두가 혼란을 일으키지 않도록 명료하게 제시하는 것이 중요하다.

학교 음악과 교육과정은 상세하게 제시하는 경우부터 간략하게 제시하는 경우에 이르기까지 학교별로 아주 다양한 형태로 나타난다. 학교 음악과 교육과정에 대한 독자들의 이해를 돕기 위해 서울 모 고등학교의 2014학년도 음악과 교육과정을 〈표 4-3〉의 문서 체제에 맞춰 재구성하여 〈부록 2〉로 제시하였다.

**토의 주제**

1. 모둠별로 학교 음악과 교육과정을 문서 체제에 맞춰 작성해 보자.

2. 모둠별로 학생용 수업 계획서를 작성해 보자.

# 〈부록 1〉 음악과 20＊＊학년도 1학년 1학기 수업 계획서

담당: ○○○

### 1. 음악과 목표

다양한 음악적 경험과 소통의 과정을 통해 학생들의 잠재력과 창의성을 개발하고, 음악의 역사적 · 사회적 · 문화적 의미에 대한 이해를 바탕으로 음악을 향유하는 문화시민으로 성장하는 발판을 마련한다.

### 2. 평가 영역 및 배점

| 구분<br>배점 | 지필<br>평가 | 수행 평가 | | | 계 |
|---|---|---|---|---|---|
| | | 가창 | 창작 | 수업 참여도 | |
| | | 제재곡 부르기 | 뮤지컬 만들기 | 수업 태도, 책 · 노트 · 준비물,<br>과제 수행 | |
| 영역 만점 | 20점 | 30점 | 30점 | 20점 | 100점 |
| 반영 비율(%) | 20% | 80% | | | 100% |

### 3. 교수 · 학습 계획

| 차시 | 수업<br>주수 | 제재곡 또는 소단원 | 활동<br>영역 | 교수 · 학습 내용 | 준비물 |
|---|---|---|---|---|---|
| 1 | 3월<br>1주 | 진단평가 및<br>오리엔테이션 | | | |
| 2 | | 발성과 호흡 | 가창 | 노래하기 위한 자세, 발성, 호흡법에 대한 이해 | |
| 3 | 3월<br>2주 | 우리나라의 예술가곡 | 감상 | 우리나라 예술가곡의 흐름 이해 및 감상 | |
| 4 | | 〈선구자〉 | 가창 | 시대적 배경에 대한 이해를 바탕으로 노래하기 | |

| | | | | | |
|---|---|---|---|---|---|
| 5 | 3월 3주 | 〈내 맘의 강물〉 | 가창 | 화성진행 및 악상기호에 대한 이해를 바탕으로 표현이 풍부하게 노래하기 | |
| 6 | | | | 다장조 음계, 화음, 화성진행, 악상기호 등에 대한 이해 | |
| 7 | 3월 4주 | 〈돌아오라 소렌토로〉 | 가창 | 이탈리아 칸초네에 대한 이해 | |
| 8 | | | | 이탈리아어 발음, 전조, 악상기호, 형식 등에 대한 이해 및 가창 | |
| 9 | 4월 1주 | 〈목포의 눈물〉〈친구여〉 〈난 알아요〉 〈이등병의 편지〉 | 가창, 감상 | 우리나라의 대중음악 감상 및 가창 | |
| 10 | | | | | |
| 11 | 4월 2주 | 수행 평가 | 가창 | 〈선구자〉〈내 맘의 강물〉〈돌아오라 소렌토로〉 중 택 1 | |
| 12 | | 〈Heal the world〉 〈Imagine〉〈Sing〉 | 가창, 감상 | 미국의 대중음악 감상 및 가창 | |
| 13 | 4월 3주 | 오페라와 뮤지컬 | 가창, 감상 | • 오페라와 뮤지컬에 대한 이해 <br> • 〈오, 나의 사랑하는 아버지〉〈구름 속의 궁전〉〈굿모닝 볼티모어〉 감상 및 가창 | |
| 14 | | | | • 뮤지컬의 역사와 구성요소에 대한 이해 <br> • 뮤지컬 관련 직업에 대한 이해 | |
| 15 | 4월 4주 | 뮤지컬 만들기 | 창작 | • 역할 분담 및 계획서 제작 | |
| 16 | | | | • 대본 제작 <br> • 대본 리딩 및 수정하기 | 대본 |
| 17 | 5월 1주 | | | 5월 연휴 | |
| 18 | | | | 중간고사 | |
| 19 | 5월 2주 | 뮤지컬 만들기 | 창작 | • 음악 선곡 및 개사하기 | 대본, 음원 |
| 20 | | | | • 안무 구안하기 <br> • 동선 맞추기 | |
| 21 | 5월 3주 | 뮤지컬 만들기 | 창작 | • 무대 배경 및 소품 제작 <br> • 연습하기 | 대본, 음원, 소품 |
| 22 | | | | • 리허설하기 | |
| 23 | 5월 4주 | 수행 평가 | 창작 | 뮤지컬 공연 | 〃 |
| 24 | | | | | |
| 25 | 6월 1주 | 국악사(상고~고려시대) | 이론, 감상 | 상고시대, 삼국시대, 통일신라시대, 발해시대, 고려시대의 음악에 대한 이해 | |
| 26 | | 국악사(조선시대) | 이론, 감상 | • 조선시대 전기 및 후기 음악에 대한 이해 <br> • 〈종묘 제례악〉 감상 | |
| 27 | 6월 2주 | 국악사 (일제 강점기~현대) | 이론, 감상 | • 일제 강점기 및 현대 국악에 대한 이해 <br> • 창가, 신민요, 크로스오버 음악 감상 | |
| 28 | | 우리나라 중요 무형 문화재 | 이론, 감상 | 우리나라 중요 무형 문화재에 대한 이해 및 감상 | |

| 29 | 6월 3주 | 우리나라<br>중요 무형 문화재 | 이론,<br>감상 | 우리나라 중요 무형 문화재에 대한 이해 및 감상 | |
|---|---|---|---|---|---|
| 30 | | 〈천지창조〉와<br>〈미제레레 메이〉 | 감상 | 미켈란젤로의 〈천지창조〉와 알레그리의 〈미제레레 메이〉<br>감상 및 토론 | |
| 31 | 6월 4주 | 고흐와 〈나비 부인〉 | 감상 | 고흐의 〈일본 여인-게이샤〉와 오페라 〈나비 부인〉 중 〈어<br>느 개인 날〉 감상 및 토론 | |
| 32 | | 〈상춘야흥〉과<br>〈양청도드리〉 | 감상 | 신윤복의 〈상춘야흥〉과 〈양청도드리〉 감상 및 토론 | |
| 33 | 7월 1주 | 발레 음악 | 감상 | • 발레 및 발레 음악에 대한 이해<br>• 모리스 베자르의 〈볼레로〉 감상<br>• 존 노이마이어의 〈카멜리아 레이디〉 감상 | |
| 34 | | | | 기말고사 | |
| 35 | 7월 2주 | 우리나라의<br>전통 무용 | | • 우리나라 전통 무용과 음악에 대한 이해<br>• 일무, 살풀이, 봉산탈춤 감상 | |
| 36 | | | | | |

## 4. 주의사항

• 수업 종이 치기 전에 음악실로 와서 수업 준비를 한다.

• 교과서와 오선 노트는 항상 준비한다.

• 수업 태도가 좋지 않거나, 준비물이 미비하거나, 과제를 수행하지 않은 경우의 횟수를 기록
  하여, 1회당 1점씩 감점한다.

• 무단결석(조퇴, 결과)이나 질병결석(조퇴, 결과)으로 인해 수행 평가에 참여하지 못한 경우에
  는 차후에 기회를 1회 부여하고 그래도 불응할 시 각 영역별 만점의 10%를 부여한다.

• 수행 평가를 스스로 포기하거나 장기결석을 하는 경우에는 수행 평가 점수에 있어서 최하
  점의 차하점을 부여한다.

## 〈부록 2〉 ○○○학교 20＊＊학년도 음악과 교육과정

### 1. 음악과 목표

학생들은 다양한 음악적 경험과 소통의 과정을 통해 자신의 잠재력과 창의성을 개발하고, 음악의 역사적·사회적·문화적 의미에 대한 이해를 바탕으로 음악을 향유하는 문화시민으로 성장하게 된다.

### 2. 연간 학습 지도 계획

(고등학교 1학년 대상, 주당 수업 시수: 2시간, 총 수업 시수: 68시간)

| 월 | 대단원 | 제재곡 또는 소단원 | 차시 | 누계 | 주요 학습 내용 | 성취기준 |
|---|---|---|---|---|---|---|
| 3 | 진단평가 및 오리엔테이션 | | 1 | 1 | • 진단평가 실시<br>• 수업 계획서 배부 및 안내 | |
| | 음악을 노래하는 즐거움－우리 가곡, 다른 나라의 가곡 | 발성과 호흡 | 1 | 2 | • 노래 부르기 위한 자세, 호흡, 발성 연습 | 자세, 호흡, 발성 등을 바르고 정확하게 하여 노래 부를 수 있다. |
| | | 우리나라의 예술가곡, 〈선구자〉 | 2 | 4 | • 한국 예술가곡에 대하여 이해하기<br>• 시대적 배경에 대한 이해를 바탕으로 노래 부르기 | 예술가곡을 듣고 노래 부를 수 있다. |
| | | 〈내 맘의 강물〉 | 2 | 6 | • 한국 예술가곡에 대하여 이해하기<br>• 화성진행 및 악상기호에 대한 이해를 바탕으로 표현이 풍부하게 노래 부르기 | 악곡의 음악적 특징을 살려 노래 부를 수 있다. |
| | | 〈돌아오라 소렌토로〉 | 2 | 8 | • 이탈리아 칸초네에 대하여 이해하기<br>• 이탈리아어 발음, 전조, 악상기호, 형식 등에 대하여 이해하고 노래 부르기 | 예술가곡을 듣고 음악적 특징을 살려 노래 부를 수 있다. |

| | | | | | | |
|---|---|---|---|---|---|---|
| 4 | 새 시대의 음악 -우리나라의 대중음악, 서양의 대중음악 | 〈목포의 눈물〉 〈친구여〉 〈난 알아요〉 〈이등병의 편지〉 등 | 2 | 10 | • 우리나라의 대중음악 감상하고 노래 부르기 | 다양한 시대의 음악을 듣고 악곡의 특징에 대해 이야기 할 수 있다. |
| | | 〈Heal the world〉 〈Imagine〉 〈Sing〉 등 | 2 | 12 | • 미국의 대중음악 감상하고 노래 부르기 | 다양한 시대의 음악을 듣고 악곡의 특징에 대해 이야기 할 수 있다. |
| | 음악과 친구들- 음악과 문화 | 오페라와 뮤지컬 | 2 | 14 | • 오페라와 뮤지컬에 대하여 이해 하기<br>• 〈오, 나의 사랑하는 아버지〉 〈구름 속의 궁전〉 〈굿모닝 볼티모어〉 감 상하고 노래하기<br>• 뮤지컬의 역사와 구성요소에 대하 여 이해하기<br>• 뮤지컬 관련 직업에 대하여 이해 하기 | 음악의 형식과 연주 형태에 대해 설명하거나 구별할 수 있다. |
| | 새 시대의 음악-서양의 대중음악 | 뮤지컬 만들기 | 2 | 16 | • 역할 분담 및 계획서 제작<br>• 대본 제작<br>• 대본 리딩 및 수정하기 | 주제에 맞는 노랫말과 극본 을 만들어 음악극으로 표현 할 수 있다. |
| 5 | 새 시대의 음악-서양의 대중음악 | 뮤지컬 만들기 | 6 | 22 | • 음악 선곡 및 개사하기<br>• 안무 구안하기<br>• 동선 맞추기<br>• 무대 배경 및 소품 제작<br>• 연습하기<br>• 리허설하기 | 주제에 맞는 노랫말과 극본 을 만들어 음악극으로 표현 할 수 있다. |
| | 새 시대의 음악-서양의 대중음악 | 뮤지컬 만들기 | 2 | 24 | • 공연하기<br>• 공연 후 평가하기 | 주제에 맞는 노랫말과 극본 을 만들어 음악극으로 표현 할 수 있다. |
| 6 | 음악의 유산- 우리나라 음악의 유산 | 상고~고려시대 | 1 | 25 | • 상고시대, 삼국시대, 통일신라시 대, 발해시대, 고려시대의 음악에 대하여 이해하기 | 국악사에 대해 설명하거나 구별할 수 있다. |
| | | 조선시대 | 1 | 26 | • 조선시대 전기 및 후기 음악에 대 하여 이해하기<br>• 〈종묘 제례악〉 감상하기 | 국악사에 대해 설명하거나 구별할 수 있다. |
| | | 일제 강점기 ~현대 | 1 | 27 | • 일제 강점기 및 현대 국악에 대하 여 이해하기<br>• 창가, 신민요, 크로스오버 음악 감 상하기 | 국악사에 대해 설명하거나 구별할 수 있다. |
| | | 우리나라 중요 무형 문화재 | 2 | 29 | • 우리나라 중요 무형 문화재에 대 하여 이해 및 감상하기 | 세계 속에서 인정받는 우리 음악 문화유산의 가치에 대 해 이야기할 수 있다. |

| 6 | 음악과 친구들- 음악과 미술 | 〈천지창조〉와 〈미제레레 메이〉 | 1 | 30 | • 미켈란젤로의 〈천지창조〉와 알레그리의 〈미제레레 메이〉 감상하고 토론하기 | 다양한 시대의 음악을 듣고 악곡의 특징에 대해 이야기할 수 있다. |
| | | 고흐와 〈나비 부인〉 | 1 | 31 | • 고흐의 〈일본 여인-게이샤〉와 오페라 〈나비 부인〉 중 〈어느 개인 날〉 감상하고 토론하기 | 다양한 시대의 음악을 듣고 악곡의 특징에 대해 이야기할 수 있다. |
| | | 〈상춘야흥〉과 〈양청도드리〉 | 1 | 32 | • 신윤복의 〈상춘야흥〉과 〈양청도드리〉 감상하고 토론하기 | 다양한 시대의 음악을 듣고 악곡의 특징에 대해 이야기할 수 있다. |
| 7 | 음악과 친구들- 음악과 춤 | 발레 음악 | 2 | 34 | • 발레 및 발레 음악에 대하여 이해하기<br>• 모리스 베자르의 〈볼레로〉 감상하기<br>• 존 노이마이어의 〈카멜리아 레이디〉 감상하기 | 음악을 듣고 춤음악의 다양한 쓰임에 대해 이야기할 수 있다. |
| | | 우리나라의 전통 무용 | 2 | 36 | • 우리나라 전통 무용과 음악에 대하여 이해하기<br>• 일무, 살풀이, 봉산탈춤 감상하기 | 음악을 듣고 춤음악의 다양한 쓰임에 대해 이야기할 수 있다. |
| 8 | 음악의 유산- 서양 음악의 유산 | 고대 음악, 중세 음악 | 2 | 38 | • 고대 및 중세 음악에 대하여 이해하기<br>• 〈그레고리안 찬트〉 〈오르가눔〉 감상 | 서양 음악사에 대해 설명하거나 구별할 수 있다. |
| 9 | 음악의 유산- 서양 음악의 유산 | 르네상스 음악 | 2 | 40 | • 르네상스 음악에 대하여 이해하기<br>• 다성음악 감상하기 | 서양 음악사에 대해 설명하거나 구별할 수 있다. |
| | | 바로크 음악 | 2 | 42 | • 바로크 음악에 대하여 이해하기<br>• 코렐리 〈바이올린 소나타〉, 바흐 〈b단조 미사〉, 헨델 〈수상음악〉 감상하기 | 서양 음악사에 대해 설명하거나 구별할 수 있다. |
| | | 고전주의 음악 | 2 | 44 | • 고전파 음악에 대하여 이해하기<br>• 하이든 〈고별 교향곡〉, 모차르트 오페라 〈피가로의 결혼 서곡〉, 베토벤 〈월광 소나타〉 감상하기 | 서양 음악사에 대해 설명하거나 구별할 수 있다. |
| | 세계의 음악 | 아시아 음악 | 1 | 45 | • 아시아의 음악 문화 조사 및 발표하기 | 다양한 문화의 음악을 듣고 악곡의 특징에 대해 이야기할 수 있다. |
| | | 아메리카 음악 | 1 | 46 | • 아메리카의 음악 문화 조사 및 발표하기 | 다양한 문화의 음악을 듣고 악곡의 특징에 대해 이야기할 수 있다. |

| 10 | 세계의 음악 | 유럽 음악 | 1 | 47 | • 유럽의 음악 문화 조사 및 발표하기 | 다양한 문화의 음악을 듣고 악곡의 특징에 대해 이야기 할 수 있다. |
|---|---|---|---|---|---|---|
| | | 아프리카 음악 | 1 | 48 | • 아프리카의 음악 문화 조사 및 발표하기 | 다양한 문화의 음악을 듣고 악곡의 특징에 대해 이야기 할 수 있다. |
| | | 오세아니아 음악 | 1 | 49 | • 오세아니아의 음악 문화 조사 및 발표하기 | 다양한 문화의 음악을 듣고 악곡의 특징에 대해 이야기 할 수 있다. |
| | 음악과 친구들-음악과 영화 | 영화음악 | 1 | 50 | • 영화음악의 개념, 특징, 종류에 대하여 이해하기 | 음악을 듣고 영화음악에 대해 이야기할 수 있다. |
| | | 〈He's a pirate〉 | 2 | 52 | • 영화 〈캐리비안 해적〉의 음악적 배경에 대하여 이해하기<br>• 영화의 한 장면 감상하기<br>• 리코더로 제재곡 연주하기 | 음악을 듣고 영화음악에 대해 이야기할 수 있다. |
| | | 〈인생의 회전목마〉 | 2 | 54 | • 애니메이션 〈하울의 움직이는 성〉의 음악적 배경에 대하여 이해하기<br>• 다양한 악기로 제재곡 합주하기 | 음악을 듣고 영화음악에 대해 이야기할 수 있다. |
| 11 | 음악과 친구들-음악 공연하기 | 학급 음악회 | 4 | 58 | • 학급 음악회 기획하기<br>• 계획서 작성<br>• 역할 분담 및 프로그램 선정<br>• 모둠별 연습 | 음악 문화 행사에 참여할 수 있다. |
| | | 학급 음악회 | 2 | 60 | • 연습하기<br>• 리허설하기 | 음악 문화 행사에 참여할 수 있다. |
| | | 학급 음악회 | 2 | 62 | • 공연하기<br>• 평가하기 | 음악 문화 행사에 참여할 수 있다. |
| 12 | 음악과 사회-음악과 직업 | 음악 관련 직업 조사 및 발표 | 4 | 66 | • 음악 관련 직업에 대하여 조사 및 발표하기 | 현대사회에서 음악 관련 직업에 대해 이야기할 수 있다. |
| 2 | 음악과 사회-음악과 광고 | 광고음악 | 2 | 68 | • 광고음악에 대하여 이해하기 | 음악을 듣고 광고음악의 다양한 쓰임에 대해 이야기할 수 있다. |

## 3. 평가 계획

### 가. 평가 영역 및 배점

<table>
<tr><th colspan="2" rowspan="2">평가 영역<br>구분<br>학기</th><th rowspan="2">지필<br>평가</th><th colspan="5">수행 평가</th><th rowspan="2">계</th></tr>
<tr><th>가창</th><th>기악</th><th>창작</th><th>감상</th><th>수업<br>참여도</th></tr>
<tr><td rowspan="2">1<br>학기</td><td>영역<br>만점</td><td>20점</td><td>30점</td><td>×</td><td>30점</td><td>×</td><td>20점</td><td>100점</td></tr>
<tr><td>반영<br>비율(%)</td><td>20%</td><td colspan="5">80%</td><td>100%</td></tr>
<tr><td rowspan="2">2<br>학기</td><td>영역<br>만점</td><td>20점</td><td>×</td><td>30점</td><td>×</td><td>30점</td><td>20점</td><td>100점</td></tr>
<tr><td>반영<br>비율(%)</td><td>20%</td><td colspan="5">80%</td><td>100%</td></tr>
</table>

### 나. 수행 평가 계획

#### 1) 수행 평가 영역 및 내용

| 학년 | 학기 | 평가 영역 | 평가 내용 | 배점 |
|---|---|---|---|---|
| 1 | 1학기 | 가창 | 교과서에 나오는 제재곡 중 1곡 선택하여 노래 부르기 | 30점 |
| | | 창작 | 모둠별 뮤지컬 창작 및 공연하기 | 30점 |
| | | 수업 참여도 | 수업 참여 태도, 준비물 준비 여부, 과제 수행 여부 | 20점 |
| | 2학기 | 기악 | 학급 음악회 기획 및 공연하기 | 30점 |
| | | 감상 | 다문화 음악에 대하여 조사 및 발표하기 | 30점 |
| | | 수업 참여도 | 수업 참여 태도, 준비물 준비 여부, 과제 수행 여부 | 20점 |

#### 2) 수행 평가 영역별 평가 기준

##### 가) 가창(30점 만점)

| 평가 요소 | 평가 기준 | 배점 |
|---|---|---|
| 자세<br>(7점) | 허리와 어깨를 펴고, 발은 어깨 넓이 정도로 벌리고, 팔을 가지런히 하며, 시선은 정면보다 조금 높은 곳을 바라본다. | 7 |
| | 허리와 어깨를 펴지 않거나 발, 손, 시선 등의 위치가 조금 흐트러진다. | 5 |
| | 허리와 어깨를 펴지 않고, 발, 손, 시선 등의 위치를 바르게 하지 않는다. | 3 |

| 발성, 발음, 음정 (7점) | 발성이 자연스럽고 편안하며, 발음이 명료하고, 음정을 정확하게 노래한다. | 7 |
| | 발성이 자연스럽고 편안하지 않거나, 발음이 명료하지 않거나, 음정이 불안한 편이다. | 5 |
| | 발성이 매우 부자연스럽고, 발음이 불명료하며, 음정이 정확하지 않다. | 3 |
| 박자, 리듬, 빠르기 (8점) | 박자가 규칙적이고, 리듬이 정확하며, 적절한 빠르기를 유지한다. | 8 |
| | 박자가 불규칙하거나, 리듬이 정확하지 않거나, 빠르기가 불안정하다. | 6 |
| | 박자가 불규칙적이고, 리듬이 부정확하며, 빠르기도 매우 느리거나 지나치게 빠르다. | 4 |
| 음악적 표현 (셈여림 표현, 나타냄 말의 표현, 프레이징)(8점) | 셈여림 기호와 나타냄 말을 모두 잘 표현하며, 프레이징의 표현이 적절하다. | 8 |
| | 셈여림 기호나 나타냄 말의 표현이 다소 부족하거나 프레이징의 표현이 부적절하다. | 6 |
| | 셈여림 기호와 나타냄 말을 전혀 표현하지 않고 프레이징의 표현이 매우 부적절하다. | 4 |

## 나) 기악(30점 만점)

| 평가 요소 | 평가 기준 | 배점 |
| --- | --- | --- |
| 박자, 리듬, 빠르기 (8점) | 박자가 규칙적이고, 리듬이 정확하며, 적절한 빠르기를 유지한다. | 8 |
| | 박자가 불규칙하거나, 리듬이 정확하지 않거나, 빠르기가 불안정하다. | 6 |
| | 박자가 불규칙적이고, 리듬이 부정확하며, 빠르기도 매우 느리거나 지나치게 빠르다. | 4 |
| 음악적 표현 (셈여림 표현, 나타냄 말의 표현, 프레이징)(8점) | 셈여림 기호와 나타냄 말을 모두 잘 표현하며, 프레이징의 표현이 적절하다. | 8 |
| | 셈여림 기호나 나타냄 말의 표현이 다소 부족하거나 프레이징의 표현이 부적절하다. | 6 |
| | 셈여림 기호와 나타냄 말을 전혀 표현하지 않고 프레이징의 표현이 매우 부적절하다. | 4 |
| 음악적 어울림 (7점) | 음색이 서로 잘 어울리며, 연주가 전체적으로 잘 조화를 이룬다. | 7 |
| | 음색이 잘 어울리지 않거나, 연주가 조화를 이루지 않는다. | 5 |
| | 음색이 전혀 어울리지 않고, 연주가 전혀 조화를 이루지 않으며, 끝까지 연주하지 못한다. | 3 |
| 참여도 (7점) | 학급 음악회 기획에 적극적으로 참여하고, 친구들과 잘 협력하여 성공적인 공연을 한다. | 7 |
| | 리드하는 친구들의 요구에 잘 부응하여 공연에 협조하는 편이다. | 5 |
| | 공연에 관심이 없고 비협조적인 태도로 일관한다. | 3 |

### 다) 창작(30점 만점)

| 평가 요소 | 평가 기준 | 배점 |
|---|---|---|
| 조사 내용의 충실성 (10점) | 음악 문화유산의 사례가 질적으로 매우 가치가 높으며, 사례가 매우 풍부하고 구체적이다. | 10 |
| | 음악 문화유산의 사례의 질적 수준이 낮거나, 조사 내용의 양이 부족한 편이다. | 8 |
| | 음악 문화유산의 사례의 질적 수준이 매우 낮으며, 조사 내용의 양이 매우 부족하다. | 6 |
| 발표 태도 (10점) | 발표 태도가 매우 진지하고 성실하며, 준비해 온 자료를 학생들에게 효과적으로 전달한다. | 10 |
| | 발표 태도가 진지하지 않거나, 성실하지 않은 편이거나, 준비해 온 자료를 학생들에게 효과적으로 전달하는 데 있어 부족하다. | 8 |
| | 발표 태도가 진지하지 않고, 불성실한 태도로 일관하며, 준비해 온 자료를 학생들에게 효과적으로 전달하지 못한다. | 6 |
| 매체 활용 능력 (10점) | 발표 매체의 활용도가 뛰어나다. | 10 |
| | 발표 매체의 활용도가 보통이다. | 8 |
| | 발표 매체를 잘 활용하지 못한다. | 6 |

### 라) 감상(30점 만점)

| 평가 요소 | 평가 기준 | 배점 |
|---|---|---|
| 뮤지컬 구성 요소에 대한 이해(7점) | 뮤지컬의 구성 요소(음악, 춤, 연기, 대본 등)를 모두 포함하여 구성하였다. | 7 |
| | 뮤지컬의 구성 요소(음악, 춤, 연기, 대본 등) 중 1가지를 빠뜨리고 구성하였다. | 5 |
| | 뮤지컬의 구성 요소(음악, 춤, 연기, 대본 등) 중 2가지 이상을 빠뜨리고 구성하였다. | 3 |
| 주제 표현 (7점) | 뮤지컬의 주제를 효과적으로 잘 표현하여 관객들이 주제를 잘 이해한다. | 7 |
| | 뮤지컬의 주제를 대략적으로 표현하여 관객들이 주제를 대충 이해한다. | 5 |
| | 뮤지컬의 주제를 잘 표현하지 못하여 관객들이 주제를 이해하지 못한다. | 3 |
| 창의성 (8점) | 매우 독창적인 주제를 다루었고 표현 방식이 매우 창의적이다. | 8 |
| | 주제가 독창적이지 않거나, 표현 방식이 창의적이지 못한 편이다. | 6 |
| | 주제가 독창적이지 않고, 표현 방식이 창의적이지 않다. | 4 |
| 참여도 (8점) | 창작 전 과정에 매우 열심히 참여하였다. | 8 |
| | 창작 전 과정에 소극적으로 참여하였다. | 6 |
| | 창작 전 과정에 비협조적이다. | 4 |

마) 수업참여도(20점 만점)

    수업 태도가 좋지 않거나, 준비물이 미비하거나, 과제를 수행하지 않은 경우의 횟수를 누가 기록하여 1회당 1점씩 감점한다.

다. 학기별 성취수준

| 성취<br>수준 | 성취수준 기술 |
|---|---|
| A | 자세·호흡·발음/주법 등을 전체적으로 바르고 정확하게 하며, 악곡의 특징을 풍부하게 살리고, 악곡에 나타난 음악 요소 및 개념을 이해하여 노래와 악기로 적절히 표현할 수 있다. 주어진 조건에 정확하게 맞는 음악 창작품을 만들고, 음악적 표현과 감정을 풍부하게 표현할 수 있다. 다양한 시대의 음악을 듣고 음악 요소 및 개념에 대해 정확하게 구별하고, 악곡의 특징에 대해 자세하게 이야기할 수 있다. |
| B | 자세·호흡·발음/주법 등을 대체로 바르고 정확하게 하며, 악곡의 특징을 대체로 살리고, 악곡에 나타난 음악 요소 및 개념을 이해하여 노래와 악기로 대체로 적절히 표현할 수 있다. 주어진 조건에 맞는 음악 창작품을 만들고, 음악적 표현과 감정을 조금 표현할 수 있다. 다양한 시대의 음악을 듣고 음악 요소 및 개념에 대해 대체로 정확하게 구별하고, 악곡의 특징에 대해 비교적 자세하게 이야기할 수 있다. |
| C | 자세·호흡·발음/주법 등이 정확하지 않은 편이며, 악곡의 특징을 일부 살리고, 악곡에 나타난 음악 요소 및 개념을 일부 이해하여 노래와 악기로 표현할 수 있다. 주어진 조건을 일부 충족하는 음악 창작품을 만들 수 있다. 다양한 시대의 음악을 듣고 음악 요소 및 개념에 대해 부분적으로 구별하고, 악곡의 특징에 대해 간단히 이야기할 수 있다. |

4. 유의점
- 학생들의 발달 단계와 개인차를 고려하여 체계적이고 융통성 있는 교수·학습 방법을 사용한다.
- 개별 활동뿐만 아니라 모둠 활동을 통해 학생들의 문제 해결력과 의사소통 능력을 키우도록 한다.
- 음악교과의 활동 영역은 가창, 기악, 창작, 감상으로 구분되며, 수업에 따라 영역별로 운영하기도 하고 통합적으로 접근하기도 한다. 모든 학습 활동은 음악을 창의적으로 표현하고 사고하며 수용하는 능력을 신장시키는 데 중점을 둔다.
- 학생들의 음악적 경험이 다양하지 못한 만큼 학생들이 음악과 관련된 지역사회의 다양한

문화 행사에 참여하여 음악의 역할과 가치를 이해할 수 있도록 지도한다.

- 우리 음악 문화의 소중함을 깨닫는 동시에 다양한 음악 문화에 대한 관용적 태도를 가질 수 있도록 클래식이나 국악뿐만 아니라 다양한 시대와 지역의 전통음악, 현대음악, 대중음악 등을 접할 수 있는 기회를 제공한다.

- 무단결석(조퇴, 결과)이나 질병결석(조퇴, 결과)으로 인해 수행 평가에 참여하지 못한 경우 차후에 기회를 1회 부여하고 그래도 불응할 시 각 영역별 점수의 10%를 부여한다.

- 수행 평가를 스스로 포기하거나 장기결석을 하는 학생의 경우에는 최하점의 차하점을 부여한다.

# 제5장

# 수업 설계 및 지도안 작성

김지현 2 · 송주현

수업 설계란 가르치는 과정을 최적화하기 위한 활동으로, 수업의 효과를 증진할 수 있는 가장 적절한 교수 방법을 결정하는 절차이다. 이 장에서는 음악 수업을 설계하는 절차를 살펴보고, 음악 수업 시간에 실제로 활용할 수 있는 음악과 수업 지도안을 구체적으로 검토해 보도록 한다.

## 1. 음악 수업 설계 절차

음악 교사는 수업에서 수업 내용과 학습자라는 양면을 고려해야 하며, 수업 시작 단계부터 마지막까지 원활한 진행을 위해 음악 수업 상황 전체를 조망할 수 있어야 한다. 또한 음악 교사는 음악적 내용을 '왜 가르쳐야 하는지' 그리고 '어떻게 가르쳐야 하는지' 등을 교사 자신 및 학습자, 학부모, 교육 관련자들에게 설명할 수 있어야 한다. 이를 위해서 종합적이고 체계적인 음악 수업 설계가 필요하다. 일반적인 수업 설계의 대표적인 모형으로는 '딕과 캐리(Dick & Carey)의 수업 설계 모형'(신재한 외, 2013), 'ADDIE 모형'(조규락, 김선연, 2006), '음악과 수업절차 모형'[1](성경희, 1988) 등이 있다. 이러한 모형들을 바탕으로 음악 수업 설계를 재구성하면 다음의 다섯 단계와 같다.

첫째, '준비' 단계에서는 음악과 교육과정 검토, 음악과 학습 내용 분석, 학습자의 출발점 행동 확인 및 음악적 경험과 요구 분석, 음악실의 구조 및 악기 보유 현황과 같은 학습 환경 분석 등을 통하여 음악 수업의 주제 및 목표를 결정한다.

둘째, '계획' 단계에서는 음악 수업 목표를 구체화하여 목표에 대하여 적절하게 기술하며, 음악과의 교수 방법 및 매체를 선정하고 유용한 자료들을 수집한다. 이를

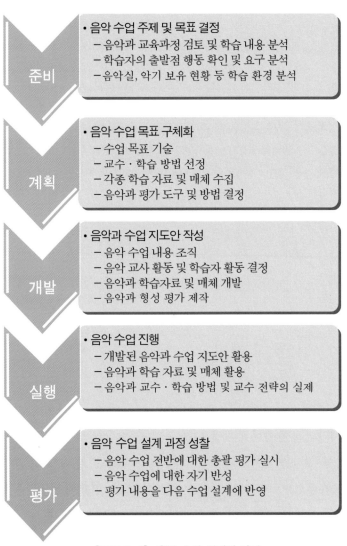

[그림 5-1]  **음악 수업 설계의 단계**

---

1. 감정적 감지 → 기초기능 파악 → 표현 방법 탐색 → 창조적 표현 → 내면화

통해 음악 수업 전략을 수립하며, 음악과의 평가 도구 및 방법을 결정하고 개발하는 등 평가에 대한 준비도 한다.

셋째, '개발' 단계에서는 음악 수업 내용을 체계적이고 전략적으로 구성하여, 교사의 활동과 학습자의 활동을 결정한다. 학습 내용의 전체적인 흐름을 고려하여 음악과 수업 지도안을 작성하는데, 일반적으로는 도입, 전개, 정리의 순서로 지도안을 만들 수 있다. 또한 구체적으로 활용할 수 있는 음악 수업 자료 및 매체를 개발하고, 형성 평가를 제작한다.

넷째, '실행' 단계에서는 개발된 음악과 수업 지도안과 각종 자료 및 매체, 음악과 교수 · 학습 방법 및 전략을 활용하여 음악 수업을 진행한다.

다섯째, '평가' 단계에서는 음악 수업 목표 및 교수 · 학습 방법, 수업 지도안 작성 및 실제 수업 과정, 학습 자료 및 매체의 활용 등에 대해 총괄적으로 평가를 실시하여, 자신의 음악 수업에 대해 성찰할 수 있는 시간을 갖도록 한다. 이를 통해 수업 전반에서 도출된 문제점을 수정하여 더 나은 음악 수업을 설계할 수 있을 것이다. 이러한 다섯 단계의 음악 수업 설계 절차를 정리하면 [그림 5-1]과 같다.

## 2. 음악과 수업 지도안 작성

음악과 수업 지도안은 국가 수준 음악과 교육과정, 학교 수준 음악과 교육과정, 음악과 평가 계획 등을 바탕으로 작성한다. 음악 수업의 학습 내용은 음악과 교육과정 내용 체계를 근거로 선정하며, 실제로 수업을 실행하는 장면을 떠올리면서 내용의 실제를 구성한다. 음악과 수업 지도안을 작성할 때에는 환경적이고 맥락적인 요인을 고려하여야 하는데, 그 요인으로는 교육적 가치, 음악과의 특성, 음악 교사의 교수법적 특징, 학습자의 특성 및 수업 태도, 다양한 학급 실태, 음악실의 각종 악기 및 기자재 비치 현황 등이 있다.

### 1) 음악과 수업 지도안 작성의 실제

음악과 수업 지도안 양식은 일반화된 양식이 존재하지 않는 만큼 다양한 양식의 활용이 가능하다. 그러나 하나의 음악과 수업 지도안 양식과 작성 방법의 예시를 제시하면 〈표 5-1〉과 같다.

표 5-1   음악과 수업 지도안 양식 및 작성 방법의 예시

# 음악과 수업 지도안

1. 단원명: 아름다운 목소리 듣기 · 만들기

2. 단원 개관
    학생들이 자신의 목소리 음역과 상태를 알고, 변성기를 고려하여 노래할 수 있도록 기초 발성과 아름다운 소리를 만드는 연습을 하는 단원이다. ……

3. 단원 계획

| 단원<br>지도 목표 | 1. 변성기에 대해 이해할 수 있다.<br>2. 자신의 목소리에 자신감을 가질 수 있다.<br>3. 다양한 음역의 제재곡들을 표현할 수 있다. | | |
|---|---|---|---|
| 차 시 | 학습 목표 | 지도 내용 | 자료 및 매체 |
| 1차시 | • 변성의 의미와 원인에 대해 이해할 수 있다.<br>• 무리 없는 기초 발성을 익힐 수 있다. | 변성기 발성법 | 영상자료<br>피아노 |
| 2차시 | • … | … | … |
| 3차시 | • … | … | … |
| 단원<br>평가 계획 | • 자신의 목소리를 아끼고 사랑하는 방법을 친구들에게 소개하기<br>• … | | |

4. 본시 수업 지도안

| 수업 일시 | 20○○년 ○월 ○일 | 수업 대상 | | 중학교 2학년 ○반 | |
|---|---|---|---|---|---|
| 단원명 | 아름다운 목소리 듣기 ·<br>만들기 | 차시 | 1/3 | 교과서<br>페이지 | ○○~○○ |
| 수업 주제<br>(제재곡) | 아름다운 목소리를 만들 수 있어요! | | | | |
| 학습 목표 | • 변성의 의미와 원인에 대해 이해할 수 있다.<br>• 기초 발성을 무리 없이 익힐 수 있다. | | | | |

| 학습 단계 | 주요 활동 | 교수 · 학습 활동 | 자료 및 매체 | 지도상의 유의점 | 시간 |
|---|---|---|---|---|---|
| 도입 | 동기유발<br>… | • 여러 나라 여러 문화의 다양한 발성법을 소개한다.<br>… | 영상자료<br>… | …<br>… | 3분<br>… |
| 전개 | …<br>기초 발성<br>…<br> | …<br>• 교사의 선창에 따라 '이' 발음으로 기초 발성곡을 따라한다.<br>…<br> | …<br>피아노<br>…<br> | …<br>큰 소리를 내야 하는 부담을 주지 않도록 한다.<br>자신의 목소리를 듣고 울림을 느끼며 노래하도록 지도한다.<br>… | …<br>10분<br>…<br> |
| 정리 | …<br>차시 예고 | …<br>• 다음 시간에 배울 제재곡들을 미리 알려 주고, 찾아서 들어 볼 것을 권유한다. |  |  | …<br>2분 |

## (1) '단원 개관' 및 '단원 계획'의 작성

음악 수업에서 단원이란 수업 주제와 목표에 따라 선정한 음악 수업들의 모음으로, '단원 개관'에서는 단원을 선정한 이유와 이 단원의 교육적 가치 및 전반적인 수업 내용에 대해 설명한다. '단원 계획'의 '단원 지도 목표'는 인지적 · 심동적 · 정의적 영역으로 나누어 기술하며, 학습 내용의 단계 및 분량에 따라 차시를 계획하여 '차시별 학습 목표' 및 세부 사항을 작성하도록 한다. 그리고 음악 수업 설계 시 결정한 평가 도구 및 방법에 따라 수업 내용과 직접적으로 관련된 '단원 평가 계획'을 수립한다.

## (2) '본시 수업 지도안'의 작성

### ① '학습 목표'의 진술 방법

학습 목표는 음악 수업의 명확한 방향을 제시하는 것으로, 학습을 마치고 난 후 학습자들이 할 수 있는 행위를 구체적으로 설명하는 문장으로 서술된다. 학습 목표 진술은 학습자가 무엇을, 어떤 상황에서, 어떻게, 어느 정도 할 수 있는지를 명시해 주는 행동 목표로 진술되는 것이 바람직하며, 내용과 행동으로 구분하여 실현 가능한 구체적인 성취 행동 용어로 기술한다. 여기에서는 타일러(R. Tyler), 메이거(R. Mager), 가네(R. Gagné)의 학습 목표 진술 양식 중에서 타일러의 학습 목표 진술 양식을 예로 들어 설정된 학습 목표를 세분화해서 구체적인 문장으로 제시하였다. 타일러의 학습 목표 진술 양식은 내용과 행동으로 구성되어 있으며, 이것은 교육 평가를 위한 이원목적분류표 작성과 학교 수업 지도안 작성에 활용되고 있다(유택열, 2008).

---

**타일러의 학습 목표 진술 양식**

• 양식: 내용          + 행동
• 예시: 세마치 장단을 + 연주할 수 있다.

---

### ② '학습 단계'별 작성 방법

학생들의 음악적 경험과 흥미 및 신체적·사회적·교육적 요구를 분석하여, 음악 교사와 학생이 활발하게 상호작용할 수 있고, 학생들의 적극적인 참여와 반응을 유도할 수 있는 실행 가능한 지도안을 작성하도록 한다. 특별히 음악 수업은 학생들이 다양한 음악적 경험과 활동을 통해 음악적 개념을 형성하고 음악적 사고를 할 수 있도록 실음 중심으로 구성하며, 궁극적으로는 음악에 대한 가치를 내면화할 수 있도록 계획해야 한다.

• '도입' 단계: 우선 학습자의 관심을 끌 수 있고 음악 수업 주제에 대한 흥미와 호기심을 유발할 수 있는 소재로 '동기유발'을 하고, 전 시간에 학습한 내용을

복습할 수 있는 '이전 학습 확인' 시간을 잠시 가진 뒤, 본시 수업의 '학습 목
표'를 제시한다.

- '전개' 단계: 음악 수업 목표 성취를 위한 본격적인 과정이 진행되는 단계로 '주
요 활동'을 다양한 학습 '자료 및 매체'와 함께 제시한다. 학습자의 적극적인 참
여를 유도하고 음악 교사와 학생, 학생과 학생 간에 상호작용이 이루어질 수 있
도록 학습 내용을 전개하는 등 교사 활동과 학생 활동을 결정하여 기술한다.
- '정리' 단계: 수업 내용의 '요약' 및 '종합' '보충 자료 제시' '형성 평가'
'차시 예고' 등을 하는 단계로 수업을 마무리할 수 있게 작성한다.

　음악과 수업 지도안 작성 시 음악 수업이 논리적으로 전개되는지, 자연스러운 흐
름을 가지고 단계별로 진행되는지를 살펴야 하며, 수업 시간을 효과적으로 배분하
여 사용하는지를 확인해야 한다. 또한 선정한 음악과 학습 자료 및 매체의 질(質)과
내용이 적절한지 검토해야 할 것이다. 〈표 5-2〉의 체크리스트를 활용해 음악과 수
업 지도안 작성에 대한 자가 진단을 해 본다면 보다 구체적인 지도안 작성에 도움이
될 것이다.

표 5-2　음악과 수업 지도안 작성에 대한 체크리스트

| 분류 | | 체크리스트 문항 | 3 (최우수) | 2 (우수) | 1 (보통) |
|---|---|---|---|---|---|
| 학습 목표 진술 | | 교육과정과 학습자 특성을 고려하여 학습 목표를 설정하였는가? | | | |
| | | 학습 목표를 행동 목표로 구체적이며 명료하게 진술하였는가? | | | |
| | | 수업 주제 및 내용에 타당하게 학습 목표를 설정하였는가? | | | |
| 수업 단계 | 도입 | 동기 유발 소재는 적절한가? | | | |
| | | 학습 목표를 분명하게 전달하고 있는가? | | | |
| | | 이전 수업 내용과의 연관성을 보이는가? | | | |
| | 전개 | 가장 중요한 핵심 수업 내용이 부각되는가? | | | |
| | | 수업 내용은 학습 목표를 성취하기 위해 적절한가? | | | |
| | | 수업 내용을 시간에 알맞게 배치했는가? | | | |
| | | 수업 내용이 유기적으로 연결되도록 교수·학습 활동을 구성하였는가? | | | |
| | | 다양한 음악적 경험으로 수업 내용을 제시하고 있는가? | | | |

| 수업 단계 | 전개 | 실음 중심의 수업인가? | | | |
| | | 음악적 사고와 음악적 개념 형성을 의도하였는가? | | | |
| | | 학습 자료 및 매체를 적절하게 활용하였는가? | | | |
| | 정리 | 수업에 대한 정리 및 평가가 이루어졌는가? | | | |
| | | 차시 예고를 제시하였는가? | | | |
| 수업 전반 | | 수업의 흐름이 전체적으로 자연스럽게 연결되었는가? | | | |
| | | 전체 수업의 구조가 논리적인가? | | | |
| | | 학생의 흥미와 학습 동기, 음악적 수준과 요구를 파악하여 작성하였는가? | | | |
| | | 교사와 학생 사이에 활발한 상호작용이 이루어질 수 있는가? | | | |
| | | 학생이 적극적으로 수업에 참여하여 창의적인 음악적 결과를 만들어 낼 수 있도록 하였는가? | | | |
| | | 음악에 대한 가치를 내면화할 수 있도록 의도하였는가? | | | |

## 2) 수업 지도안 작성의 예시

〈부록 3〉은 두 가지 양식의 '음악과 수업 지도안'을 예시로 보여 준다. 〈예시 1〉은 감상과 기악 활동 중심의 '음악과 수업 지도안'으로 단원명, 단원 개관, 단원 계획, 차시별 수업 지도안의 순서로 제시하였다. '교수 · 학습 활동'은 교사와 학생 활동을 통합하여 기술하였고, '자료 및 유의점'도 하나의 형태로 만들었다. 그리고 〈예시 2〉는 가창과 창작 활동 중심의 '본시 수업 지도안'을 구성한 것으로, '교수 · 학습 활동'을 '교사 활동'과 '학생 활동'으로 나누어 제시하였으며, 주요 활동을 포함하여 교사와 학생 간의 상호작용이 잘 드러나도록 작성하였다. 수업 지도안은 음악 교사에 따라 다양한 양식으로 작성할 수 있으며, 무엇보다 자신만의 음악 수업 스타일에 따라 유연하게 적용할 수 있다.

토의 주제

1. 하나의 단원을 선정하여 이 장에서 제시한 다섯 단계의 음악 수업 절차에 따라 음악 수업을 설계해 보자.

2. 수업 주제 또는 제재곡을 선택하여 본시 수업 지도안을 작성해 보자.

# 〈부록 3〉 수업 설계 및 지도안 작성

〈예시 1〉 음악과 수업 지도안(감상 및 기악)

1. 단원명: 음악과 영화

2. 단원 개관

영화는 현대인들이 향유하는 대표적인 대중문화 장르이다. 영화에서 음악은 중요한 표현 요소로서 큰 역할을 담당하며, 시대가 바뀌어 감에 따라 다양한 대중음악 장르를 수용하게 되면서 영화 음악 자체에 대한 대중들의 관심도 점점 높아지고 있다. 따라서 이러한 영화 음악에 대한 이해를 통해 학생들이 보다 많은 사람과 음악적으로 소통할 수 있는 토대를 마련하고, 올바른 대중음악 문화 향유 태도를 형성하게 하는 것이 중요하다.

3. 단원 계획

| 단원<br>지도 목표 | 영화 음악에 대한 이해를 바탕으로 다양한 영화 음악을 감상하며, 대표적인 영화 음악 작품을 연주하는 경험을 제공한다. | | |
|---|---|---|---|
| 차 시 | 학습 목표 | 지도 내용 | 자료 및 매체 |
| 1차시 | • 영화 음악의 의미와 종류에 대해 설명할 수 있다.<br>• 영화의 분위기를 살려 간단한 영화 음악 작품을 노래할 수 있다. | 영화 음악에 대한 이해 및 감상 | 교과서, ppt, 음원 자료 |
| 2차시 | • 영화 및 영화 음악 작품을 조사하여 친구들 앞에서 설명할 수 있다. | 모둠별 영화 음악 작품 발표 | ppt, 음원 자료 |
| 3차시 | • 영화의 분위기를 살려 간단한 영화 음악 작품을 연주할 수 있다. | 영화 음악 작품 리코더 연주 | 교과서, 리코더, 음원 자료 |
| 단원<br>평가 계획 | 1. 모둠 평가: 영화 음악 조사 및 발표<br>2. 개별 평가: 리코더 연주 | | |

## 4. 차시별 수업 지도안

### (1) 1차시

| 수업 일시 | 2015. ○○. ○○. | | 수업 대상 | | 고1 |
|---|---|---|---|---|---|
| 단원명 | 음악과 영화 | 차시 | 1/3 | 교과서 페이지 | ○○출판사 206 – 209 |
| 수업 주제 (제재곡) | • 영화 〈시네마 천국〉 중 〈Love theme〉 <br> • 영화 〈보디가드〉 중 〈I will always love you〉 <br> • 영화 〈호로비츠를 위하여〉 중 〈라흐마니노프 피아노 협주곡 2번〉 <br> • 영화 〈써니〉 중 〈써니〉 | | | | |
| 학습 목표 | • 영화 음악의 의미와 종류에 대해 설명할 수 있다. <br> • 영화의 분위기를 살려 간단한 영화 음악 작품을 노래할 수 있다. | | | | |

| 학습 단계 | 주요 활동 | 교수 · 학습 활동 | 자료 및 유의점 | 시간 |
|---|---|---|---|---|
| 도입 | 동기유발 학습 목표 제시 | • 영화 〈캐리비안의 해적〉 중 일부 장면을 보여 주고, 영화 및 영화 음악에 대한 간단한 감상평을 이야기해 보도록 한다. <br> • 학습 목표를 제시한다. | 동영상 | 5분 |
| 전개 | 영화 음악에 대한 이해 및 감상 | • 영화 음악의 의미에 대해 이야기해 보도록 한다. <br> • 학생들의 의견을 종합하여 영화 음악의 의미에 대해 정리한다. <br> • 영화 음악의 발전상에 대해 간단히 설명한다. <br> • 영화 음악의 종류 중 '배경 음악'의 의미에 대해 설명하고, 영화 〈시네마 천국〉 중 〈Love theme〉를 감상하도록 한다. <br> • 영화 음악의 종류 중 '주제가'의 의미에 대해 설명하고, 영화 〈보디가드〉 중 〈I will always love you〉를 감상하도록 한다. <br> • 영화 음악의 종류 중 '삽입 음악'의 의미에 대해 설명하고, 영화 〈호로비츠를 위하여〉 중 〈라흐마니노프 피아노 협주곡 2번〉을 감상하도록 한다. | ppt, 동영상 | 25분 |
| | 영화 음악 작품 가창 | • 영화 〈써니〉의 일부분을 감상하도록 한다. <br> • 영화 〈써니〉에 사용된 삽입 음악 〈써니〉의 음악적 배경에 대해 간단히 설명한다. <br> • 〈써니〉의 원어 가사를 읽어 보고 가사의 의미에 대해 이야기한다. <br> • 〈써니〉를 간단한 반주에 맞춰 불러 본다. | 동영상 | 15분 |
| 정리 | 형성평가 차시예고 | • 영화 음악의 의미와 종류에 대해 간단한 형성평가를 실시한다. <br> • 다음 수업 시간에는 모둠별로 영화와 영화 음악 작품에 대해 조사 및 발표를 진행할 것을 예고하고 과제를 준비해 올 것을 이야기한다. | | 5분 |

## (2) 2차시

| 수업 일시 | 2015. ○○. ○○. | | 수업 대상 | | 고1 |
|---|---|---|---|---|---|
| 단원명 | 음악과 영화 | 차시 | 2/3 | 교과서 페이지 | ○○출판사 206 – 209 |
| 수업 주제 (제재곡) | 모둠별 영화 및 영화 음악 작품 조사 및 모둠별 발표 | | | | |
| 학습 목표 | 영화 및 영화 음악 작품을 조사하여 친구들 앞에서 설명할 수 있다. | | | | |

| 학습 단계 | 주요 활동 | 교수 · 학습 활동 | 자료 및 유의점 | 시간 |
|---|---|---|---|---|
| 도입 | 이전 학습 확인 학습 목표 제시 | • 지난 시간 불러 보았던 〈써니〉를 불러 보도록 한다.<br>• 학습 목표를 제시한다. | | 5분 |
| 전개 | 모둠별 발표<br><br>학생 발표에 대한 정리 및 총평 | • 모둠별로 영화 및 영화 음악 작품에 대해 조사해 온 것을 발표하도록 한다. 발표 진행 과정, 발표자의 자세, 경청하는 태도 등에 대해 이야기한다.<br><br>• 학생들의 발표 자료에 대해 정리하고, 잘한 점에 대해 이야기해 준다. | ppt, 동영상, 학습지 | 42분 |
| 정리 | 차시예고 | • 다음 시간에는 간단한 영화 음악 작품을 연주할 것을 예고하고, 리코더를 준비할 것을 이야기한다. | | 3분 |

## (3) 3차시

| 수업 일시 | 2015. ○○. ○○. | 수업 대상 | | 고1 |
|---|---|---|---|---|
| 단원명 | 음악과 영화 | 차시 | 3/3 | 교과서 페이지 | ○○출판사 206-209 |
| 수업 주제 (제재곡) | 애니메이션 영화 〈하울의 움직이는 성〉 중 〈인생의 회전목마〉 | | | |
| 학습 목표 | 영화의 분위기를 살려 간단한 영화 음악 작품을 연주할 수 있다. | | | |

| 학습 단계 | 주요 활동 | 교수 · 학습 활동 | 자료 및 유의점 | 시간 |
|---|---|---|---|---|
| 도입 | 동기유발<br><br>학습 목표 제시 | • 애니메이션 영화 〈하울의 움직이는 성〉 중 〈인생의 회전목마〉 동영상 일부를 감상하도록 하고, 영화에 대해 간단히 이야기해 보도록 한다.<br>• 학습 목표를 제시한다. | 동영상 | 5분 |
| 전개 | 리코더의 종류 와 역사, 연주법 에 대한 이해 | • 리코더의 종류에 대해 학생들에게 질문한다.<br>• 리코더의 종류에 대해 정리하고 리코더 합주 동영상을 짧게 감상하도록 한다.<br>• 리코더의 역사에 대해 간단히 정리한다.<br>• 리코더 연주 자세에 대해 학생들에게 질문한다.<br>• 리코더의 연주 자세에 대해 정리하고, 텅잉 및 운지법에 대해 정리한다.<br>• 간단한 연습곡으로 텅잉연습을 다 같이 하도록 한다.<br>• 리코더로 '낮은 도~높은 라' 까지 스케일을 연습하도록 한다.<br>• 임시표가 붙은 음들을 연습하도록 한다. | ppt, 동영상<br><br><br>리코더 | 15분 |
| | 〈인생의 회전목마〉 연주 | • 악보를 보고 음이름을 불러 보도록 한다.<br>• 4마디 단위로 끊어서 천천히 연주하도록 한다.<br>• 어려운 곳은 부분적으로 반복 연습하도록 한다.<br>• 개인 연습을 하도록 한다. 연주가 힘든 학생을 개별 지도한다.<br>• 반주에 맞춰 다 같이 연주하도록 한다. | 부분 연습, 개별 연습, 전체 연습을 융통성 있게 잘 운영 한다. | 25분 |
| 정리 | 총정리<br><br>차시예고 | • 3차시에 걸친 영화 음악 수업 전반에 대한 총정리 및 총평을 한다.<br>• 차시예고를 한다. | | 5분 |

〈예시 2〉 본시 수업 지도안(가창 및 창작)

| 수업 일시 | 2015.○○.○○. | | 수업 대상 | | ○○중학교 2학년 ○반 | |
|---|---|---|---|---|---|---|
| 단원명 | 노래로 표현하자 | | 차시 | 1/1 | 교과서 페이지 | ○○출판사 14-15 |
| 수업 주제 (제재곡) | 〈동무생각〉 | | | | | |
| 학습 목표 | • 빠르기의 변화를 자연스럽게 표현하며 제재곡을 노래할 수 있다. • 한마디의 가락을 바꾸어 친구들과 함께 부를 수 있다. | | | | | |

| 학습 단계 | 주요 활동 | 교수 · 학습 활동 | | 자료 및 매체 | 지도상의 유의점 | 시간 |
|---|---|---|---|---|---|---|
| | | 교사 | 학생 | | | |
| 도입 | 동기유발<br><br>학습 목표 제시 | • 친구와 함께 한 추억에 대해 이야기해 보도록 한다.<br>• 학생들의 의견을 경청하고 적절한 피드백을 한다.<br>• 학습 목표를 제시한다. | • 친구와의 추억을 자유롭게 말한다.<br><br><br><br>• 학습 목표를 주시한다. | 관련 사진 자료<br><br>판서 | 적극적 참여 유도 | 5분 |
| 전개 | 연주 감상<br><br>악곡 배경<br><br><br>노래하기<br><br><br><br><br><br>계명창 | • 제재곡을 성악가가 연주하는 영상으로 보여 준다.<br>• 영상을 집중해서 볼 수 있도록 분위기를 조성한다.<br>• 악곡을 작사, 작곡하게 된 배경을 이야기해 준다.<br>• 제재곡을 2~4마디씩 선창한다.<br><br>• 학생들이 따라 부르는 부분의 음정, 박자 등을 실음을 활용해 수정해 준다.<br>• 다장조 계이름을 가락에 맞게 악보에 적어 보도록 한다.<br>• 계이름을 정확히 적었는지 확인하고 교정해 준다.<br>• 계이름으로 제재곡을 불러 보도록 한다. | • 조용한 분위기에서 영상을 시청한다.<br><br><br><br>• 악곡의 배경을 경청한다.<br><br>• 교사의 선창에 따라 2~4마디씩 따라 부른다.<br><br><br><br><br>• 악보에 계이름을 적는다.<br><br><br>• 자신이 계이름을 정확히 적었는지 확인한다.<br><br>• 계이름으로 제재곡을 부른다. | 연주 영상<br><br><br><br>PPT<br><br><br><br>피아노<br><br><br><br>PPT | 임시표에 유의한다. | 5분<br><br><br><br><br><br><br><br>15분 |

| | 변박자 | • 4/4박자에서 9/8박자로 변하는 변박자에 대해서 설명하고, 일정박에 맞추어 악곡의 리듬을 연주해 보도록 한다. | • 변박자에 대해 이해하고, 리듬을 연주한다. | | |
|---|---|---|---|---|---|
| | | • 정확한 박으로 리듬을 연주할 수 있도록 기준박을 일정하게 준다. | • 선생님의 일정박에 맞추어 리듬을 연주한다. | 피아노 리듬악기 | |
| | | • 리듬 연주를 잘 맞추어서 한 경우 아낌없는 칭찬을 한다. | | | |
| | | • 빠르기의 변화를 자연스럽게 표현하도록 변박이 되는 부분을 반복해서 연습시킨다. | • 빠르기의 변화에 주의하며 변박이 되는 부분을 반복 연습한다. | | |
| 전개 | 한마디 작곡 | 노래 부른 다 청라언덕 과 같은내맘 에 | | 오선보 가락악기 | 15분 |
| | | • 본인이 변화를 주기 원하는 한마디를 선택하여 가락을 작곡해 보도록 한다. | • 자신이 바꾸고 싶은 마디를 선택하고 가락을 바꾸어 본다. | | 가락을 작곡하는 데 어려움이 있는 학생들은 계이름으로 한마디 작곡을 할 수 있도록 하며, 음악실에 비치된 가락악기를 활용할 수 있게 한다. |
| | | • '한마디 작곡'을 어려워하는 학생들은 개별적으로 지도를 하며 창작 활동을 할 수 있도록 격려한다. | | | |
| | | (예) 청 라 언 덕 위 에 백 합 필 적 에 | | 오선보 가락악기 | |
| | | • 몇몇 학생들의 한마디 작곡을 다함께 들어 보고, 교사는 앞, 뒷마디를 이어서 들려준다. | • 선생님이 들려주시는 친구들이 만든 가락을 경청한다. | | |
| 정리 | 다함께 노래 칭찬 평가 차시예고 | • '한마디 작곡' 한 부분을 포함해 제재곡을 불러 보도록 한다. | • 다함께 제재곡을 부른다. | '한마디 작곡' 가락보 또는 계이름 | 친구의 작품을 존중할 수 있는 태도를 함양할 수 있도록 지도한다. |
| | | • 본 수업 시간에 잘한 부분을 칭찬한다. | | | 5분 |
| | | • 차시예고를 한다. | | | |

# 제6장

# 교수 · 학습 자료의 개발

김지현 1 · 조성기

음악과 교수 · 학습 자료의 개발에서는 학습 자료, 교수 자료의 개념과 교수 · 학습 자료의
분류에 대해 알아보고, 나아가 보다 실제적인 음악과 교수 · 학습 자료를 개발해 본다.

## 1. 교수 · 학습 자료의 개념

교수 · 학습 자료는 배우고 가르치는 데 있어 활용되는 모든 자료이다. 교수 자료
는 교사가 수업에 활용하는 교육용 자료를 의미하며, 학습 자료는 학습을 촉진시키
기 위해 학생들이 활용하는 자료를 의미한다. 즉, 교재, 악보, 워크북과 같은 인쇄
자료뿐 아니라, 비디오, 오디오, 영상 등의 시청각 자료, 컴퓨터 기반의 학습 패키
지, CD-ROM, 비디오 디스크, 인터넷 자료를 비롯한 각종 디지털 자료 등 그 종류
가 매우 다양하며, 피아노, 단소와 같은 악기 등도 교수 · 학습 자료에 해당한다.

## 2. 음악과 교수 · 학습 자료의 분류

일반적으로 교수 · 학습 자료는 전통적인 자료와 뉴미디어를 활용하는 자료로 구분할 수 있다. 전통적인 자료로는 교과서를 비롯하여 칠판이나 게시판을 활용한 텍스트 자료, 실물악기, 실물모형, 차트(도형), 사진, 신문, 방송(라디오, TV), 슬라이드(필름), OHP(overhead projector) 등이 있고, 컴퓨터와 인터넷을 비롯한 현대와 미래의 공학기기를 이용하는 각종 자료가 뉴미디어 자료에 해당한다. 이 장에서는 음악과 교수 · 학습 자료를 컴퓨터와 인터넷, 모바일을 기반으로 하는 이미지(그림, 사진), 악보, 사운드, 동영상(애니메이션), 학습 프로그램(코스웨어, 앱) 등으로 분류하여 설명하고자 한다.

### 1) 이미지(그림, 사진)

이미지는 다양한 형태의 모든 그림 자료를 말하는 것으로 그래픽이나 사진 등도 이에 포함된다. 음악과 교수 · 학습을 위한 이미지 자료들은 주로 악곡의 이해를 위한 자료로서, 악곡의 가사나 분위기 및 느낌에 어울리는 배경 사진이나 그림, 작곡가의 사진이나 그림, 이론적인 이해를 위한 도형이나 도식, 그래픽 등의 그림으로 나타난다. 또한 음악사나 악기, 다양한 음악 이론의 이해를 위해 사진이나 그림, 그래픽 등을 사용하기도 한다. 악보(악곡 전체의 악보나 부분적인 악보)도 주로 이미지 자료로 만들어져 활용된다. 이미지 자료를 만들거나 편집하는 컴퓨터 프로그램에는 포토샵(Photoshop), 포토스케이프(Photoscape), 김프(GIMP) 등이 있다.

### 2) 악보

악보 자료는 음악교과에서 가장 중요한 자료 중 하나로서, 음악 전체 악보 자료나 그 일부분의 악보 자료가 교수 · 학습을 위해 사용될 수 있다. 노래나 음악을 함께 배우고 익히기 위해, 혹은 악곡의 구성을 이해하기 위해 전체 악보가 필요하며, 악곡의 세부적인 설명이나 특정한 부분의 표현 및 설명과 이해가 필요할 때 악곡의 일부분 악보가 필요하다.

　악보 자료는 주로 이미지 자료로 만들어 사용되기도 하는데, 이는 악보를 일일이 그림으로 그려 만들기보다는 악보를 만드는 음악 프로그램을 활용해 악보를 완성한 후 그 악보를 그림 파일로 변환하여 이미지를 만들게 된다. 따라서 악보 이미지 자료가 만들어지기 전에 이미 악보 자료가 따로 존재하게 되며, 또한 이 악보 자료는 사운드 자료를 포함하고 있어서 음악과 교수 · 학습에 유용하게 사용된다.

## 3) 사운드

　음악교과에서는 근본적으로, 소리(사운드)를 학습 내용으로 하여 관찰하고 탐색하며 교수 · 학습이 이루어지기 때문에 다양한 모든 소리가 교육을 위해 활용될 수 있다. 따라서 사운드 자료는 소리(音)를 가지고 있는 모든 자료로서 인간의 생활 속에 나타나는 다양한 일상 소리들을 비롯하여 자연의 소리, 악기 소리, 사람의 소리, 효과음 소리, 음악 소리 등 인간이 귀로 들을 수 있는 모든 소리가 자료가 될 수 있다. 사운드 자료는 일반적으로 저장 매체에 녹음되거나, 컴퓨터 파일로 만들어진다. 이는 만들어진 형태에 따라 실제 소리를 녹음하여 만들어진 자료, 전자 음원을 사용하여 인공적으로 만들어진 자료로 구분할 수 있는데 이들은 각각의 특징을 갖는다. 컴퓨터에서 사용되는 이들 두 사운드 자료를 비교하면 다음과 같다.

표 6-1 두 가지 사운드 자료의 특징 비교

| 사운드 자료 | 파일 형식 | 특징 | 편집 프로그램 |
|---|---|---|---|
| 실제 소리 녹음 자료 | wav, mp3, au, aiff, wma | • 실제 소리와 같은 사운드 재생이 가능하다.<br>• 파일 용량의 크기가 크다.<br>• 음의 세부적인 수정 및 편집이 어렵다. | - 사운드포지<br>- 골드웨이브<br>- 오대시티 |
| 전자 음원 사용 자료 | mid, mus, enc, sib, mpd | • 자연음이나 사람의 목소리는 재생할 수 없다.<br>• 파일의 용량이 매우 작다.<br>• 음의 세부적인 수정 및 편집이 가능하다.<br>• 미디(MIDI) 파일 형식이다.<br>• 악보를 만들고 편집할 수 있다. | - 피날레: mus<br>- 앙코르: enc<br>- 시벨리우스: sib<br>- 뮤직프로: mpd |

## 4) 동영상

동영상은 시각적으로 볼 때, 연속적으로 장면이 움직이며 나타나는 영상을 말한다. 여러 개의 프레임(정지화상)이 빠른 속도로 넘어가면 사람은 그것을 연속적인 것으로 인지하는데 이러한 특성을 이용해 만들어진 것이 동영상이다. 동영상은 캠코더나 디지털카메라, 모바일 등 다양한 기기들을 활용한 직접 촬영을 통해 디지털 파일로 저장되기도 하며, 컴퓨터의 동영상 편집 프로그램을 활용해 만들어지고 편집되기도 한다. 이로 인해 누구나 쉽게 동영상의 생성 및 편집이 가능해졌고, 최근에는 개인이 직접 만든 영상과 사진에 음악이나 자막을 삽입해 완성한 UCC(User Created Contents: 사용자 스스로 만든 저작물) 동영상을 유튜브(YouTube)를 통해 타인과 공유하는 형태가 성행하고 있다.

동영상은 멀티미디어의 핵심기술로서, 사운드와 이미지 및 영상, 텍스트 등 다양한 정보와 자료를 함께 종합하여 제공할 수 있어서 음악과 교수·학습에 매우 효과적이며 효율적으로 사용될 수 있다. 교사에게는 음악 정보의 제시나 안내 및 설명, 학생에게는 다양한 창의적인 음악활동을 유도할 수 있는 자료가 될 수 있다.

동영상 파일의 종류는 매우 다양한데, 일반적으로 많이 사용하는 동영상 파일의 형식들은 다음과 같다.

표 6-2  동영상 파일 형식에 따른 특징

| 파일 형식 | 특징 |
|---|---|
| AVI | 마이크로소프트사에서 만든 오래된 포맷으로 윈도우의 표준 동영상 포맷이다. 영상이 압축되지 않아서 용량이 대단히 크지만 대부분의 컴퓨터에서 재생이 가능하다. |
| MPG | MPEG-1, 2 영상 압축 표준을 이용한 파일 형식이며 같은 MPG 파일이라도 사용한 코덱에 따라 다르다. MPEG-1 기술은 비디오 CD가 대표적이며, MPG, DAT 등의 확장자를 사용하고, 일반 TV나 비디오 정도의 화질로 인코딩된다. 음성 압축 기술인 MP3도 이 기술에 해당한다. 압축률이 획기적으로 높아진 MPEG-4 압축 기술은 스트리밍 동영상에 적용되어 사용된다. |
| WMV | 마이크로소프트사의 '미디어 플레이어' 시리즈에서 표준으로 사용하는 파일 형식이다. 스트리밍이 가능하고 압축률이 우수하여 인터넷에서 자주 사용되며, 호환성이 좋다. |
| MOV | 애플사의 표준 파일 형식으로 윈도우에서는 'Quick Time Player'와 같은 재생 프로그램이나 코덱을 설치해야 한다. |

| MP4 | 디지털카메라나 모바일 등에서 많이 사용하는 형식으로 MPEG-4 압축 기술을 사용한다. 동영상을 작은 용량으로 압축하는 데 유리하다. |
| DivX, Xvid | MP4 압축 기술을 사용하며, DVD 영화를 압축할 때 화질 손실을 최대한 제한해 주며, 용량은 최소화하여 압축한다. 압축률과 화질이 우수해 널리 사용되지만, 재생을 위해 별도의 코덱이나 프로그램이 사용될 수도 있다. |

## 5) 학습 프로그램: 코스웨어, 앱

코스웨어(courseware)란 일반적으로 교육내용을 담고 있는 컴퓨터 소프트웨어를 말한다. 음악교과에서 코스웨어는 음악교육을 위한 소프트웨어를 의미하는데, 예전에는 교육용 CAI 프로그램들이 CD-ROM으로 개발되어 배포되었으나 최근에는 인터넷을 통해 전자 교과서나 웹사이트 등의 형태로 제공되고 있다.

앱(App, application의 줄임말)은 일반적으로 스마트 기기에서 활용되는 프로그램들을 말한다. 이것은 일종의 응용 프로그램이라고 할 수 있는데, 컴퓨터의 여러 프로그램과 비슷하다. 최근 코스웨어를 포함하여 교육 내용을 담고 있는 교육용 앱이 자주 개발되고 있는데, 이에 따라 음악교육을 위한 용도로 쓰일 수 있는 앱이 다수 등장하고 있다.

표 6-3 │ 음악교육을 위한 앱

| 앱 | 운영 환경 | 특징 | 영역 |
|---|---|---|---|
| 음악 개념 사전 | Android | 음악의 기본 지식들을 쉽게 설명하고 있는 사전이다. | 이해 |
| Perfect piano | Android | 피아노와 드럼을 스마트폰으로 연주할 수 있다. | 기악, 창작 |
| 산조 가야금 | Android | 가야금에 대하여 공부하고 가야금을 연주할 수 있다. | 기악 |

| | | | |
|---|---|---|---|
| Piano companion | IOS, Android | 피아노 코드와 음계를 실제 소리와 함께 공부할 수 있다. | 이해 |
| SyncScore | IOS | 클래식 음악을 악보와 함께 감상할 수 있는 프로그램이다. | 감상 |
| 음악 용어사전 | Android | 음악 용어들과 기호를 검색하면서 공부할 수 있는 사전이다. | 이해 |
| Play Ukulele | Android | 우쿨렐레를 연주할 수 있는 프로그램이다. | 기악 |
| Perfect Ear | Android | 다양한 종류의 청음(선율, 화성, 리듬, 음계 등) 연습을 할 수 있다. | 기초 기능 |
| 피아노코드 공부의 신 | Android | 피아노 코드와 청음 연습을 할 수 있는 프로그램이다. | 이해 |
| 피아노 스타 | IOS | 피아노 연주 연습과 악보 읽기, 청음, 악보 그리기 등의 학습을 할 수 있다. | 기악 |
| Music Theory Lessons | Android | 16강으로 이루어져 있는 음악 이론 학습 프로그램이다. | 이해 |
| Classical Music I: Master's Collection Vol. 1 | IOS | 세계의 훌륭한 작곡가와 작품들을 설명과 함께 감상할 수 있다. | 감상 |

| | | | |
|---|---|---|---|
| Ensemble Composer | Android | 악보를 만들면서 다양한 악곡을 창작할 수 있고, 재생과 저장이 가능하다. | 창작 |
| Garage Band | IOS | 현악기, 건반악기, 기타, 드럼, 오디오 등등의 악기로 트랙을 만들고 편집하면서 음악을 만들 수 있는 작곡프로그램이다. | 창작 |
| 정확한 색채 튜너 PRO | Android | 신속하고 정확하게 악기를 조율할 수 있도록 도와주는 튜너 프로그램이다. | 기초 기능 |
| 메트로놈 | Android | 여러 가지 설정을 통하여 정확한 박자를 맞추어 주는 프로그램이다. | 기초 기능 |

# 3. 음악과 교수 · 학습 자료 개발의 실제

음악과 교수 · 학습에서 가장 비중이 높고 핵심이 되는 자료인 악보와 사운드의 제작과 편집을 중심으로 자료 개발의 실제를 알아보고, 학교 현장에서 그 쓰임의 범위가 확대되고 있는 동영상의 제작과 편집을 통한 자료의 개발에 대하여 알아본다.

> **Tip**
>
> 교수 · 학습 자료의 선정 방법
>
> 첫째, 현재 사용 가능한 자료를 구하는 것. 즉, 필요한 자료가 어디 있는지를 파악해야 함.
>
> 둘째, 현재 가지고 있는 자료를 수정하는 것. 즉, 수정하거나 보완을 하기 전에 어느 것이 더 쉬운지를 확인(판단)해야 함.

> 셋째, 새로운 자료를 설계하는 것. 이때는 학습자의 특성, 자료 개발에 필요한 시
> 간과 비용, 필요한 장비 및 기술, 자료를 활용할 환경, 자료를 활용할 대상, 외부 전
> 문가의 확보 가능성 등과 같은 요소들을 고려해야 함. 예를 들어, 교수(학습) 자료
> 가 컴퓨터나 비디오, 온라인 매체에 사용될 경우 여러 가지 장비와 기술 및 전문 인
> 력이 필요함.

## 1) 악보 자료의 개발

악보 자료의 개발을 위해 사용되는 악보 제작 프로그램으로는 피날레(Finale), 시
벨리우스(Sibelius), 앙코르(Encore), 뮤직프로(Music Pro) 등이 있다. 이들 프로그램
을 통해 악보 제작뿐만 아니라 만든 악보를 연주하고 연주되는 사운드를 녹음할 수
도 있다. 즉, 편집, 녹음, 재생, 저장, 출력, 인쇄 등의 기능이 있다. 이러한 프로그램
을 활용하면, 시창 · 청음 연습, 악기의 음색 구별 연습, 가락에 반주 붙임, 주어진
화음(코드)에 가락 붙임, 합창 혹은 합주 악보 만들기 등이 가능하다.

### (1) 피날레(Finale)를 활용하여 악보 만들기

Finale 프로그램은 악보 제작 프로그램 중 가장 오랫동안 사용해 오고 있는 프로
그램으로 해마다 새로운 버전으로 출시되고 있으며, 그 기능 또한 계속 발전하여 악
보뿐만 아니라 연주에서도 실제 악기 음색과 유사하게 재생할 수 있다. 이 프로그램
으로 세부적이고 전문적인 악보 작업이 가능하다. 피날레 프로그램은 http://www.
makemusic.com에서 30일 동안의 시험 버전을 내려받아 사용할 수 있다.

거의 모든 종류의 악보를 만들 수 있고, 채널별로 악기(전자악기)의 지정도 가능하
며 화음(코드)을 붙여 연주할 수도 있다. 마우스나 키보드를 이용하여 악보를 입력
할 수도 있고, 신디사이저나 마스터키보드 혹은 마이크 등을 연결하여 실제 연주를
악보화할 수도 있다. 스캐너 및 이미지 파일의 인식을 통하여 악보를 입력하는 기능
도 제공한다.

만들어진 악보는 전체나 일부분을 고해상도의 이미지 파일(EPS, JPEG, PDF,
PNG, SVG, TIFF)로 저장할 수 있으며, 이를 워드프로세서나 프레젠테이션과 같은

다른 응용 프로그램의 파일에 삽입하여 교수 · 학습을 위한 자료로 유용하게 사용
할 수 있다.

　다양한 악기의 음색을 선택하여 연주할 수 있으며, 이러한 연주를 MID(MIDI,
Music Instrument Digital Interface) 파일로 저장하여 사운드 자료로 활용할 수도 있다.

### (2) 뮤직프로(Music Pro)를 활용하여 가락에 반주 만들기

　뮤직프로 프로그램은 우선 메뉴가 한글로 되어 있어서 접근에 거부감이 덜하다.
일반적으로 각종 악보를 아주 쉽고 편리하게 제작 · 편집할 수 있지만, 복잡하거나
전문적인 부분에서는 제한을 받을 수 있다. 이 프로그램은 이미 교육용으로 한국교
육학술정보원으로부터 인증을 받았으며, 음악과 교수 · 학습에서 유용하게 사용되
고 있다. 특히 다른 프로그램에서 찾아볼 수 없는 자동 반주 기능을 가지고 있어서
교사나 학생이 쉽게 반주를 제작할 수 있다. 뮤직프로 프로그램은 http://www.
youleesoft.com에서 데모 버전을 내려받아 사용할 수 있다.

### • 자동 반주 만드는 방법

가락에 자동 반주를 넣기 위해 코드와 리듬 패턴을 지정해 주어야 한다.

① 코드 입력

$G^7$ 나 [보기]-[코드 팔레트] 메뉴를 통해 코드를 입력한다.

② 리듬 패턴 입력

나 [보기]-[리듬 패턴 팔레트] 메뉴를 통해 리듬 패턴을 지정한다.

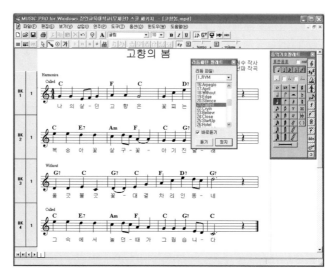

이후 악곡을 연주시키면 지정한 코드와 리듬으로 자연스럽게 반주되는 것을 확인할 수 있다.

## 2) 사운드 자료의 개발

사운드 자료의 개발을 위한 프로그램에는 사운드포지(Sound Forge), 쿨에디트(Cool Edit), 골드웨이브(Goldwave), 오대시티(Audacity) 등이 있다. 대부분의 사운드 편집 프로그램은 일반적으로 사운드의 추출, 녹음, 각종 수정과 편집 등의 기능을 가지고 있다. 이들 중 골드웨이브와 오대시티가 작은 크기에 강력한 기능을 가지고 있으며, 사용하기 쉽고 자유롭게 내려받아 사용할 수 있는 사운드 편집 프로그램이다.

### (1) 골드웨이브(Goldwave)를 활용한 사운드 자료 개발

골드웨이브는 다양한 사운드 파일들을 생성하고 편집할 수 있는 가장 대중적인 쉐어웨어이다. 현존하는 거의 모든 사운드 포맷을 지원하고, 사용자의 편의를 위한 다양한 툴 바, 사운드의 파형을 보면서 편집할 수 있는 사운드 윈도우와 재생 및 녹음과 관련된 사운드 장치의 Device Controls를 내장하고 있어서 초보자들도 강력한 사운드 편집의 묘미를 느낄 수 있다. 다른 사운드 편집 소프트웨어에 비하여 프로그램의 용량 크기는 작지만 그 성능은 상당히 뛰어나다.

사운드를 자유자재로 편집, 재생, 녹음, 변환 등이 가능하며 거의 모든 디지털 샘플링 사운드를 편집할 수 있고, 여러 개의 사운드 파일을 동시에 편집할 수 있다. 또한 음악 CD에서 디지털 사운드를 편집하여 각종 사운드 파일로 저장이 가능하다. 다양한 효과, 다양한 파일 포맷으로의 변환, 여러 장치로부터의 녹음, 원하는 사운드 파일 편집 및 재생이 가능하다. 우리나라에서의 사용자층이 확대됨에 따라 메뉴를 한글로 만들어 주는 패치 버전도 나와 있다. 골드웨이브 프로그램은 http://www.goldwave.com에서 내려받을 수 있다.

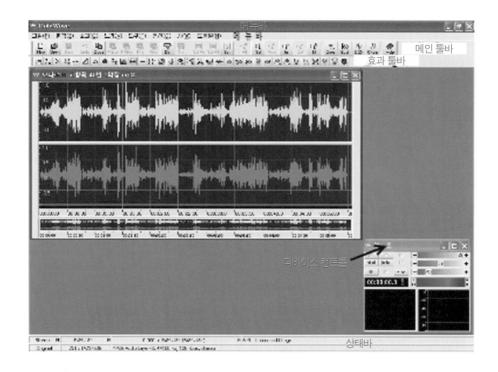

(2) 오대시티(Audacity)를 활용한 사운드 자료 개발

오대시티(audacity)는 골드웨이브와 마찬가지로 컴퓨터의 모든 사운드를 녹음하고, 믹싱 · 편집할 수 있으며, 사용에 아무런 제한이 없는 프리웨어이다. 이 프로그램에는 실시간 녹음 기능과 재생, 리버브, 와와, 에코, 페이드인/아웃, 페이저 등의 다양한 사운드 효과와 이펙트를 추가할 수 있다. 오대시티는 사운드 파형을 보면서 편집할 수 있으며, 편집된 사운드는 MP3, WAV 등 다양한 방식으로 저장하거나 변환이 가능하다. 예를 들어, 목소리를 녹음하여 소리를 보정할 수 있으며, 배경 음악을 선정하여 편집하거나 서로 다른 두 곡을 믹스할 수도 있다. 오대시티 프로그램은 http://audacity.sourceforge.net에서 프로그램을 무료로 내려받아 사용할 수 있다.

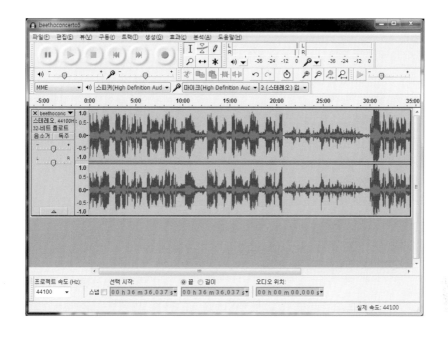

## 3) 동영상 자료의 개발

　동영상 편집 프로그램(video editing software program)은 컴퓨터에서 영상의 기본 구성 요소인 비디오, 오디오, 자막 등을 조화롭게 재구성하는 소프트웨어이다. 동영상을 불러오거나 생성하여 저장하고, 동영상 클립의 일부를 잘라내거나 붙일 수 있으며, 특수 효과와 변화를 줄 수 있다. 인코딩 과정을 거쳐 DVD나 웹 영상, 휴대전화 영상 등으로 변환하여 배포할 수도 있다.

　가장 쉽게 다룰 수 있는 동영상 편집 프로그램으로는 윈도 무비 메이커와 파워 디렉터, 피나클 스튜디오 등이 있고, 보다 더 전문적인 프로그램으로는 프리미어나 베가스, 파이널 컷 등이 있다.

　학생들은 이미지나 동영상의 흐름에 맞는 배경 음악이나 효과음 및 각종 사운드를 제작하고 편집한 후 동영상 편집 프로그램을 활용하여 영상과 사운드를 일치시키고, 조화롭게 구성하는 활동을 통하여 음악이나 소리를 구체적인 이미지로 표상하는 경험과 지식을 얻을 수 있다.

| 표 6-4 | 동영상 편집 프로그램의 특징 |

| 동영상 편집 프로그램 | 운영 체제 | 특징 |
|---|---|---|
| 윈도 무비 메이커<br>(Windows Movie Maker) | Windows | - 매우 쉽게 동영상을 편집할 수 있다.<br>- 다양한 전환 효과 등을 제공한다.<br>- 비디오나 오디오 트랙의 사용에 제한이 있다. |
| 파워 디렉터<br>(Power Director) | Windows | |
| 피나클 스튜디오<br>(Pinnacle Studio) | Windows | |
| 어도비 프리미어<br>(Adobe Premiere) | Windows, MacOS | - 직관적인 인터페이스로 사용하기 쉽고, 영상 편집이 자유롭다. |
| 소니 베가스<br>(Sony Vegas) | Windows | - 소니 캠코더와 호환이 가능하다.<br>- 사용하기 쉽고, 편리하다. |
| 애플 파이널 컷 프로<br>(Apple Final Cut Pro) | MacOS | - 전문적인 프로그램으로 방송국에서 많이 사용한다.<br>- 애플 컴퓨터에서만 사용할 수 있다. |

(1) 윈도 무비 메이커(Windows Movie Maker)를 활용한 동영상 자료 개발

윈도 무비 메이커는 다른 영상 편집 프로그램에 비해 사용하기가 쉬우면서도, 사운드 편집, 자막 편집, 각종 효과 등의 작업을 가능하게 해 준다. 즉, 사진, 음원 등을 기초로 하여 시간에 따라 영상과 각종 효과를 배치하면서 비디오를 완성할 수 있다. 윈도우7 이후부터는 무비 메이커(Movie Maker)라는 이름으로 배포되고 있다.

동영상으로 만들기 원하는 이미지나 동영상, 사운드를 메뉴바 및 툴바를 통해 선택하면 오른쪽 편집 화면에 자동으로 트랙이 만들어져 삽입된다. 원하는 다양한 효과와 자막 처리 후 [동영상 저장] 메뉴를 통해 다양한 형식의 파일로 저장할 수 있다. http://windows.microsoft.com/ko-kr/windows-live/movie-maker에서 프로그램을 내려받아 무료로 사용할 수 있다.

### (2) 소니 베가스 프로(Sony Vegas Pro)를 활용한 동영상 자료 개발

보다 정교하고 복잡한 동영상 편집 작업이 가능한 베가스 프로는 실시간으로 다중 트랙 영상 및 소리 편집을 트랙의 제한 없이 편집할 수 있게 해 주며 뛰어난 해상도의 독립적인 비디오 작업, 세련된 영상 효과, 다양한 고음질의 사운드를 합성할 수 있도록 해 준다. http://www.sonycreativesoftware.com에서 시험 버전 프로그램을 내려받아 사용할 수 있다.

메뉴바를 통해 다양한 자료(이미지, 동영상, 사운드)를 불러오면 아랫부분의 트랙으로 삽입되고, 이후 마우스를 드래그하여 원하는 곳에 위치시키면서 순서나 시간을 정할 수 있으며, 각종 장면 효과를 삽입하면서 원하는 형태의 동영상을 편집할 수 있다.

## 토의 주제

1. Finale를 활용한 교수 · 학습 방법을 모색해 보자.

2. Finale 프로그램을 활용하여 음악과 시험 문항을 만들어 보자.

3. Music Pro를 활용한 교수 · 학습 방법을 모색해 보자.

4. Music Pro 프로그램을 활용하여 학교 교가의 반주를 만들어 보자.

5. 사운드 편집 프로그램을 활용한 교수 · 학습 방법을 모색해 보자.

6. 사운드 편집 프로그램을 활용하여 대사와 음악 그리고 효과음을 적절하게 사용해 보자. 모둠별로 2분 내외의 '학교 폭력 예방 라디오 광고'를 제작해 보자.

7. 동영상 제작 과정에 따라 3분 이내의 자기소개 동영상을 제작해 보자.

8. 영상 편집 프로그램을 활용하여 영상의 기본 구성 요소인 비디오, 오디오, 자막을 모두 사용해 보자. 오디오 부분에서 사운드 디자인의 세 가지 요소인 대사, 음악, 음향 효과를 주도록 하자.

# 제7장

# 교재 · 교구의 선정 기준

김미숙

음악과 교재 · 교구의 선정 기준은 크게 음악적 측면과 음악 외적 측면으로 분류된다. 음악적 측면은 음악적 개념과 지적 이해를 포함하는 음악적 이해, 음악 기술과 음악적 표현력을 포함하는 음악 활동, 음악에 대한 태도와 가치관을 포함하는 음악적 태도 등 세 가지로 세분화된다. 음악 외적 측면은 교육적 측면, 실용적 측면, 동기유발적 측면, 상호작용적 측면 등 네 가지로 세분화된다.

좋은 교재 · 교구의 선정은 교육의 질과 내용, 수업의 효율성과 관계가 깊다. 훌륭한 교사는 수업을 효율적으로 잘 이끄는 교사이다. 적절한 교재 · 교구의 선정으로 수업의 효율성을 높이는 것이 바람직한 교사의 역할이다(Stand ford, Slavic, & Cox, 2001). 학습자의 특성, 교육 내용, 제시하는 전략, 학급 규모 등이 교재 · 교구의 선정과 밀접한 관련이 있다. 따라서 교사들은 교재 · 교구를 선정할 때 교재 · 교구가 학습자의 능력 및 학습 진도에 알맞은 것인지, 학습 방법을 다양화하고 향상시키는 데 도움을 주는지, 학습 목표와 과제 수행에 적합한지, 학습 내용을 효율적으로 제시하고 전달해 주는지 등을 고려해야 한다. 즉, 학습자의 수준과 요구에의 부합성, 교수 · 학습 상황의 적합성, 학습 경험의 구체성과 추상성의 정도 등을 염두에 두어야 할 것이다.

이와 함께 수업 방법에 따라, 학습 목표의 성취 수준에 따라, 학습 활동 유형에 따라 교재 · 교구의 선정이 달라질 수 있다. 시청각 교재들은 추상적인 음악 분야에서 구체적인 시청각적 요인을 제공하기 때문에 교재 · 교구의 활용은 음악 수업에서 필수 불가결한 요소이다. 교재 · 교구는 교수 · 학습 과정에서 내용을 구체화하거나 보충해서 학습자가 내용을 정확하게 이해하도록 돕기 위해 사용하는 모든 자료나 기계를 의미하므로 수업의 효율성을 높이기 위해서는 교재 · 교구를 사용하는 것이 효과적이다(Newby et al., 2006, 2008; Oliveira, Marti, & Cervera, 2009).

시청각 교재 사용의 선구자인 코메니우스와 그의 직관주의 사상을 이어받아 직관을 중시한 페스탈로치는 학생들의 감각적 기능에 입각해서 그들을 가르쳐야 한다고 하였다. 페스탈로치는 감각적 지각을 사용한 직관, 자발성, 자기활동 등의 생활 중심 교육을 강조하였다. 학생들의 자발적 활동으로 호기심, 탐구심, 상상력, 반성적 사고를 유발할 수 있고, 활동적이고 탐구적인 학습이 탐구심을 충족시키며 창의성을 신장할 수 있다고 하였다(Pestalozzi, 1801/2008). 피아제 역시 인지 이론에서 교사와 학생, 학생과 학생 간의 사회적 상호작용을 강조하였다(정용부, 오성숙, 2001). 그러므로 음악 교재 · 교구의 선정은 시청각 교재 · 교구의 발달에 영향을 끼친 학자들의 원리와 일반적인 교재 · 교구의 선정 기준을 토대로 음악교육의 특성을 고려하여 음악적 측면과 음악 외적 측면으로 분류하여 제시할 수 있다.

음악적 측면은 여덟 차례에 걸쳐서 개정된 교육과정의 영역 구분을 참고하고 인지적 · 심동적 · 정의적 학습 영역을 음악 교과의 특성으로 재분류한 음악적 이해, 음악 활동, 음악적 태도로 세분화하여 제시한다. 음악 외적 측면은 일반적인 교재 · 교구의 특성과 활용을 고려해서 교육적 측면, 실용적 측면, 동기유발적 측면, 상호작용적 측면으로 세분화하여 제시한다.

# 1. 음악적 측면에서의 교재 · 교구의 선정

음악과 교육과정은 개정을 거치면서 내용 체계가 이해, 활동 또는 표현, 생활화 영역으로 분류되어 제시되었다. 학습 영역도 인지적 영역, 심동적 영역, 정의적 영역으로 분류되는데 이를 음악적 특성에 맞게 적용하면 음악 이론을 다루는 음악적 이해 영역, 가창, 기악, 창작, 감상을 다루는 음악 활동 영역, 음악에 대한 가치관을 다루는 음악적 태도 영역으로 구분이 된다. 음악적 이해는 음악적 개념과 지적 이해로, 음악 활동은 음악 기술과 음악적 표현력으로, 음악적 태도는 음악에 대한 태도와 음악에 대한 가치관으로 세분화된다.

음악적 이해 영역 중 음악적 개념에서는 음악 요소의 개념이나 음악 구조, 음악 구성 요소의 상호관계 등을 파악하고 이해할 수 있는 내용으로 음악 교재 · 교구가 구성되어야 하며, 음악적 용어로 쉽게 친숙해질 수 있는 음악적 지식을 포함해야 한다. 음악적 이해 영역 중 지적 이해에서는 음악과의 목표를 달성하며 음악으로 소통하고 통찰력과 사고력을 기를 수 있는 내용으로 음악 교재 · 교구가 구성되어야 하며, 작품에 대한 분석 및 비평적 안목과 평가를 통해서 음악의 즐거움을 느낄 수 있는 음악 문화에 대한 이해력을 포함해야 한다.

음악 활동 영역 중 음악 기술에서는 다양한 연주 기법 등의 기능 습득과 음악적 기술 향상 및 개발 능력, 실음 학습을 통한 지각 능력과 청각 능력을 기를 수 있는 내용으로 음악 교재 · 교구가 구성되어야 하며, 음악 활동을 통하여 음악적 내용을 실생활에 적용하는 능력과 음악 창조의 즐거움을 맛볼 수 있는 창작 능력을 포함해야 한다. 음악 활동 영역 중 음악적 표현력에서는 열성적인 마음으로 자신의 느낌이나 생각을 표현함으로써 음악적 표현력과 창의성을 증진할 수 있는 내용으로 음악 교재 · 교구가 구성되어야 하며(Yildirim, 2008), 음악 활동의 내용이 유기적으로 연결된 통합 학습과 음악적 표현을 위한 능숙한 연주를 통해서 음악 학습의 효과 및 연주 기능의 향상을 포함해야 한다.

음악적 태도 영역 중 음악에 대한 태도에서는 음악적 사고력, 음악적 상상력, 음악적 심성, 음악적 능력, 음악적 분별력 등의 음악 애호가로서의 음악적 안목과 자질을 기를 수 있는 내용으로 음악 교재 · 교구가 구성되어야 하며, 음악 다양성의 이해를 통한 능동적 참여와 긍정적 태도로 음악을 수용하며 음악의 아름다움을 발견하고 음악에 대한 만족감을 얻게 하는 지속적인 음악 경험을 포함해야 한다. 음악적 태도 영역 중 음악에 대한 가치관에서는 인간 생활에서의 음악의 위치와 즐거운 소통 도구 및 자기 표현의 수단으로서의 음악의 위치를 인식하는 내용으로 음악 교재 · 교구가 구성되어야 하며, 다양한 관점에서 미적 가치를 높이고 음악의 가치와 위대함을 인정할 수 있는 내용을 포함해야 한다.

〈표 7-1〉은 음악적 측면에서의 음악 교재·교구의 선정 기준표로서 세분화된 영역으로 범주화하면서 선정 및 평가 기준을 상, 중, 하 3단계 체크리스트로 제시한 것이다.

표 7-1　음악적 측면에서의 음악 교재·교구의 선정 기준표

| 분류 | | 선정 및 평가 기준 | 상 | 중 | 하 |
|---|---|---|---|---|---|
| 음악적 이해 | 음악적 개념 | 음악 요소의 개념을 이해할 수 있는가 | | | |
| | | 음악의 구조를 파악하며 중요성을 이해하는가 | | | |
| | | 음악의 구성 요소에 존재하는 상호관계를 알 수 있는가 | | | |
| | | 음악의 의미를 파악할 수 있는 음악적 지식을 포함하는가 | | | |
| | | 음악적 요소를 종합하여 만들어 낼 수 있는가 | | | |
| | | 음악에 친숙해질 수 있도록 참신하고 쉬운 내용으로 구성되었는가 | | | |
| | | 학생들이 이해할 수 있는 음악 관련 용어를 사용하는가 | | | |
| | 지적 이해 | 음악과의 목표를 효과적으로 달성할 수 있는가 | | | |
| | | 음악 작품의 분석이 가능하며 음악을 듣고 평가할 수 있는가 | | | |
| | | 음악으로 의사소통하는 법을 이해하는가 | | | |
| | | 음악에 대한 수리적 사고 능력을 기르는가 | | | |
| | | 음악에 대한 통찰력을 얻을 수 있는가 | | | |
| | | 음악 문화에 대하여 비평적 안목을 길러 줄 수 있는가 | | | |
| | | 문화적 다양성을 느끼며 음악 문화적 배경을 고려하였는가 | | | |
| | | 음악적 상식과 지식의 획득이 즐거운 음악 생활로 이끌어 주는가 | | | |
| | | 음악적 주제와 메시지가 분명하게 드러나는가 | | | |
| 음악 활동 | 음악 기술 | 음악 기능 습득과 음악적 기술 향상에 도움이 되는가 | | | |
| | | 다양한 음악적 활동에 활용할 수 있는 능력을 기를 수 있는가 | | | |
| | | 다양한 연주 기법을 습득할 수 있는가 | | | |
| | | 실음을 통한 학습으로 지각 능력과 청각 능력을 기르는가 | | | |
| | | 음악 활동을 통하여 음악적 내용을 실생활에 적용할 수 있는가 | | | |
| | | 음악 창작 과정을 알고 음악에 맞게 적용할 수 있는가 | | | |
| | | 창작을 통하여 음악 창조의 즐거움을 맛보고 창작 능력을 향상시키는가 | | | |
| | | 새로운 음악적 기술을 개발할 수 있는가 | | | |
| | 음악적 표현력 | 음악적 표현력과 창의성을 향상시킬 수 있는가 | | | |
| | | 음악 활동의 내용이 유기적으로 연결되어 학습할 수 있는가 | | | |
| | | 연주 시 열성적인 마음의 준비로 능숙하게 연주할 수 있는가 | | | |
| | | 음악을 표현함으로써 자신을 구현하고 연주 기능을 향상시키는가 | | | |
| | | 음악 학습의 효과를 높일 수 있는 음악 활동에 참여하게 하는가 | | | |
| | | 자유롭게 자신의 느낌이나 생각을 표현할 수 있게 하는가 | | | |
| | | 음악 활동의 내용은 통합 학습이 이루어지도록 구성되었는가 | | | |

| | | | | | |
|---|---|---|---|---|---|
| 음악적 태도 | 음악에 대한 태도 | 음악적 안목과 자질을 기를 수 있는가 | | | |
| | | 음악적 사고력을 기르며 음악적 상상력에 도움을 주는가 | | | |
| | | 음악이 지니는 다양성을 이해하며 음악 애호가로서의 자질을 함양하는가 | | | |
| | | 감각 기능에 자극을 주며 청감각을 발전시켜 음악의 아름다움을 발견하는가 | | | |
| | | 음악에의 만족감을 얻기 위해 능동적으로 참여하는가 | | | |
| | | 음악에 대한 긍정적인 태도를 갖게 하는가 | | | |
| | | 사회 현상으로서 음악을 이해하고 지구촌 사회의 음악을 이해하는가 | | | |
| | | 음악 세계의 상황에 대하여 지속적으로 정보를 얻으려고 하는가 | | | |
| | | 음악에 대한 성찰을 하며 음악을 수용하는 자세를 기를 수 있는가 | | | |
| | | 음악 경험을 계속하기를 갈구하며 음악을 생활화하게 만드는가 | | | |
| | | 음악적 능력의 향상과 음악적 심성의 계발에 도움이 되는가 | | | |
| | | 음악 지식을 바탕으로 분별 있는 선택을 할 수 있는가 | | | |
| | 음악에 대한 가치관 | 자신을 표현하고 타인과 소통하는 즐거운 도구로서 음악의 가치를 깨닫는가 | | | |
| | | 다양한 맥락의 관점으로부터 미적 가치를 높여 줄 수 있는 내용인가 | | | |
| | | 음악이 인간 생활에 중요한 부분인지를 인식할 수 있는가 | | | |
| | | 현대 사회에서의 음악의 위치를 이해하는가 | | | |
| | | 음악의 위대함을 느끼며 음악에 대한 성취감을 주는가 | | | |
| | | 자기 표현의 수단으로서의 음악의 가치를 존중하는가 | | | |
| | | 음악가의 중요성을 인식하며 음악에 대한 가치를 인정하는가 | | | |
| | | 제시된 음악적 내용이 예술적 가치가 있으며 다른 예술에 전이할 수 있는가 | | | |
| | | 음악 미적 반응에 대한 가치를 느끼게 하는가 | | | |

# 2. 음악 외적 측면에서의 교재 · 교구의 선정

　일반적으로 교재 · 교구의 선정 기준은 교과의 특성 없이 제시되어 왔다. 음악적 측면에서 살펴본 교재 · 교구의 선정 기준을 제외하고는 대부분 유사한 내용으로 선정 기준이 제시되어 왔으며, 구체적으로 세분화된 영역도 학자마다 다르게 분류해 왔다. 여기에서는 학자들이 제시한 일반적 교재 · 교구의 선정과 활용 시 고려해야 할 사항들을 참고로 음악 외적 측면에서의 교재 · 교구의 선정 기준을 교육적 측면, 실용적 측면, 동기유발적 측면, 상호작용적 측면으로 범주화하여 선정 및 평가 기준표를 제시한다.

## 1) 교육적 측면

교육적 측면에서 음악 교재 · 교구는 교수 · 학습 상황에 적합하며 교육적 가치가 있어야 한다. 음악 교재 · 교구의 선정에서는 학습자 중심으로 학습 내용의 수준과 범위가 학생의 발달 단계와 요구를 고려한 내용이어야 한다. 학습의 난이도와 학습 효과를 고려하여 체계적으로 음악 교재 · 교구가 구성되어야 하며 문제 해결 학습 상황을 제공하고 과제 수행에 적합한 내용을 포함해야 한다(김정원, 김유정, 박현미, 2005). 교육적 측면에서는 교육과정의 이념을 실현하고 고등사고력을 길러 줄 수 있는 교육과정의 내용에 적합한 교재 · 교구이어야 한다. 단원 지도 목표에 알맞은 수업 매체로서 학습 활동의 유형이나 내용에 적합하고 학습 진도에 알맞으며 수업 현장에 적합하고 학습 내용을 효율적으로 제시하는 음악 교재 · 교구가 선정되어야 한다(이대균, 송정원, 2006).

## 2) 실용적 측면

음악 교재 · 교구의 활용에 있어서 실용적 측면도 고려해야 할 중요한 요소 중 하나이다. 학생 스스로 학습하고 활용하기 편리하도록 음악 교재 · 교구가 구성되어야 하며, 활용 방법이 다양하고 이해하기 쉬워야 한다. 음악을 가르치기 위한 교재 · 교구이고 청소년들이 사용하는 교재 · 교구이므로 디자인이 참신하여야 하며 창의적으로 구성되어야 한다. 내용 제시가 단순하고 명료하며 자료가 선명하고 정확한 내용을 포함해야 한다. 또한 안전하고 내구성이 있으며 견고하고 정밀하게 구성된 음악 교재 · 교구이어야 한다(오연주 외, 2003). 2009 개정 교육과정에서 생활화 영역의 강조로 재구성도 가능하고 실생활에도 사용할 수 있으며 여러 교구와 통합해서 사용할 수 있는 음악 교재 · 교구가 선정되어야 한다. 음악 교재 · 교구 활용을 통한 실물 교육이 가능한 내용으로서 학습 경험이 구체적으로 나타나야 하며, 무엇보다도 경제적이며 다양한 음악 활동으로 확장할 수 있는 실용적 측면도 고려해야 한다(강혜숙 외, 2009).

## 3) 동기유발적 측면

음악 교재·교구는 음악 수업에서 학생들의 학습 동기와 흥미를 유발할 수 있는 내용으로 구성되어야 한다. 탐구적 방법과 발견 학습 환경을 제공하며 자기주도학습과 개별학습에 도움이 되는 음악 교재·교구는 주의력과 집중력을 고취시키며 참여도를 높일 수 있다. 호기심을 자극하며 직접적이고 구체적인 경험을 제공하는 음악 교재·교구의 선정을 위해서는 선정된 내용과 자료가 학생의 흥미를 고려하여 구성되었는지 확인하여야 한다. 단원 지도 목표와 학습 문제에 따라 해결 과정을 찾아갈 수 있는 교재·교구의 제작과 선정을 통하여 학생들이 직접 교재·교구를 사용할 수 있는 기회를 제공해야 한다(McCaughey, 2010). 또한 학생들의 학습 경험이 풍부해질 수 있도록 수업 현장에서 가창, 기악, 창작, 감상 등의 음악 활동을 적극적으로 유도하며 참여하게 만들어야 한다. 선정된 음악 교재·교구는 동기유발적 측면에서 학습 내용의 제시가 학습 의욕을 증진시키며 지속적으로 흥미를 끌 수 있는 것이어야 한다(김애자, 최향미, 2009).

## 4) 상호작용적 측면

교사와 학생, 학생과 학생의 상호 간 협력을 강화하는 수업 현장에서의 상호작용도 수업의 효율성을 높이기 위한 중요한 요소 중 하나이다(Neo & Neo, 2004). 음악 교재·교구의 활용에서는 교사와 학생, 학생들 상호 간 협력뿐만 아니라 학생과 교재·교구와의 상호작용도 중요하며 이러한 상호작용은 음악에 대한 직접 경험을 유도할 수 있다(최일선, 박해미, 이진화, 2010). 상호작용의 과정을 통해 즐거움을 느끼면서 쌍방향 소통 능력을 발달시킬 수 있는 즉각적인 피드백을 제공하는 내용으로 음악 교재·교구가 구성되어야 한다. 학생 각 개인의 특성을 고려한 상호작용 전략을 제시할 수 있는 음악 교재·교구의 선정은 다른 학생을 배려하는 사회성 발달에 도움이 될 수 있다. 학생들은 음악 교재·교구를 활용한 활동을 통해서 다른 학생의 생각을 이해하며 나 자신을 표현해 보는 기회를 가질 수 있다(엄정례, 유향선, 2005). 학생들이 서로 상호작용하면서 음악적 표현력과 음악적 이해력도 향상된다.

표 7-2 음악 외적 측면에서의 음악 교재 · 교구의 선정 기준표

| 분류 | 선정 및 평가 기준 | 상 | 중 | 하 |
|---|---|---|---|---|
| 교육적<br>측면 | 교수 · 학습 상황에 적합하며 교육적 가치가 있는가 | | | |
| | 학생들의 요구에 부합하며 학습자 중심인가 | | | |
| | 학생의 인지적 · 심동적 · 정의적 발달 단계를 고려한 내용인가 | | | |
| | 학습 내용의 수준과 범위가 적합한가 | | | |
| | 구성이 체계적이고 학습 효과를 고려하였는가 | | | |
| | 학생의 수준과 능력에 따라 학습의 난이도를 적절하게 고려하였는가 | | | |
| | 문제 해결 학습 상황을 제공하며 과제 수행에 적합한가 | | | |
| 실용적<br>측면 | 학생 스스로 학습하고 활용하기 편리하도록 조직되어 있는가 | | | |
| | 활용 방법이 다양하며 이해하기 쉬운가 | | | |
| | 디자인이 참신하며 창의적으로 이루어졌는가 | | | |
| | 내용 제시가 단순하고 명료하며 자료가 선명하고 정확한가 | | | |
| | 안전하고 내구성이 있으며 견고하고 정밀하게 구성되었는가 | | | |
| | 재구성도 가능하고 실생활에도 사용할 수 있는가 | | | |
| | 여러 교구와 통합해서 사용할 수 있는가 | | | |
| | 경제적이며 실용성이 있는가 | | | |
| 동기<br>유발적<br>측면 | 학습 동기와 흥미를 유발할 수 있는 내용인가 | | | |
| | 탐구적 방법과 발견 학습 환경을 제공하는가 | | | |
| | 선정된 내용과 자료가 학생의 흥미를 고려하여 구성되었는가 | | | |
| | 주의력과 집중력을 고취시키며 참여도를 높이는가 | | | |
| | 자기주도학습과 개별학습에 도움이 되는가 | | | |
| | 호기심을 자극하며 직접적이고 구체적인 경험을 제공하는가 | | | |
| | 내용의 제시가 학습 의욕을 증진시키며 지속적으로 흥미를 끌 수 있는가 | | | |
| 상호<br>작용적<br>측면 | 상호작용을 하며 피드백을 제공하는가 | | | |
| | 다른 학생을 배려하는 사회성 발달에 도움이 되는가 | | | |
| | 학생과 교재 · 교구가 상호작용하며 직접 경험을 유도하는가 | | | |
| | 쌍방향 소통 능력을 발달시키는가 | | | |
| | 다른 학생의 생각을 이해하며 나 자신을 표현해 보는 기회를 갖는가 | | | |
| | 상호작용 과정에서 즐거움을 느끼며 협력적으로 사용하는가 | | | |
| | 교사와 학생의 소통에 도움이 되며 학생들 상호 간 협력을 강화하는가 | | | |

〈표 7-2〉는 음악 외적 측면에서의 음악 교재 · 교구의 선정 기준을 교육적 측면, 실용적 측면, 동기유발적 측면, 상호작용적 측면으로 세분화하여 제시하면서 선정 및 평가 기준을 상, 중, 하 3단계 체크리스트로 나타낸 것이다.

---

**토의 주제**

1. 음악 교재 · 교구 활용의 장점에 대해서 토의해 보자.

2. 음악 교재 · 교구 중 하나를 선정해서 선정 기준표에 따라 분석해 보자.

3. 음악 교재 · 교구의 선정 기준을 음악적 측면에서 작성해 보자.

# 제3부
# 음악과 교과서 분석의 실제

# 제8장

# 교과서 분석 방법

민경훈

교과서 분석에서는 교과서가 국가 교육과정에 제시된 음악과의 성격, 음악과의 목표와 내용을 효과적으로 달성할 수 있는 조건을 담아내고 있는지를 파악하는 것이 중요하다. 음악 교과서를 효율적으로 분석하고 비판하며 개선을 모색하는 것은 학교 음악교육의 질적 향상에 기여할 것이다.

## 1. 음악 교과서 분석의 필요성

2009년 개정 교육과정기의 교과용 도서 편찬의 특징은 '인정제 확대'이다. 정부가 교육의 다양화와 자율화 정책을 추진하면서 제7차 교육과정 이후 지속적으로 확대된 인정 도서는 현재 교과서 편찬 과목 수 총 607종 중 83%인 503종이나 된다(제주특별자치도 교육청, 2013: 42). 이러한 교육 정책에 따라 중학교와 고등학교의 음악 교과서 역시 인정 도서로 되어 있다.

교과서는 교육과정을 기준으로 음악 교과에서 요구되는 지식 및 학습 활동에 대한 내용을 체계적으로 쉽고 명확하며 간결하게 편집해서 학생들이 학습의 기본 자료로 활용할 수 있도록 제작된 교재이다. 독일의 음악교육학자 슈타인(G. Stein)은 교과서는 함축적으로 두 가지 중요한 기능을 가져야 한다고 강조한다. 첫째는 '정보'의 기능이고, 둘째는 '교육'의 기능이다. 특히 교과서에 제시된 다양한 정보적 내용과 지도 방법적 처방은 직접적으로 음악 수업의 질에 영향을 끼치므로 매우 중요하다. 정보적 내용과 지도 방법적 처방을 포함한 교과서의 다양한 내용 취급은 집필자들의 취향에 따라 차이가 있다. 따라서 어떤 교과서가 내용 취급에 있어서 학생들의 음악교육적·음악적·교육적 만족도를 높여 줄 수 있는지, 또한 학생들의 학습 흥미를 유발해 줄 수 있는지를 분석하여 교과서의 문제점을 발견하고 비판하며 시사점을 제시하는 것은 더 나은 교과서의 발전을 위해 매우 의미가 있다. 음악 교과서 분석을 위해서는 무엇보다도 분석을 위한 분석 모형 및 준거의 개발이 필요하다. 특히 분석 기준은 교과서 및 음악 수업의 질적 향상을 위하여 일조할 때 큰 의미를 가진다. 교과서 분석과 관련한 연구물이 많지만, 교과서의 내용 전체를 조망하면서 구체적으로 살펴볼 수 있도록 분석의 틀 혹은 분석 기준을 제시한 연구물은 거의 발견되지 않는다. 따라서 여기에서는 교과서 전체를 다양한 관점에서 살펴 분석을 하는 데 도움을 줄 수 있는 분석 기준의 모델과, 교과서 내용의 질 제고를 위하여 교과서 전반적인 내용을 평가하고 비판해 볼 수 있는 평가 준거를 보여 주고자 한다. 이러한 분석 기준의 모델과 평가 준거의 제시는 음악 교과서를 효과적으로 분석하고 비판하며 대안을 모색하여 음악교육의 질적 향상을 도모하는 데 기여할 것이다.

## 2. 음악 교과서 분석의 보편적 기준

국가 수준 교육과정에 따른 음악 교과서는 무엇보다도 가장 먼저 대한민국 법질서, 교육과정 총론, 검정 및 인정 기준에 있어서의 편찬상 유의점 등 공통적으로 모든 교과에 적용할 수 있는 보편적 기준을 따라야 한다. 특히 교과서는 헌법 정신을 준수하여야 하고, 교육기본법 및 교육과정에 부합하여야 하며, 또한 지적 재산권을 존중하고 보편 타당한 내용을 다루어야 한다. 음악 교과서는 다음과 같은 보편적 기준에 따라 구성되어야 한다(교육인적자원부, 2007: 56-57).

첫째, 헌법 정신과 관련해서 교과서에는 대한민국의 정통성과 기본 이념 및 국가 체재를 부정하거나 왜곡·비방하는 내용, 그리고 특정 국가, 인종, 민족에 대해 부당하게 선전·우대하거나 왜곡·비방하는 내용, 또한 성별, 종교, 사회적 신분 등에 따른 차별을 조장하는 내용 등이 있어서는 안 된다.

둘째, 교육기본법 및 교육과정과 관련해서 국가의 교육 이념과 교육의 중립성을 훼손하는 내용, 그리고 초·중등학교 교육과정에서 추구하는 인간상 및 학교급별 교육 목표에 위배되는 내용이 있어서는 안 된다.

셋째, 지적 재산권과 관련해서는 타인의 공표되지 아니한 저작물이나 공표된 저작물을 현저하게 표절 혹은 모작한 내용이 있어서는 안 된다.

넷째, 내용의 보편 타당성과 관련해서는 학문상의 명백한 오류나 관련 학계에서 정설로 인정하지 않은 내용이 있는지를 파악하여야 한다.

음악 교과서를 분석하기 전에 우선적으로 분석상 유념해야 할 점들을 숙고해 보아야 한다. 특히 '교과서의 구성' '교과서의 내용 선정과 조직' 등을 먼저 살펴보는 것은 심층 분석으로 들어가기 위한 길라잡이 역할을 한다는 점에서 매우 중요하다.

첫째, 교과서 구성에 관한 분석에서는 음악 교과서가 학생의 흥미와 관심, 인지 발달 단계, 개인의 능력 차이 등을 고려해 단원을 구성하였는지, 교과서의 단원은 교육과정 시간 배당 기준에 근거하여 단원의 수와 각 단원의 학습 분량을 적정하게 고려하였는지, 그리고 단원의 구성이 계절, 주제, 개념, 활동 영역, 시대 등을 고려하여 다양한 방식으로 이루어졌는지, 단원 간의 균형이 적절하게 유지되었는지, 내용이 불필요하게 중복되거나 비약적이지는 않은지 등을 유의하여 살펴보아야 한다. 또한 각 단원별로 학습 효과를 높일 수 있는 다양한 교수·학습 방법, 즉 충분한 설명과 다양한 학습 자료를 제공하고, 학습 목표와 내용에 적합한 평가 방법이 다양하게 제시되었는지도 분석되어야 한다.

둘째, 교과서의 내용 선정 및 조직에 관한 분석에서는 무엇보다도 교육과정에 제시된 음악과의 성격에 부합하며 음악과의 목표를 효과적으로 달성할 수 있는 내용인지 파악하는 것이 중요하다. 교과서의 내용과 관련해서는 음악적 표현력과 창의성을 향상시킬 수 있는 내용, 음악 요소의 개념을 이해시킬 수 있는 내용, 기능을 습득할 수 있도록 도와주는 내용, 다양한 맥락의 관점으로부터 미적 가치를 높여 줄 수 있는 내용, 실생활에서 경험할 수 있는 음악적 현상을 적용할 수 있는 내용, 학습 활동과 연관된 다양한 관련 자료(전체 악보, 부분 악보, 사진, 삽화 등)가 반영된 내용인지 등을 분석해야 한다. 특히 교과서의 내용 조직과 관련해서는 먼저 교육과정에

제시된 음악과의 성격, 목표, 내용, 방법, 평가 등에 관한 사항을 충실히 반영하였는
지를 점검하여야 한다. 교과서 내용이 학습의 위계에 따라 음악적 안목과 자질을 기
를 수 있게 조직되어 있는지, 각 영역의 내용이 유기적으로 연결되어 학습할 수 있
도록 조직되어 있는지, 그리고 다양한 형태의 학습 활동과 함께 평가가 가능하도록
구성되어 있으며 학생 스스로 학습하고 활용하기 편리하도록 조직되어 있는지도 분
석해야 한다.

　이외에도 악보, 가사, 악상기호, 작사자, 작곡자, 연대 등 모든 표기가 정확하고,
악보의 크기와 선명도가 음악 학습의 효과를 높일 수 있게 제시되었는지, 학생의 발
달 단계에 따라 편집이 적합하고 디자인이 창의적으로 이루어졌는지 등이 분석되어
야 한다. 또한 도표 및 사진 자료가 선명하고 정확하며 참신하게 제시되었는지도 분
석 대상이다. 특히 인용된 각종 자료와 관련해서는 저작권법에 저촉되지 않았는지,
출처를 분명하게 밝히고 있는지 세심하게 조사되어야 한다. 물론 교과서에 나타나
는 표현, 표기가 어문 규정을 준수하고, 인명·지명·용어 등이 편수 자료 및 관련
자료 등에 의거하여 바르게 표기되었는지에 대한 조사는 교과서 분석에서의 기본
작업이다. 〈표 8-1〉은 음악 교과서의 내용 선정 시 유의할 사항들을 보여 준다.

표 8-1 　음악 교과서의 내용 선정 시 유의할 사항

- 교육과정에 제시된 음악과의 성격에 부합하며 음악과의 목표를 효과적으로 달성할 수 있는 내용
- 학생의 인지적·정의적·심동적 발달 단계를 고려한 내용
- 학습 동기와 흥미를 유발할 수 있는 내용
- 음악적 표현력과 창의성을 길러 줄 수 있는 내용
- 음악의 의미, 악곡의 구성 원리, 음악의 구조 등과 관련하여 이해를 확장시킬 수 있는 내용
- 시대별·지역별·양식별 특성과 연계하여 다양한 미적 가치를 이해할 수 있는 내용
- 음악과 관련한 매체의 특성을 이해하고, 기능 습득을 통해 다양한 음악적 활동에 활용할 수 있
　는 능력을 기를 수 있는 내용
- 학생의 실생활과 관련된 음악 활동을 통하여 생활화할 수 있는 내용
- 다양한 시대와 문화권의 음악을 통하여 문화적 다양성을 느끼게 할 수 있는 내용
- 학습 내용과 관련성이 있는 자료(전체 및 부분 악보, 사진, 삽화 등)를 통해 학습 동기를 유발시
　킬 수 있는 내용
- 음악 문화에 대하여 비평적 안목을 길러 줄 수 있는 내용

# 3. 음악 교과서 분석의 방법

슈타인은 교과서는 가장 중요한 두 가지 기능을 수행하여야 한다고 주장한다. 첫째는 '정보'로서 지식적 획득을 위한 정보적 역할이고, 둘째는 '교육'으로서 교수법적 역할이다(Stein, 1977). 독일의 음악교육학자 호프스테터(R. Hofstetter)는 '외형적 구조(Formale Struktur)' '주제적 관점(Thematischer Gesichtspunkt)' '지도 방법적 관점(Didaktischer Gesichspunkt)'의 3개 영역으로 나누어 음악 교과서의 분석을 시도하였다(Hofstetter, 1970). 이 장(章)에서는 '외형의 관점' '음악의 관점' '사회의 관점' '지도 방법의 관점'의 4개 영역으로 구분하여 분석의 범주를 만들었다.

## 1) 외형의 관점

교과서의 형식적 구조, 즉 교과서의 크기, 활자 모양, 활자 크기, 두께, 주제들의 배열 형태 등은 음악 학습에 대한 학생들의 흥미 유발에 큰 영향을 끼친다. 특히 교과서의 외형적 구조는 학생들의 나이에 따라 음악 수업을 효과적으로 이끌어 줄 수 있기 때문에 책임 당국과 저자들은 학년을 고려하여 책의 외형적 구조를 신중하게 생각하여야 한다. 또한 악보, 가사, 악상기호, 작사자, 작곡자, 연대 등 모든 표기의 정확성에 유의하여야 한다. 외형의 관점과 관련하여 〈표 8-2〉와 같은 요소들이 분석되어야 한다.

표 8-2　외형의 관점에서 분석 대상

- 단원 및 내용의 배열 형태
- 활자의 형태(글자 모양, 글자 크기, 색깔 등)
- 악보, 가사, 악상기호, 작사자, 작곡자, 연대 등 모든 표기의 정확성
- 학습 효과에 영향을 주는 악보의 크기와 선명도
- 학생의 발달 단계에 적합한 편집 및 창의적인 디자인
- 도표 및 사진 자료의 참신성, 선명도, 정확성
- 인용된 각종 자료의 출처 제시
- 표현 · 표기의 어문 규정 준수 및 편수 자료에 따른 지명 · 인명 · 용어 등의 올바른 표기

## 2) 음악의 관점

교과서들은 다양한 내용을 취급한다. 풍부한 음악적 상식과 지식의 획득이 학교
와 사회에서 즐거운 음악 생활로 이끌어 주고, 문화생활을 영유하는 데 큰 도움을
준다. 따라서 음악 교과서는 무엇보다도 다양한 음악적 정보를 제공하고, 체계적으
로 음악을 지도해 줄 수 있는 역할을 하여야 한다. 음악의 관점에서는 가창, 기악,
창작 등의 표현 영역과 감상 영역 그리고 음악 이론 영역 등이 다루어진다.

### (1) 가창(노래 부르기)

노래 부르기는 학생들이 자기의 목소리로 음악을 표현함으로써 자신을 구현하고,
악곡의 체험을 통해 음악적 개념을 형성하며, 노래 부르기의 기능을 향상시키는 기
회를 갖는다는 점에서 학교의 음악 학습에서 매우 중요한 위치를 차지한다(이홍수
1990). 가창 영역의 내용과 관련해서는 '가창 영역 빈도 수' '가창곡의 출처(한국가
창곡, 외국가창곡, 한국민요, 외국민요 등)' '가창곡의 가사 내용(정서, 자연, 애국, 사회
생활 등)' '리듬(리듬꼴, 박자)' '가락(조성, 박자, 음폭, 음정 등)' '성부' 등의 취급 정
도가 분석되어야 한다.

### (2) 기악(악기 연주하기)

악기 연주는 학생들이 악기로 음악을 표현함으로써 자신을 구현하고, 악곡의 체
험을 통해 음악적 개념을 형성하며, 악기 연주의 기능을 향상시키는 기회를 갖는다
는 점에서 노래 부르기의 체험과 공통된 특징을 지닌다. 악기 연주하기는 목소리로
연주하기 불가능한 음량이나 음역 등의 표현을 가능하게 할 뿐만 아니라, 다양한 음
색을 가진 음악의 아름다움을 발견하고, 합주를 통한 협동심을 길러 줄 수 있다는
점에서 학교 음악교육에서 중요한 의미를 갖는다. 기악 영역의 내용과 관련해서는
'기악 영역 빈도 수' '기악곡 수' '등장 악기의 종류' 등의 취급 정도가 분석되어야
한다.

### (3) 창작(음악 만들기)

음악 학습에서 모든 학생이 전문적인 작곡가처럼 음악을 창작할 수 있도록 지도

하는 것은 불가능하다. 그러나 즉흥적으로 음악을 만들어 표현하고, 학습한 음악적 개념과 원리를 적용하여 의도적으로 음향을 조직하고 기보하는 등의 활동은 학생들로 하여금 음악 창조의 즐거움을 맛보고, 음악적 아이디어를 창출함으로써 자기를 구현하며, 창작의 능력을 향상시킬 수 있다는 점에서 매우 중요한 학교의 음악 활동 중 하나이다. 창작 영역의 내용과 관련해서는 '창작 영역 빈도 수' '음악 형식' '화성' '창작 관련 음악 용어' '기악곡 및 성악곡의 작곡' '현대 악보(12음 기법, 그래프 악보 등)' 등의 취급 정도가 분석되어야 한다.

### (4) 감상(음악 듣기)

우리는 일상의 생활 속에서 자주 음악을 듣는다. 여가 생활로서 가볍게 음악을 듣기도 하고, 공연장을 방문하여 음악에 심취하기도 한다. 음악 감상에는 음악을 여가 생활로 가볍게 즐기면서 듣는 경우와 음악적 성숙에 도움이 되도록 주의 깊게 관조하면서 듣는 경우 등 두 가지 경우가 있다. 학교에서는 사회에서 쉽게 들을 수 있는 여가적 혹은 오락적 성격의 음악을 선택하여 듣는 것도 좋지만, 아름다운 음악미적 경험과 마음의 평온함을 위하여 사회에서 흔히 들을 수 없는 예술성 있는 악곡을 선정하여 예술적 의미를 이해하면서 듣는 태도를 기르는 것이 중요하다. 음악교육학자 이홍수(1990)는 음악을 듣는 일이 음악적 능력의 향상과 음악적 심성의 계발에 도움이 되는 행위가 될 수 있는가 아닌가는 학교의 음악 학습에서 개발되는 내적 동기와 감상 능력에 따라 결정된다고 주장한다. 이러한 점에서 음악 교과서 역시 학생들의 음악적 성장을 돕기 위하여 예술성 있는 음악을 중심으로 감상 악곡을 선정하는 것이 바람직하다고 본다. 따라서 여기에서는 예술성 있는 악곡을 중심으로 '감상 영역 빈도 수' '감상곡의 수(전통 음악, 한국곡, 외국곡, 기악곡, 성악곡 등)' '시대별 감상곡의 빈도 수(바로크, 고전, 낭만, 근·현대 등)' '감상곡의 장르' '작곡가 소개(작곡가별 출현 빈도 수, 작곡가 생애 및 작품 경향, 사회적·음악적 배경 등)' 등이 조사되어야 한다.

### (5) 음악 이론

음악 이론과 악보 사용에 대한 능력은 연주와 창작을 비롯한 모든 음악 활동의 기반이 되는 것으로서 학생들이 습득하여야 할 음악 지식적 능력이다. 특정한 관계 속에서 음이 조직되는 원리를 이해하고 적용시키는 것은 음악에 대한 수리적 사고 능력, 조성적 사고 등의 능력이 갖추어졌을 때 가능하다(이홍수 1990). 2009 개정 교육과정에 따른 음악과 교육과정은 감상 영역에 음악 이론적 성격의 음악의 요소 및 개념 이해하기를 포함시키고 있다. 그러나 음악의 요소 및 개념에 대한 학습은 감상 영역뿐만 아니라 가창, 기악, 창작 등 모든 영역에서 다루어질 수 있는 성질이다. 그러므로 여기에서는 독립된 분석 범주 '음악 이론'을 만들어 이 안에서 심도 있게 음악 이론에 관한 내용을 살펴볼 수 있도록 하였다. 음악 이론 영역의 내용과 관련해서는 '음악 이론' '형식론' '발성법' '악기론' 등의 취급 정도가 분석되어야 한다.

## 3) 사회의 관점

안톨츠(H. Antholz)는 "음악교육의 목적은 문화생활로서 객관적 음악 문화로, 그리고 감상 문화로서 주관적 음악 문화로 진입하는 것"이라고 강조하면서 사회와 관련성 없는 폐쇄적 음악교육을 철저히 거부하였다(Antholz, 1970). 여기에서는 음악 교과서가 사회의 관점에서 어느 정도로 대중 사회와 연관을 갖는지가 파악된다. 아도르노(T. W. Adorno)는 공동체적 음악 경험이 사회를 화목하게 만들 수 있다고 강조하면서 학교 음악교육이 사회적 정화에 일조하여야 한다고 주장하였다(Adorno, 1972). 헬름스(S. Helms)는 "90년대 이후 학생들은 대중매체의 음악을 계속적으로 높이 선호하는 추세를 보인다"고 말함으로써 학교의 음악교육이 대중매체의 음악을 더 이상 배제할 수 없음을 시사하였다(Helms, 1991). 사회의 관점과 관련해서는 다음과 같이 세 가지 영역으로 나누어 분석할 수 있다.

### (1) 음악 생활의 상황

2009 개정 교육과정에 따른 선택 과목 『고등학교 음악과 생활』에는 자신이 표현하고 타인과 소통하는 즐거운 도구로서 음악의 가치를 깨닫고, 음악이 지니는 다양성을 이해하여 음악 애호가로서 자질을 함양하는 것을 목적으로 한다고 진술되어 있다(교육과학기술부, 2012). 이와 함께 사회 현상으로서 음악을 이해하고, 음악의 다양성을 존중하며, 지구촌 사회의 음악을 이해하는 것을 제시하고 있다. 이러한 음악적 태도는 다양한 공연의 경험을 통하여 획득될 수 있다. 따라서 여기에서는 무엇보

다도 사회에서 경험할 수 있는 공연 경험과 관련하여 음악 공연장, 공연 내용, 공연 상황 등에 관한 정보 등을 다룬다.

### (2) 대중매체의 음악

여기에서는 대중매체를 통해 사회에서 쉽게 접하는 음악들(유행가, 팝송, 재즈, 영화 음악)이 다루어진다. 1970년대 사회의 대학가에서 통기타 음악이 유행하였던 것에 비해 오늘날에는 비교가 안 될 만큼 대중음악과 세계 음악의 비중이 크게 증가하였다. 이러한 추세에 따라 음악과 교육과정은 대중음악과 세계 음악을 적극 반영하였고, 교과서 저자들 또한 이 분야에 대한 관심이 매우 높아졌다. 정교철(2013)은 「고등학교 음악 교과서의 대중음악 수용사례에 대한 연구」라는 제목의 연구에서 1990년대 이후 고등학교 음악 교과서에서 대중음악의 수용 사례가 눈에 띄게 높아졌다는 사실을 밝혔다. 이와 같이 지금 시기의 중등학교 음악 교과서들이 사회에서 쉽게 접할 수 있는 대중음악의 비중을 크게 다루기 때문에, 대중음악을 음악 교과서 분석 대상 중 하나로 삼는 것은 타당하다.

### (3) 음악 외적 관점

음악 교과서는 다양한 음악적 현상을 알려 주는 동시에 음악 외적인 정보도 제공해 주어야 한다. 이는 음악과 관련된 다양한 종류의 직업을 이해하고, 진로를 탐색해 볼 수 있는 기회를 제공해 준다는 점에서 중요하다. 이 부분에서는 심리적 관점, 악기의 제작, 방송국 소개, 기기(CD, 오디오, 카세트 등)의 제작 과정, 녹음 기술, 저작권의 이해, 상업적 관점 등이 분석된다.

## 4) 지도 방법의 관점

실기 지도와 학습 활동을 위한 과제는 학생들의 음악적 능력을 발전시켜 주기 위해서 매우 중요하다. 다양한 형태의 학습 활동 과제들은 음악적 기능 및 음악적 지식을 향상시킨다. 이러한 점에서 음악 교과서는 지도 방법적인 역할을 수행하여야 한다. 다양한 지도 방법에 관한 체계적인 분석을 위해서는 분석 영역의 범주화(categorization) 설정이 먼저 이루어져야 한다. 지도 방법과 관련하여 언어 · 악보·그림의 형태 그리고 학습 활동 과제 등은 효과적인 음악 수업을 위해 중요한 역할을 하기 때문에, 이러한 요소들을 고려하여 분석 범주화의 작업이 이루어져야 한다.

### (1) 언어 형태

연령에 따라 이해하기 어려운 언어 표현이나 수준이 낮은 언어 표현은 학생들의 학습 의욕을 저하시킬 수 있다. 따라서 지도 방법에 있어서 언어의 사용은 매우 중요하다. 교수법적 언어 사용과 관련하여 여러 형태의 문장 구조(예, 서술, 토론, 관조, 정리, 긴 문장, 짧은 문장 등)가 분석되어야 한다.

### (2) 악보 형태

효과적인 음악적 전달을 위하여 악보의 기능은 매우 중요하다. 언어 형태와 마찬가지로 지도 방법에 있어서 학생들의 학습 심리에 부적당한 악보의 제공은 음악 수업을 효과적으로 이끌어 갈 수 없게 한다. 여기에서는 가창 악보, 총보, 본보기용 부분 악보 등이 연령별 학습 만족도를 높여 줄 수 있는지가 분석되어야 한다.

### (3) 그림 형태

다양한 형태의 그림들은 심리적으로 학생들의 학습 의욕을 높이는 데 큰 역할을 하므로, 효과적인 수업을 위하여 그림을 다양한 형태 안에서 학습 연령에 알맞게 사용하여야 한다. 이를 위해 설명을 위한 도식이나 도표, 사진, 삽화, 작곡가의 사진, 악기 그림(자국 악기, 외국 악기 등), 발성법 및 연주법에 관한 그림의 형태 등이 조사되어야 한다.

### (4) 학습 활동의 형태

다양한 학습 활동(가창, 기악, 창작, 감상, 비평 등)에 대한 지도 방법적 형태들과 관련하여 학습 활동의 범주를 세분화하는 분류 작업은 표준화된 분류 방법을 연구한 자료들이 없기 때문에 단순하지 않다. 그러므로 여기에서는 독일의 음악교육학자 페누스(Venus, 1984)가 제시한 다섯 가지 음악 학습 형태를 바탕으로 학습 활동의 분석 범주를 설정하고자 한다. 페누스는 음악 학습 형태의 다섯 가지 영역인 '음악의 생산' '음악의 재생산' '음악의 수용' '음악에 대한 성찰' '음악의 전이'를 제시하였다. 〈표 8-3〉은 페누스의 다섯 가지 음악 학습의 형태와, 호프스테터가 자신의 연구에서 제시한 '음악에 관한 정리'를 적용하여 만든 학습 활동의 분석 범주이다.

표 8-3 　학습 활동의 분석 범주

| 학습 활동의 분석 범주 | 내용 |
|---|---|
| 1. 음악의 생산(production of music) | 작곡, 즉흥 연주 등 1차적 표현 활동 |
| 2. 음악의 재생산(reproduction of music) | 악보 또는 어떤 다른 기보에 의한 노래 부르기와 연주하기 등의 2차적 표현 활동 |
| 3. 음악의 수용(reception of music) | 음악의 구조와 작용에 염두를 둔 음악 청취 활동 (감지, 인식, 인지, 분석 등) |
| 4. 음악에 대한 성찰(reflection for music) | 지식의 함축을 위한 사고 활동(토론, 이야기, 비평, 비판, 합리적 논의 등)으로 '토론하여 보자' '이야기하여 보자' '느낌을 말하여 보자' 등 |
| 5. 음악의 전이(transition of music) | 음악을 다른 예술로 바꾸어 표현하는 활동(신체 활동, 그림, 언어 등) |
| 6. 음악에 대한 정리(arrangement for music) | 문제 해결의 답을 요구하는 성격의 학습 활동(분류, 비교, 구분, 명명, 기술 등) |

* 분석에 있어서 하나의 학습 활동 과제가 둘 이상의 분석 범주에 들어가는 경우, 각각의 분석 범주에 학습 활동을 동시에 포함시킬 수 있다.

특히 '음악의 수용'과 관련한 지도 방법적인 형태를 분석할 때에는 다음과 같은 점들을 고려하여야 한다.

• 음악적 구성 요소들(가락, 리듬, 화성, 형식, 빠르기, 셈여림, 음색 등)의 개념 이해에 도움을 줄 수 있는 지도 방법적인 내용인가?
• 효과적 감상 수업을 위한 오디오와 비디오의 활용 가능성을 제시한 내용인가?
• 음악사 혹은 음악 이론과 관련한 감상 활동을 통해 음악적 지식을 증진시킬 수 있는 지도 방법적인 내용인가?

음악 교과서의 분석 방법을 쉽게 인식할 수 있도록 분석 범주 모형을 제시하면 [그림 8-1]과 같다.

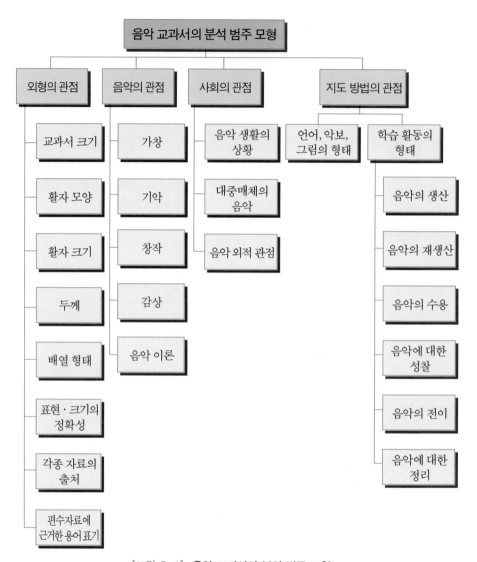

[그림 8-1]  **음악 교과서의 분석 범주 모형**

# 4. 음악 교과서의 분석 내용 및 평가 기준

## 1) 음악 교과서의 분석 내용

〈표 8-4〉는 음악 교과서의 분석 범주화에 따른 분석 내용에 관한 모델이다.

표 8-4 음악 교과서의 분석 내용에 관한 모델

| 1. 외형의 관점 |
| --- |
| • 교과서 외형적 외모(교과서의 크기, 활자 크기 및 모양, 두께, 내용의 배열 형태 등)<br>• 표현 · 표기의 정확성(악보, 가사, 악상기호, 작사자와 작곡자명, 연대 등 표기의 정확성)<br>• 인용 및 사용한 각종 자료의 출처<br>• 편수자료에 근거한 지명 · 인명 · 용어의 표기 |

| 2. 음악의 관점 | | |
| --- | --- | --- |
| 표현<br>영역 | 가창 | • 가창 영역 빈도 수<br>• 가창곡의 출처(한국가창곡, 외국가창곡, 한국민요, 외국민요 등)<br>• 가창곡의 가사 내용(정서, 자연, 애국, 사회 생활 등)<br>• 리듬(리듬꼴, 박자)<br>• 가락(조성, 음폭, 음정 등)<br>• 성부 |
| | 기악 | • 기악 영역 빈도 수<br>• 기악곡 수<br>• 등장 악기의 종류 |
| | 창작 | • 창작 영역 빈도 수<br>• 음악 형식, 화성<br>• 창작 관련 음악 용어<br>• 기악곡 · 성악곡 작곡<br>• 현대 악보 응용(12음 기법, 그래프 악보, 그림 악보 등) |
| 감상 영역 | | • 감상 영역 빈도 수<br>• 감상곡의 수(전통 음악, 한국곡, 외국곡, 기악곡, 성악곡 등)<br>• 시대별 감상곡 빈도 수(바로크, 고전, 낭만, 근 · 현대 등)<br>• 감상곡의 종류(교향곡, 실내악곡, 예술가곡, 오페라, 전통가곡, 민요, 판소리, 재즈, 록 등)<br>• 작곡가 소개(작곡가별 출현 빈도 수, 작곡가 생애 및 작품 경향, 사회적 · 음악적 배경 등) |
| 음악 이론<br>영역 | | • 음악 이론<br>　- 전통적 음악 이론(리듬, 화성, 셈여림, 빠르기, 한배, 세, 리듬, 박자, 당김음, 스타카토, 장조, 단조, 꾸밈음, 지휘법 등)<br>　- 현대적 음악 이론(다양한 파라미터[parameter], 강도, 음길이, 음색, 음악의 형태 등)<br>• 형식론<br>　- 전통적 형식론(가요형식, 두도막 · 세도막 가요형식, 소나타형식, 론도, 변주곡 등) |

| 음악 이론 영역 | – 현대적 형식론(음의 대비, 반복, 음의 세기 등과 관계한 형식, 음들의 형태적 흐름)<br>• 발성법(호흡법, 독일·이태리 발음법, 음역: 소프라노, 알토, 테너, 베이스 등)<br>• 악기론(관현악법, 연주 기술, 악기의 음향, 악기의 제작, 악기의 소개 등) |
|---|---|

| 3. 사회의 관점 ||
|---|---|
| 음악 생활의 상황 | • 음악 공연장, 공연 내용, 공연 상황 등 |
| 대중매체의 음악 | • 유행가, 팝송, 재즈, 록음악, 영화 음악 등 |
| 음악 외적 관점 | • 음악 심리, 악기 제작, 방송국 소개, CD의 제작 과정, 오디오의 원리, 녹음 기술, 음악 스튜디오에서의 작업 과정, 저작권의 이해, 음악과 산업, CD의 판매 과정 등 |

| 4. 지도 방법의 관점 ||
|---|---|
| 언어 형태 | • 정보적, 교수적 언어 사용에서 문장의 형태(예, 서술, 토론, 관조, 정리, 긴 문장, 짧은 문장 등) |
| 악보 형태 | • 악보의 형태(가창 및 기악 악보, 총보 및 부분 악보 등) |
| 그림 형태 | • 설명에 필요한 도식이나 도표, 사진, 삽화, 작곡가의 사진, 악기 그림(자국 악기, 외국 악기), 발성법 및 연주법에 관한 그림의 형태 등 |
| 표현 영역에서 실습과 연습 문제의 유형 | • 음악의 생산: 작곡, 즉흥 연주<br>• 음악의 재생산: 악보 또는 어떤 다른 기보에 의한 노래 부르기와 연주하기<br>• 음악의 수용: 음악의 구조에 염두를 둔 음악 청취 활동(감지, 인식, 인지, 분석 등)<br>• 음악에 대한 성찰: 지식의 함축을 위한 사고 활동(토론, 이야기, 비평, 비판, 합리적 논의 등)<br>• 음악의 전이: 음악을 다른 예술로 바꾸어 표현하기(춤, 그림, 말 등)<br>• 음악에 대한 정리: 해결적 학습 활동(분류, 비교, 구분, 명명, 기술 등) |
| 감상과 관련된 실습과 연습 문제의 유형 | • 음악 구성 요소의 개념 이해(가락, 리듬, 화성, 형식, 빠르기, 셈여림, 음색, 한배, 세 등)<br>• 디지털 매체(오디오, 비디오 등) 활용 가능성<br>• 음악사 또는 음악 이론과 연관한 음악 지식 획득 |

## 2) 음악 교과서의 평가 기준

분석 기준에 따라 다양한 관점에서 체계적으로 음악 교과서를 분석한 후, 분석된 음악 교과서를 평가해 보는 작업은 보다 더 나은 새로운 교과서의 개발을 위하여 매우 의미가 있다. 이러한 평가를 위해서는 기본적으로 평가 기준이 필요하다. 다양한 학문적 사고의 관점에서 다루어질 수 있는 내용은 음악 교과서 평가 기준 수립 시 기초 자료로 활용할 수 있다. 다양한 학문적 사고의 관점에서 다루어질 수 있는 내용을 반영하여 음악 교과서 평가 기준을 만들면 〈표 8-5〉와 같다.

표 8-5 ｜ 음악 교과서의 평가 기준

| 영역 | 세부 평가 내용 | 평가 |
|---|---|---|
| 1.<br>교육과정<br>의 준수 | ① 음악과 교육과정에 제시된 목표를 충실히 반영하였는가?<br>② 음악과 교육과정의 '내용(성취 기준)'을 충실히 반영하였는가?<br>③ 음악과 교육과정의 교수 · 학습 방법을 충실히 반영하였는가?<br>④ 음악과 교육과정에 제시된 '평가'를 충실히 반영하였는가? | |
| 2.<br>내용의<br>선정 및<br>조직 | ① 내용의 수준과 범위는 해당 학년 특성에 적절하고, 전후 학년 간의 연계성을 고려하여 구성하였는가? | |
| | ② 학습량은 적절하며, 학생이 스스로 활용하기 편리하도록 구성하였는가? | |
| | ③ 특정 내용이나 영역에 치우치지 않고 내용의 수준과 범위가 적합한가? | |
| | ④ 제시된 악곡(편곡, 반주 포함)은 예술적 · 교육적 가치가 있고, 다양한 시대와 문화권을 고려하였는가? | |
| | ⑤ 단원의 전개 및 구성이 체계적이고 학생이 스스로 활용하기 편리하도록 구성하였는가? | |
| | ⑥ 각종 자료(악곡, 도표, 그림, 사진 등)는 학습 내용과 관련성이 있고, 학습 의욕을 유발할 수 있는 것으로 제시되었는가? | |
| | ⑦ 학생의 정서와 수준에 알맞은 다양한 종류의 악곡 그리고 학습 내용을 제시하였는가? | |
| | ⑧ 표현(가창, 기악, 창작), 감상, 생활화 각 영역의 내용은 통합 학습이 이루어질 수 있도록 조직하였는가? | |
| 3.<br>창의성 | ① 참신한 내용과 관련 자료를 선정하고, 학생의 흥미를 고려하여 구성하였는가? | |
| | ② 단원 구성 및 전개 등 교과서의 구성 체제가 참신하고 창의적인가? | |
| 4.<br>내용의<br>정확성<br>및<br>공정성 | ① 제시한 사실, 개념, 이론 등은 정확하며, 그 의미를 학생이 이해하기 쉽도록 설명하였는가? | |
| | ② 악곡, 사진, 삽화 등 관련 자료의 출처(작곡자, 채보자, 편곡자 등 포함)를 최신의 공인된 자료에 의거하여 명확하게 표기하였는가? | |
| | ③ 특정 지역, 인물, 성, 상품, 기관 등을 비방 · 왜곡 또는 옹호하지 않았으며, 집필자 개인의 편견이 없이 공정하게 기술하였는가? | |

| 5.<br>교수 ·<br>학습<br>방법 및<br>평가 | ① 학습 목표와 내용에 적합한 교수 · 학습 방법을 제시하였는가? | |
|---|---|---|
| | ② 오디오, 비디오, 멀티미디어 등 다양한 자료와 매체를 적절하게 제시하고 있으며, 출처를 명확하게 제시하였는가? | |
| | ③ 학생의 자기주도학습, 개별학습에 도움이 되는 교수 · 학습 방법을 사용하였는가? | |
| | ④ 학습 목표와 내용에 적합한 다양한 평가 과제를 제시하였는가? | |
| 6.<br>표기 ·<br>표현 및<br>편집 | ① 한글, 한자, 로마자, 인명, 지명, 용어, 통계, 도표, 지도, 계량 단위 등의 표기는 정확하며, 편찬상의 유의점에 제시된 기준을 충실히 따르고 있는가? | |
| | ② 악보, 가사, 악상기호, 음악 용어 등의 표기는 정확한가? | |
| | ③ 사진과 삽화, 악보, 활자 등은 선명하고 학습의 효과를 고려하여 구성하였는가? | |
| | ④ 오 · 탈자, 문법 오류, 비문 등 표기 · 표현상 오류가 없이 정확하게 기술하였는가? | |
| | ⑤ 편집 디자인 및 지면 활용은 학습의 효과를 고려하여 창의적으로 구성하였는가? | |

총 26개 항

---

### 토의 주제

1. 음악 교과서의 분석이 왜 필요한지 토론해 보자.

2. 음악 교과서의 분석 방법에 대하여 이야기해 보자.

3. 하나의 음악 교과서를 살펴보고, 음악 교과서의 평가 기준에 따라 평가해 보자.

# 제 9 장

# 초등학교 교과서 분석

최윤경

　이 장에서는 초등학교 음악교과 관련 교과서를 소개하고, 앞서 제8장에서 제시한 음악 교과서 분석을 위한 분석 범주화에 따라 '외형의 관점' '음악의 관점' '지도 방법의 관점' 으로 초등학교 음악 교과서를 예로 들어 분석의 실제를 제시하고자 한다.

## 1. 외형의 관점

　2014년 초등 교과용 음악 교과서는 3 · 4학년의 경우 2009 개정 교육과정에 따른 음악과 교육과정에 의해 편찬된 6종의 교과서가 사용되고 있다. 5학년은 2007 개정 교육과정에 따른 음악과 교육과정에 의해 편찬된 3종이, 6학년 역시 2007 개정 교육과정에 따른 음악과 교육과정에 의해 편찬된 5종이 사용되고 있다. 2015년에는 2009 개정 교육과정에 따른 음악과 교육과정에 의해 편찬되는 5 · 6학년 음악 교과서가 사용될 예정이다. 자세한 초등학교 교과서 목록은 〈부록 4〉를 참조하기 바란다.

　㈜비상교육 『초등학교 음악 3~4』(주대창, 강주원, 양재욱, 김현정, 민미식 외, 2014) 교과서 1권을 예로 들어 교과서명, 저자, 크기, 쪽수, 색도, 활자의 형태, 단원 및 학

습 활동의 배열 형태에 대한 외형적 구조를 살펴보면 〈표 9-1〉과 같다.

2011년에 출판된 5학년 음악 교과서 3종과 6학년 음악 교과서 5종은 모두 천연색으로 출판되었고, 교과서의 크기는 모두 190mm×255mm로 크기가 동일하였다. 그러나 2009 개정 교육과정에 따른 음악과 교육과정에 의해 편찬된 음악 교과서는 교과서의 크기, 조판이나 활자 등이 다양해지고 악보나 사진 등의 편집 디자인이 세련되게 바뀌었다.

표 9-1 ┃ 초등학교 음악 교과서의 외형적 구조

| 교과서명 | 『초등학교 음악 3~4』 |
|---|---|
| 교과서 크기 | 210mm×275mm |
| 교과서 쪽수 | 총 167쪽 |
| 교과서 색도 | 천연색 |

교과서 활자의 형태

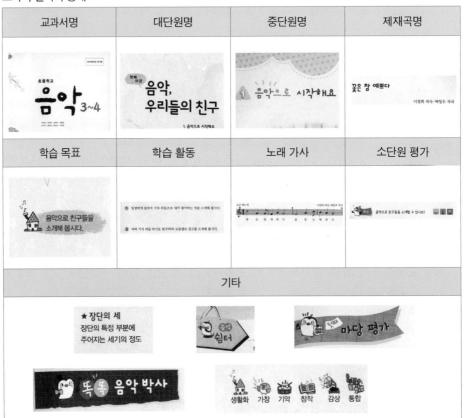

| 단원의 배열 형태 | 학습 활동의 배열 형태 |
| --- | --- |
| 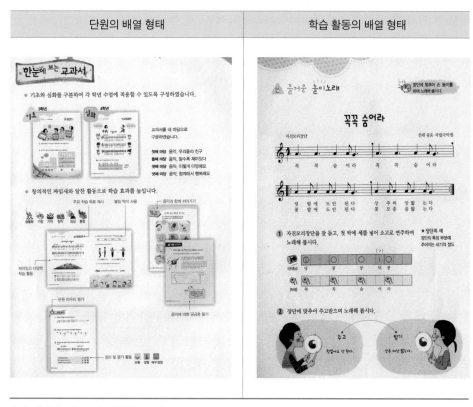 | |

출처: 주대창 외(2014). 초등학교 음악 3~4.

　예로 든 교과서는 교과서명, 단원명, 제재곡명, 학습 활동 제시문 등에서 다양한 크기와 종류의 활자를 사용하여 단조로움을 피하고 가독성을 높이고 있다. 특히 학습 목표, 학습 활동, 평가, 음악 용어를 설명할 때 그림 아이콘을 활용하여 학생들이 흥미 있게 음악 교과서에 접근할 수 있도록 배려하였다.

　예로 든 『초등학교 음악 3~4』는 총 4개의 대단원(마당)으로 구성되어 있다. 각 대단원은 6개의 중단원으로 구성되어 있고, 중단원 아래에 제재곡 및 감상곡이 제시되어 있다. 대단원의 말미에는 대단원의 평가를 통해 학생들이 배운 내용을 한 번 더 살펴보고 확인하도록 하였다. 대단원의 평가에는 실음 평가, 실기 평가, 보고서 평가, 관찰 평가 등 다양한 평가 방법을 활용하였다. 그리고 첫째 마당과 셋째 마당에는 '음악 쉼터'라는 코너를 만들어 학생들이 게임을 통해서 음악 이론이나 개념을 재미있게 익힐 수 있도록 하였다. 둘째 마당과 넷째 마당에는 '똑똑 음악박사'라는 코너를 통해 국악 및 서양음악과 관련하여 학생들이 재미있게 읽을 수 있는 스토리텔링 자료를 제시함으로써 학생들이 음악에 대해 폭넓게 배우고 익히며, 흥미를 가지고 학습할 수 있도록 배려하였다.


## 2. 음악의 관점

'음악의 관점'에서는 음악 교과서를 활동 영역 및 장르별로 분석하고 교과서에 다수 수록된 곡과 순위를 소개하고자 한다.


### 1) 활동 영역 및 장르별 비중 분석

2009 개정 교육과정에 따른 음악과 교육과정에 의해 편찬되어 사용 중인 3·4학년 음악 교과서 총 6종과 2015년에 사용될 5·6학년 음악 교과서를 활동 영역 및 장르로 분류하여 분석하였다. 활동 영역은 '가창' '기악' '창작' '감상' '이해' 등으로 분류하여 분석하였으며, 그 결과 [그림 9-1]과 같이 '가창'이 36.8%로 비중이 가장 높았고, '기악' '감상' '이해' 순으로 나타났다. '기타1'에는 '가창·기악·창작·감상·이해'로 분류하기에는 애매한 생활화, 조사 보고서, 음악 이론 정리 등을, '기타2'에는 표지, 차례, 제목 페이지, 자료 출처, 참고문헌, 부록 등을 포함하였다.

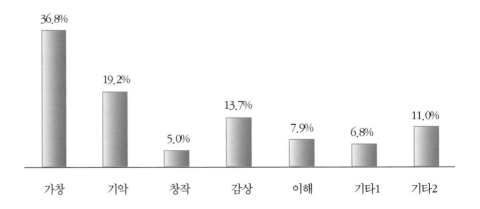

[그림 9-1] **초등학교 음악 교과서의 활동 영역별 비중**

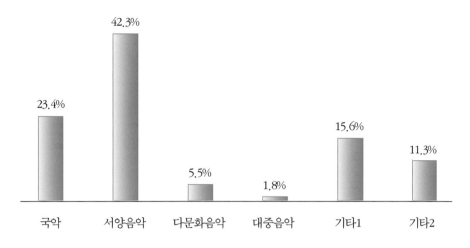

[그림 9-2] **초등학교 음악 교과서의 장르별 비중**

　한편, '국악' '서양음악' '다문화음악' '대중음악' 등 장르별로 분류하여 분석한 결과 [그림 9-2]와 같이 '서양음악'이 42.3%로 비중이 가장 높았고, '국악' '다문화음악' 순으로 나타났으며, '대중음악'이 1.8%로 가장 낮은 비중을 차지하였다. '기타1'에는 '국악 · 서양음악 · 다문화음악 · 대중음악'으로 분류하기에는 애매한 창작 국악, 퓨전 음악 등을, '기타2'에는 표지, 차례, 제목 페이지, 자료 출처, 참고문헌, 부록 등을 포함하였다.

## 2) 다수 수록곡 및 순위

　6종의 초등학교 3 · 4학년 음악 교과서에 다수 수록된 가창곡, 감상곡, 악기 종류를 살펴보면 다음과 같다.

### (1) 가창 수록곡

　6종의 초등학교 3 · 4 음악 교과서에 가장 많이 수록된 가창곡은 〈어머님 은혜〉 〈구슬비〉로 모든 교과서에 제시되어 있다. 국악 가창곡 중에는 〈강강술래〉 〈아리랑〉이 6종의 교과서에 모두 수록되었다. 다문화 가창곡은 필리핀 민요 〈꽃피는 봄날〉과 네덜란드 민요인 〈사라스폰다〉가 3개의 교과서에 공통적으로 수록되어 있다. 다수 수록된 가창곡의 목록은 〈표 9-2〉와 같다.

| 표 9-2 | 초등학교 3 · 4 음악 교과서에 2회 이상 수록된 가창곡 |

| 순위 | 곡명 | 수록 권수 | 순위 | 곡명 | 수록 권수 |
|---|---|---|---|---|---|
| 1 | 〈어머님 은혜〉(박재훈) | 6 | 3 | 〈동네 한 바퀴〉(프랑스 민요) | 4 |
|  | 〈구슬비〉(안병원) | 6 |  | 〈안녕〉(프랑스 민요) | 4 |
|  | 〈강강술래〉(전라도 민요) | 6 |  | 〈잠자리〉(손대업) | 4 |
|  | 〈아리랑〉(경기도 민요) | 6 |  | 〈군밤타령〉(경기 민요) | 4 |
| 2 | 〈리듬악기 노래〉(이계석) | 5 |  | 〈남생아 놀아라〉(전라도 민요) | 4 |
|  | 〈종달새의 하루〉(이은열) | 5 |  | 〈어깨동무〉(전래 동요) | 4 |
|  | 〈퍼프와 재키〉(야로) | 5 | 4 | 〈별보며 달보며〉(유병무) | 3 |
|  | 〈도레미 노래〉(로저스) | 5 |  | 〈산바람 강바람〉(박재현) | 3 |
|  | 〈가을 길〉(김규환) | 5 |  | 〈참새〉(이성천) | 3 |
|  | 〈나물노래〉(전래 동요) | 5 |  | 〈두꺼비집이 여물까〉(전래 동요) | 3 |
|  | 〈도라지타령〉(경기도 민요) | 5 |  | 〈덕석 몰자〉(전라도 민요) | 3 |
|  | 〈가을 바람〉(김규환) | 5 |  | 〈천안 삼거리〉(경기도 민요) | 3 |
|  | 〈고기잡이〉(윤극영) | 5 |  | 〈개고리 개골청〉(전라도 민요) | 3 |
|  |  |  |  | 〈훨훨이〉(경기도 민요) | 3 |
|  |  |  |  | 〈꽃피는 봄날〉(필리핀) | 3 |
|  |  |  |  | 〈사라스폰다〉(네덜란드) | 3 |
|  |  |  | 5 | 〈나의 농장〉(아르헨티나) | 2 |
|  |  |  |  | 〈모두 즐겁게〉(독일) | 2 |
|  |  |  |  | 〈수건 돌려라〉(중국) | 2 |
|  |  |  |  | 〈오리〉(독일) | 2 |

(2) 감상 수록곡

6종의 초등학교 3 · 4학년 음악 교과서에 수록된 감상곡 중 〈대취타〉는 6권 모두
에서 그 내용을 다루고 있다. 2회 이상 수록된 감상곡 목록은 〈표 9-3〉과 같다.

표 9-3  초등학교 3 · 4 음악 교과서에서 2회 이상 수록된 감상곡

| 순위 | 곡명 | 수록 권수 |
|---|---|---|
| 1 | 〈대취타〉 | 6 |
| 2 | 〈동물의 사육제〉(생상스) | 4 |
| | 〈라데츠키 행진곡〉(슈트라우스) | 4 |
| | 〈호두까기 인형〉(차이코프스키) | 4 |
| 3 | 〈시계〉(하이든) | 3 |
| | 〈왕벌의 비행〉(림스키코르사코프) | 3 |
| | 〈흥보가〉〈박타령〉 | 3 |
| 4 | 〈피터와 늑대〉(프로코피예프) | 2 |
| | 〈조명곡〉 | 2 |
| | 〈포구락〉 | 2 |
| | 〈학무〉 | 2 |

## (3) 악기 종류

6종의 초등학교 3 · 4 음악 교과서에는 서양 악기인 멜로디언, 리코더, 실로폰, 탬버린, 트라이앵글, 캐스터네츠, 큰북, 작은북과 국악기인 꽹과리, 장구, 북, 징, 소고가 모든 교과서에서 제시되고 있다. 악기별 종류는 〈표 9-4〉와 같다.

표 9-4  초등학교 3 · 4 음악교과서에 수록된 악기별 종류

| 순위 | 기악 활동 악기 | 수록 권수 | 순위 | 기악 활동 악기 | 수록 권수 |
|---|---|---|---|---|---|
| 1 | 소프라노 리코더 | 6 | 1 | 소고 | 6 |
| | 실로폰 | 6 | | 꽹과리 | 6 |
| | 멜로디언 | 6 | | 장구 | 6 |
| | 탬버린 | 6 | | 북 | 6 |
| | 캐스터네츠 | 6 | | 징 | 6 |
| | 트라이앵글 | 6 | 2 | 마라카스 | 3 |
| | 큰북 | 6 | | | |
| | 작은북 | 6 | | | |

## 3. 지도 방법의 관점

초등학교 음악 교과서의 가창, 기악, 창작, 감상 영역의 학습 활동을 앞서 제8장에서 제시한 지도 방법의 관점 중 '학습 활동의 분석 범주' 여섯 가지에 따라 그 형태를 분류해 보면 다음과 같다. 〈표 9-5〉에서 제시한 '학습 활동의 분석 범주'에 따른 '학습 활동의 형태'를 예로 들어 그 분류 방법을 살펴보자.

표 9-5 │ 학습 활동의 분석 범주에 따른 학습 활동의 형태 예시

| 학습 활동의 분석 범주 | 학습 활동의 형태 예시 | 분류 방법에 대한 설명 |
|---|---|---|
| 음악의 생산 | • 모둠별로 리듬을 만들어 이어 치기 놀이를 해 봅시다. | 리듬을 직접 만들어 보는 것은 표현 활동이므로 '음악의 생산'으로 분류한다. |
| 음악의 재생산 | • 악기 그림 기호를 보면서 바른 자세와 주법으로 연주하며 돌림 노래로 불러 봅시다. | 리듬 악기의 주법을 익혀 악기로 연주하며 부르는 활동이므로 재생산적 활동으로 분류한다. |
| 음악의 수용 | • 음악을 들으며 기차가 달리는 모습을 떠올려 봅시다. | '감상'은 음악 청취 활동이므로 '음악의 수용'으로 분류한다. |
| 음악에 대한 성찰 | • 눈을 감아도 들리는 여러 가지 소리를 음악으로 어떻게 표현하면 좋을지 생각해 봅시다. | 들리는 소리를 음악으로 어떻게 표현할지 사고하는 활동이므로 성찰적 활동으로 분류한다. |
| 음악의 전이 | • 셈여림과 빠르기의 변화에 어울리는 신체 표현을 해 봅시다. | 음악을 들으며 신체로 표현하는 활동이므로 '음악의 전이'로 분류한다. |
| 음악에 대한 정리 | • 〈천안 삼거리〉에 얽힌 이야기를 알아봅시다. | '알아보자'는 답을 요구하는 성격의 학습 활동이므로 '음악에 대한 정리'로 분류한다. |

## 1) 가창 영역

| 출판사 | 학년 | 쪽수 | 단원명 | 제재곡 | 학습 목표 |
|--------|------|------|--------|--------|-----------|
| ㈜ 미래엔 | 5 · 6 | 58-59 | 3. 자연 속에서 | 〈천안 삼거리〉 | 장단의 세를 살려 굿거리장단을 치며 노래 불러 봅시다. |

악곡 〈천안 삼거리〉에서는 '천안 삼거리에 얽힌 이야기 알아보기' '경기 민요의 특징을 살려 노래 부르기' '장단의 세를 살려 굿거리장단을 치며 노래 부르기' '가사 바꾸어 노래 부르기' '경기 민요 감상하고 특징 알아보기'의 다섯 가지 학습 활동을 제시하고 있다. 이를 지도 방법의 관점 중 학습 활동의 분석 범주로 각각 분류하면 '음악에 대한 정리' '음악의 재생산' '음악의 생산' '음악의 수용, 음악에 대한 성찰'로 학습 활동 형태를 정리할 수 있다.

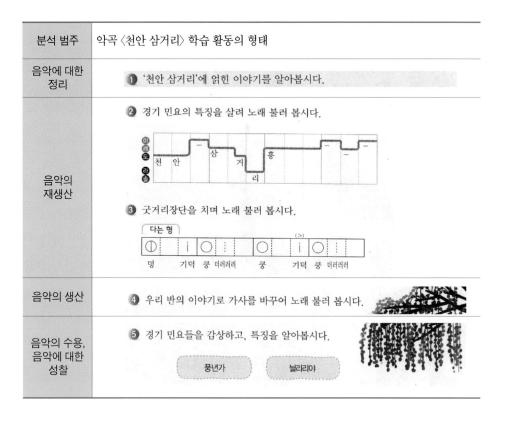

| 분석 범주 | 악곡 〈천안 삼거리〉 학습 활동의 형태 |
|---|---|
| 음악에 대한 정리 | ❶ '천안 삼거리'에 얽힌 이야기를 알아봅시다. |
| 음악의 재생산 | ❷ 경기 민요의 특징을 살려 노래 불러 봅시다. <br> ❸ 굿거리장단을 치며 노래 불러 봅시다. |
| 음악의 생산 | ❹ 우리 반의 이야기로 가사를 바꾸어 노래 불러 봅시다. |
| 음악의 수용, 음악에 대한 성찰 | ❺ 경기 민요들을 감상하고, 특징을 알아봅시다. |

## 2) 기악 영역

| 출판사 | 학년 | 쪽수 | 단원명 | 제재곡 | 학습 목표 |
|---|---|---|---|---|---|
| ㈜비상 교육 | 3 · 4 | 90~93 | 5. 리듬 악기 친구들 | 〈동네 한 바퀴〉 | 리듬 악기 소리를 그림 기호로 나타내고 바른 주법으로 연주해 봅시다. |

악곡 〈동네 한 바퀴〉에서는 '소리의 어울림 느끼며 돌림 노래 부르기' '바른 자세와 주법으로 연주하며 돌림 노래 부르기' '악기 연주를 여러 가지 기호로 나타내고, 그것을 엮어 리듬 합주하기' '크시코스의 우편 마차 들으며 기악 합주하기' '다른 악기로 연주하기' 의 다섯 가지 학습 활동을 제시하고 있다. 이를 지도 방법의 관점 중 학습 활동의 분석 범주로 각각 분류하면 '음악의 재생산' '음악의 생산' '음악의 재생산' '음악에 대한 정리, 음악의 생산' 으로 학습 활동 형태를 정리할 수 있다.

| 분석 범주 | 악곡 〈동네 한 바퀴〉 학습 활동의 형태 |
|---|---|
| 음악의<br>재생산 | 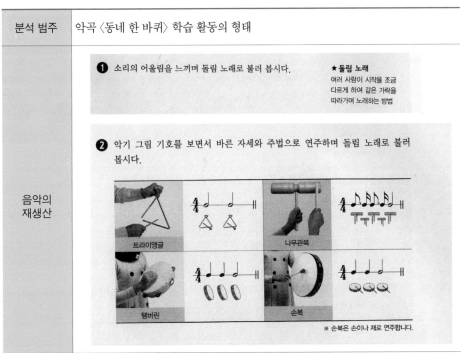 |

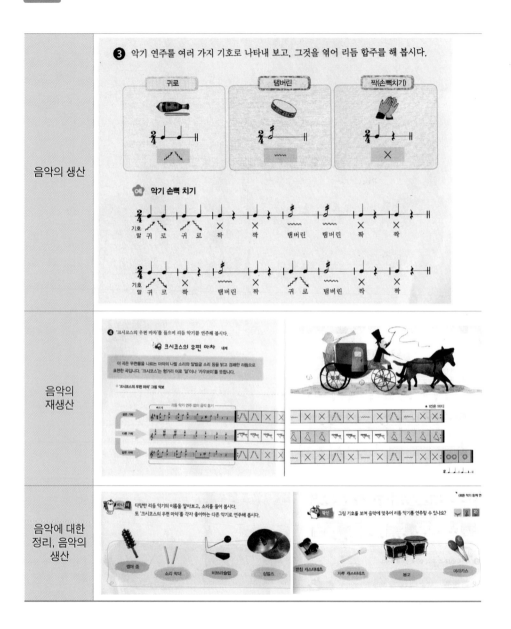

## 3) 창작 영역

| 출판사 | 학년 | 쪽수 | 단원명 | 제재곡 | 학습 목표 |
|---|---|---|---|---|---|
| 두산<br>동아㈜ | 3 · 4 | 54-57 | 3. 음악과<br>놀아요 | 〈재미있는<br>리듬〉<br>〈아름다운<br>멜로디〉 | 여러 가지 리듬과 가락을 만드는 놀이를<br>할 수 있다. |

'음악과 놀아요' 단원에서는 '들리는 소리를 음악으로 어떻게 표현할지 생각하기' '노래 듣고 따라 부르기' '리듬 전달 놀이 하기' '리듬 문답 놀이하기' '리듬 만들어 이어 치기 놀이하기' '손과 발을 사용하여 리듬 합주 하기' '노래 듣고 따라 부르기' '음을 몸으로 표현하기' '제시된 가락을 몸으로 표현하기' '가락 문답 놀이하기' '몸으로 표현하며 노래 부르기' 의 학습 활동을 제시하고 있다. 이를 지도 방법의 관점 중 학습 활동의 분석 범주로 각각 분류하면 '음악에 대한 정리' '음악의 재생산' '음악의 생산' '음악의 재생산' '음악의 전이' '음악의 생산' '음악의 전이, 음악의 재생산' 으로 학습 활동 형태를 정리할 수 있다.

| 분석 범주 | '창작하기' 학습 활동의 형태 |
|---|---|
| 음악에 대한 정리 | 눈을 감아도 들리는 여러 가지 소리를 음악으로 어떻게 표현하면 좋을지 생각해 봅시다. |
| 음악의 재생산 | 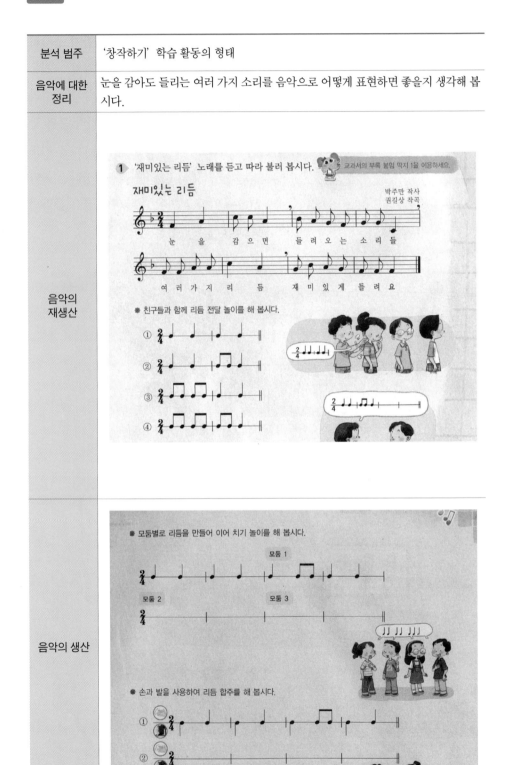 |
| 음악의 생산 | |

| | |
|---|---|
| 음악의<br>재생산 | 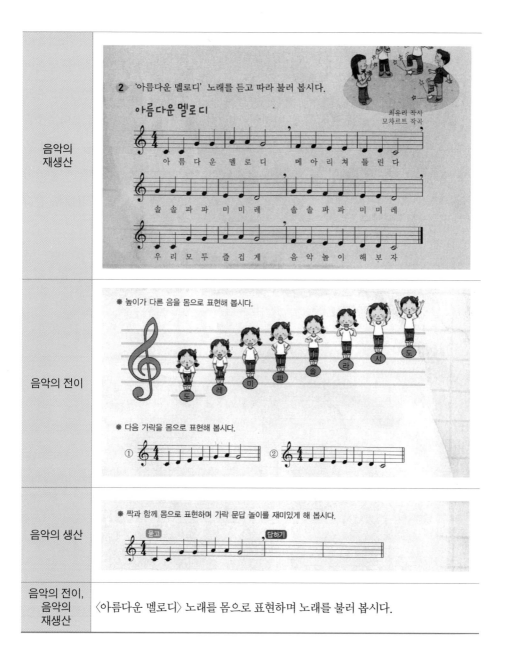 |
| 음악의 전이 | |
| 음악의 생산 | |
| 음악의 전이,<br>음악의<br>재생산 | 〈아름다운 멜로디〉 노래를 몸으로 표현하며 노래를 불러 봅시다. |

## 4) 감상 영역

| 출판사 | 학년 | 쪽수 | 단원명 | 제재곡 | 학습 목표 |
|---|---|---|---|---|---|
| ㈜비상<br>교육 | 5 · 6 | 26-29 | 5. 음악이<br>흐르는 길 | 〈빌헬름 텔 서<br>곡〉〈카피라의<br>작은 기차〉 | 각 주제를 묘사한 음악을 구별하고, 각<br>장면의 음악적 특징을 찾아봅시다. |

　　악곡 〈빌헬름 텔 서곡〉 〈카피라의 작은 기차〉에서는 '음악을 들으며 장면 떠올리기' '음악을 들으며 주요 악기 알아보기' '음악적 특징 살펴보기' '음악을 들으며 기차가 달리는 장면 떠올리기' '빠르기와 셈여림의 변화 살펴보기' '셈여림과 빠르기 변화에 어울리는 신체 표현하기' '셈여림과 빠르기 변화를 생각하며 음악 듣기'의 일곱 가지 학습 활동을 제시하고 있다. 이를 지도 방법의 관점 중 학습 활동의 분석 범주로 각각 분류하면 '음악의 수용' '음악의 수용, 음악에 대한 성찰' '음악의 수용' '음악에 대한 성찰' '음악의 전이' '음악의 수용'으로 학습 활동 형태를 정리할 수 있다.

| 분석 범주 | 악곡 〈빌헬름 텔 서곡〉 〈카피라의 작은 기차〉의 학습 활동의 형태 |
|---|---|
| 음악의 수용 | **1** 음악을 들으며 '빌헬름 텔' 이야기의 각 장면을 떠올려 봅시다. |
| 음악의 수용,<br>음악에 대한<br>성찰 | **2** 음악을 들으며 다양한 악기 소리의 어울림을 느끼고, 각 주제를 묘사한<br>음악에서 연주되는 주요 악기를 알아봅시다.<br><br>**3** 가락, 빠르기, 셈여림, 악기의 음색 등 음악적 특징을 살펴봅시다. |
| 음악의 수용 | **4** 음악을 들으며 기차가 달리는 모습을 떠올려 봅시다. |
| 음악에 대한<br>성찰 | **5** 장면의 변화에 따른 빠르기와 셈여림의 변화를 살펴봅시다. |
| 음악의 전이 | **6** 셈여림과 빠르기의 변화에 어울리는 신체 표현을 해 봅시다. |

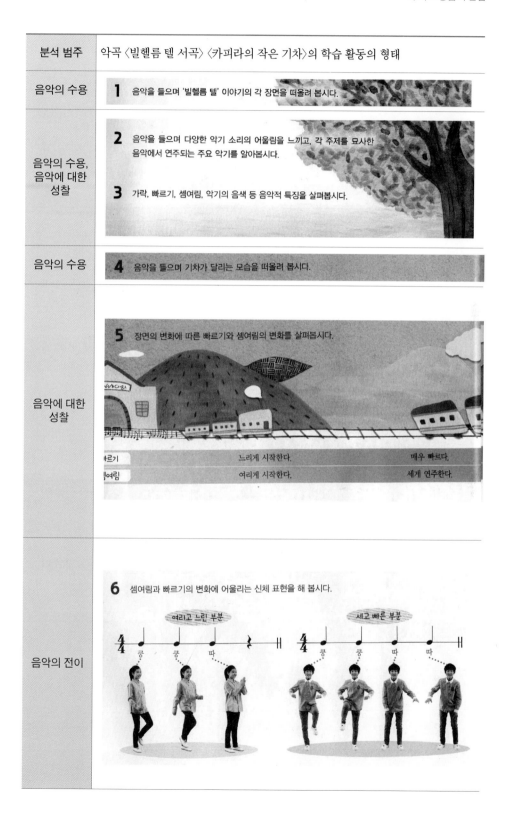

음악의 수용

---

토의 주제

1. 가창곡을 선정하여 지도 방법의 관점 중 학습 활동의 분석 범주인 '음악의 재생산'에 해당하는 학습 활동 형태를 만들어 보자.

2. 국악 가창곡을 선정하여 지도 방법의 관점 중 학습 활동의 분석 범주인 '음악의 생산'에 해당하는 학습 활동 형태를 만들어 보자.

3. 기악곡을 선정하여 지도 방법의 관점 중 학습 활동의 분석 범주인 '음악에 대한 정리 및 음악의 전이'에 해당하는 통합적인 학습 활동 형태를 만들어 보자.

4. 감상곡을 선정하여 지도 방법의 관점 중 학습 활동의 분석 범주인 '음악의 수용 및 음악에 대한 성찰'에 해당하는 통합적인 학습 활동 형태를 만들어 보자.

## 〈부록 4〉 초등학교 음악 교과서 도서 목록

| 학년 | 사용 연도 | 적용 교육과정 | 차례 | 출판사 | 저자 |
|---|---|---|---|---|---|
| 초등<br>5학년 | 2012~<br>2014 | 2007 개정 음악<br>과 교육과정 | 1 | ㈜금성출판사 | 양종모, 이상규, 우광혁, 허정미,<br>김은영, 천은영, 박진홍, 최춘지 |
| | | | 2 | 태성출판사 | 주대창, 정은경, 김현정, 민미식,<br>이회영, 염현진 |
| | | | 3 | ㈜천재교육 | 신계휴, 오세균, 송석만, 김종명,<br>이진원, 홍승연, 조윤경, 천윤영 |
| 초등 6학년 | 2012~<br>2014 | 2007 개정 음악<br>과 교육과정 | 1 | ㈜금성출판사 | 양종모, 이상규, 우광혁, 허정미,<br>김은영, 천은영, 박진홍, 최춘지 |
| | | | 2 | 태성출판사 | 주대창, 정은경, 김현정, 민미식,<br>이회영, 염현진 |
| | | | 3 | ㈜천재교육 | 신계휴, 오세균, 송석만, 김종명,<br>이진원, 홍승연, 유상일 |
| 초등 6학년 | 2013~<br>2014 | 2007 개정 음악<br>과 교육과정 | 1 | ㈜금성출판사 | 양종모, 이상규, 우광혁, 허정미,<br>김은영, 천은영, 박진홍, 최춘지 |
| | | | 2 | ㈜미래엔 | 장기범, 강연심, 임재섭, 신은경,<br>김경민 |
| | | | 3 | 태성출판사 | 주대창, 정은경, 김현정, 민미식,<br>이회영, 염현진 |
| | | | 4 | ㈜천재교육 | 신계휴, 오세균, 송석만, 김종명,<br>이진원, 홍승연, 유상일 |
| | | | 5 | ㈜태림 | 조효임, 진동주, 김남삼, 우덕상,<br>김애경, 허 민, 최은아, 정일영 |
| 초등<br>3 · 4학년 | 2014년<br>부터 | 2009 개정 음악<br>과 교육과정 | 1 | 두산동아㈜ | 석문주, 권덕원, 최미영, 김대원,<br>최유리, 박주만, 김은영 |
| | | | 2 | ㈜미래엔 | 장기범, 강연심, 김경자, 김경화,<br>김희숙, 윤성원, 임원수, 조성기,<br>표태호, 홍종건 |
| | | | 3 | ㈜비상교육 | 주대창, 강주원, 양재욱, 김현정,<br>민미식, 최윤경, 한승모, 이지향 |

| | | | 4 | 음악과 생활 | 양종모, 신현남, 김은영, 박진홍 |
| 초등 3·4학년 | 2014년 부터 | 2009 개정 음악과 교육과정 | 5 | ㈜지학사 | 정길선, 허정미, 천은영, 최춘지, 김민하, 강은하, 강세연 |
| | | | 6 | ㈜천재문화 | 오세균, 권경순, 김정인, 류삼일, 오남후, 우덕상, 이진원, 함명희, 홍주현 |
| 초등 3·4학년 | 2015년 부터 | 2009 개정 음악과 교육과정 | 1 | 교학사 | 황병훈, 박학범, 송택동, 홍성민, 김희중, 허지영, 이정민, 김은애, 이효경, 이재성 |
| | | | 2 | 두산동아(주) | 석문주, 권덕원, 최미영, 김대원, 최유리, 박주만, 김은영 |
| | | | 3 | ㈜미래엔 | 장기범, 강연심, 김경자, 김경화, 김희숙, 윤성원, 임원수, 조성기, 표태호, 홍종건 |
| | | | 4 | ㈜비상교육 | 주대창, 강주원, 양재욱, 김현정, 민미식, 최윤경, 한승모, 이지향 |
| | | | 5 | 세광음악출판사 | 주천봉, 임태홍, 김은희, 이태동 |
| | | | 6 | 음악과 생활 | 양종모, 신현남, 김은영, 박진홍 |
| | | | 7 | ㈜지학사 | 정길선, 허정미, 천은영, 최춘지, 김민하, 강은하, 강세연 |
| | | | 8 | ㈜천재문화 | 오세균, 권경순, 김정인, 류삼일, 오남훈, 우덕상, 이진원, 함명희, 홍주현 |
| 초등 5·6학년 | 2015년 이후 | 2009 개정 음악과 교육과정 | 1 | 교학사 | 노승종, 류미옥, 한승환, 이재성, 김동희, 김연진, 주태원, 허지영, 최현주, 박지영 |
| | | | 2 | 두산동아(주) | 석문주, 권덕연, 최미영, 김대원, 최유리, 박주만, 장은석, 정지혜 |
| | | | 3 | ㈜미래엔 | 장기범, 강연심, 김경자, 김경화, 김희숙, 윤성원, 임원수, 조성기, 표태호, 홍종건 |
| | | | 4 | ㈜비상교육 | 주대창, 강주원, 양재욱, 김현정, 민미식, 최윤경, 한승모, 이지향 |

| 초등<br>5 · 6학년 | 2015년<br>이후 | 2009 개정 음악과<br>교육과정 | 5 | ㈜지학사 | 정길선, 허정미, 천은영, 최춘지, 김민하, 강은하, 강세연 |
|---|---|---|---|---|---|
| | | | 6 | ㈜천재교육 | 윤명원, 정은경, 이동재, 김애경, 최은아, 이진배, 정일영, 허선영, 이지연 |

제 **10** 장

# 중학교 교과서 분석

현경실

이 장의 목적은 두 가지이다. 첫째, 예비교사들에게 우리나라 중학교 음악 교과서를 소개하고, 둘째, 교과서를 분석하는 방법과 그 구체적인 예를 제시하는 것이다. 앞서 제8장에서 제시한 음악 교과서 분석을 위한 분석 범주화에 따라 '외형의 관점' '음악의 관점' '지도 방법의 관점' 으로 분석하였다.

## 1. 외형의 관점

2014년 중학교 음악 교과서는 교육과학기술부에서 인정한 17종이 사용되고 있다. 중학교 교과서 17종은 모두 2009 개정 교육과정에 의거해서 만들어진 교과서로, 1, 2, 3학년이 함께 사용하게 되어 있는 통합본이다. 자세한 중학교 교과서 목록은 〈부록 5〉를 참조하기 바란다.

2012년에 처음 출판된 17종의 중학교 통합 음악 교과서는 모두 천연색으로 출판되었고, 교과서의 크기는 전체적으로 커졌으며, 교과서가 커짐에 따라 전체적으로 악보나 사진 등이 크게 제시되어 보기가 편리해졌다. 조판이나 활자 등도 다양해져서 전반적으로 교과서가 세련되게 바뀌었다.

　　17종 교과서 중 ㈜금성출판사『중학교 음악』(김용희, 김신영, 현경실, 현경채, 임인경외, 2012) 교과서를 예로 들어 살펴보고자 한다. 이 교과서는 총 5개의 단원으로 구성되었고, 각 단원은 step 1, 2, 3으로 나누어 레벨별로 학습할 수 있도록 디자인되어 있다. 각 제재곡은 '함께하는 음악실'이라는 제목 아래 표현(가창, 기악, 창작), 감상, 생활화로 나누어 학습 활동을 제시하고 있다. 각 단원의 마지막에는 '정리하는 음악실'을 두어 배운 것을 정리할 수 있도록 배려하고 있으며, 부록으로 '음악 이론 정리(국악, 서양음악)'를 두어 학습에 참고할 수 있도록 하고 있다. 그리고 마지막에는 음표 카드와 스티커를 실어 학생들이 흥미를 가지고 학습을 할 수 있도록 돕고 있다. 이 교과서의 외형적 부분에 대해 살펴보면 〈표 10-1〉과 같다.

표 10-1 | 『중학교 음악』 교과서의 외형적 구조

| 교과서명 | 『중학교 음악』 |
|---|---|
| 교과서 크기 | 190mm × 260mm |
| 교과서 쪽수 | 총 272쪽 |
| 교과서 색도 | 천연색 |

교과서 활자의 형태

| 교과서명 | 단원명 | 소단원명 | 제재곡명 |
|---|---|---|---|
| 중학교 **음악** | Ⅰ 우리가 부르는 노래 | 1. 시와 노래 | 음악은 영원히(돌림 노래) |

| 학습 활동 | 노래 가사 |
|---|---|
| 함께하는 음악실 | 영 광을주께 돌 리자 Gloria all' E-git-to ad I - si - re |

| 제시문 | 기타 |
|---|---|
| **음악이여, 영원하라!**　음악은 오랜 역사에 걸쳐 언제나 사람들의 곁에 있었다. 사람들은 언어로 표현할 수 없는 감정이나 대상을 음악으로 표현한다. 음악은 사람의 감정을 풍요롭게 하며, 지적인 발달을 돕기도 한다. 음악은 지금 이 순간에도 전 세계 곳곳에서 다양한 모습으로 존재하고 있고, 앞으로도 인간이 있는 한 영원히 우리와 함께 있을 것이다. | 악곡 해설　학습 포인트　표현 1 |

단원의 형태

| 우리가 부르는 노래 | 마음으로 느끼는 음악 | 악기로 연주 하는 음악 | 다함께 즐기는 음악 | 생활 속 음악 |
|---|---|---|---|---|
| 1. 시와 노래 | 1. 서양 음악사 연표 | 1. 리코더 | 1. 합창 | 1. 음악의 쓰임과 작업 |
| 2. 생활과 노래 | 2. 시대별 감상 | 2. 피아노 | 2. 합주 | 2. 응원가 만들기 |
| 3. 대중과 노래 | 3. 전통 음악사 연표 | 3. 세트 드럼 | | 3. 영화 속 음악 |
| 4. 극과 노래 | 4. 악곡별 감상 | 4. 기타 | | 4. 배경 음악 만들기 |
| | | 5. 단소 | | 5. 음악극 만들기 |
| | | 6. 소금 | | 6. 유네스코 문화유산 |
| | | 7. 사물놀이 | | 7. 우리들의 음악회 |
| | | | | 8. 축제 속으로 |

단원과 부록의 예

| | |
|---|---|
| 함께하는 음악실[1] | 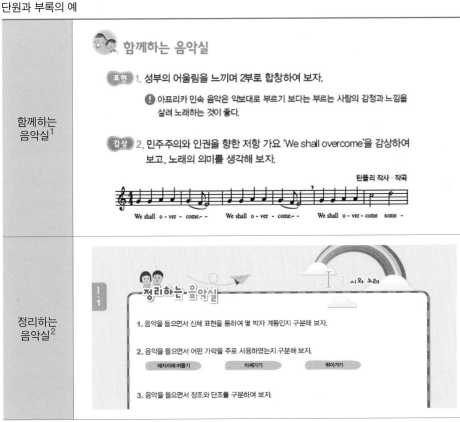 |
| 정리하는 음악실[2] | |

1. 남아프리카 공화국의 민요인 〈우리는 행진하네〉의 학습 활동이다(74-75쪽).

2. 'I. 시와 노래'의 정리하는 음악실 부분이다(46쪽).

| 부록<br>(음악 이론<br>정리) | 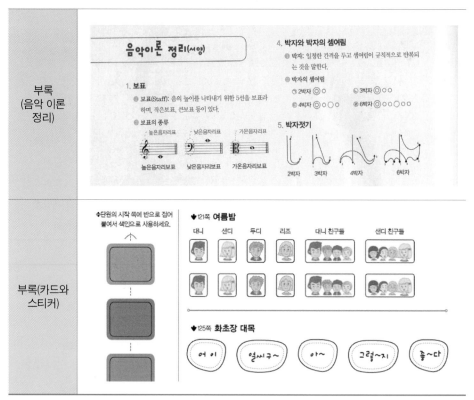 |
|---|---|
| 부록(카드와<br>스티커) | |

출처: 김용희 외 (2012). 중학교 음악.

## 2. 음악의 관점

'음악의 관점'에서는 중학교 음악 교과서를 활동 영역 및 장르별로 그 비중을 분석하고, 교과서에 다수 수록된 곡을 소개하고자 한다.

### 1) 활동 영역 및 장르별 비중 분석

우리나라 『중학교 음악』 교과서의 내용은 어떻게 이루어져 있을까? 2009 개정 교육과정에 의해 편찬된 17종의 교과서 중 4개의 교과서를 임의로 골라 분석하였다. 우리나라 중학교 음악 교과서를 '가창' '감상' '기악' '창작' '이해' 등 영역별로 분석해 본 결과 가장 많은 영역은 '가창'으로 34.0%였다. 그다음은 '기악' '이해'

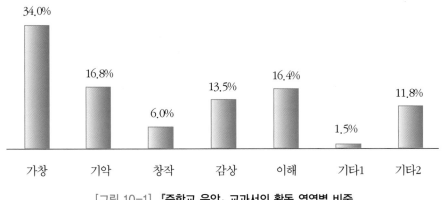

[그림 10-1] 『중학교 음악』 교과서의 활동 영역별 비중

'감상' 순이었고, '창작' 이 6.0%로 가장 낮은 비중을 차지하고 있었다. '기타1' 에는 '가창 · 기악 · 창작 · 감상 · 이해' 로 분류하기에는 애매한 생활화, 조사 보고서, 음악 이론 정리 등을, '기타2' 에는 표지, 차례, 제목 페이지, 자료 출처, 참고문헌, 부록 등을 포함하였다.

한편, 교과서를 '국악' '서양음악' '다문화음악' '대중음악' 등 장르별로 분류하여 분석한 결과 '서양음악' 이 40.4%로 가장 많았으며, 그다음으로 '국악' 이 30.1%였다. '기타1' 에는 '국악 · 서양음악 · 다문화음악 · 대중음악' 으로 분류하기에는 애매한 창작 국악, 퓨전 음악 등을, '기타2' 에는 표지, 차례, 제목 페이지, 자료 출처, 참고문헌, 부록 등을 포함하였다.

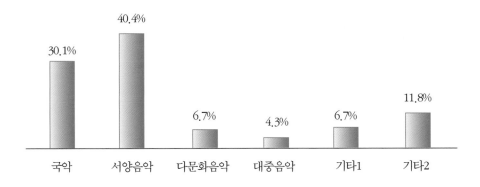

[그림 10-2] 『중학교 음악』 교과서의 장르별 비중

## 2) 다수 수록곡 및 순위

### (1) 가창 수록곡

중학교 교과서에 가장 많이 실린 서양 가창곡은 총 17권 중 12권의 교과서에 실려 있는 박태준의 〈동무생각〉이었다. 교과서에 7회 이상 실려 있는 서양 가창곡의 목록은 〈표 10-2〉를 참고하기 바란다. 교과서에 가장 많이 실려 있는 전통 가창곡은 우리나라 남도민요 〈진도아리랑〉으로 16권에 수록되어 있었다. 이는 1권을 빼고는 모든 교과서에 실려 있는 것이다. 그 외 다른 종류의 가창곡 중 가장 많이 실려 있는 곡은 시조 〈동창이 밝았느냐〉(13회), 창작 국악곡 〈산도깨비〉(10회), 판소리 〈사랑가〉(13회) 등이었다(〈표 10-3〉 참고). 그리고 가장 많이 수록된 다문화 가창곡은 중국 민요 〈모리화〉(13회)이었다(〈표 10-4〉 참고).

표 10-2  『중학교 음악』 교과서에 7회 이상 수록된 서양 가창곡

| 순위 | 곡명 | 수록 권수 | 순위 | 곡명 | 수록 권수 |
|---|---|---|---|---|---|
| 1 | 〈동무생각〉(박태준) | 12 | 3 | 〈여자의 마음〉(베르디) | 9 |
| 2 | 〈어머니 마음〉(이흥렬) | 10 | 4 | 〈얼굴〉(신귀복) | 8 |
| | 〈환희의 송가〉(베토벤) | 10 | 5 | 〈즐거운 봄〉(김성태) | 7 |
| 3 | 〈별〉(이수인) | 9 | | 〈보리수〉(슈베르트) | 7 |

표 10-3  『중학교 음악』 교과서에 7회 이상 수록된 전통 가창곡

| 순위 | 곡명(장르) | 수록 권수 | 순위 | 곡명(장르) | 수록 권수 |
|---|---|---|---|---|---|
| 1 | 〈진도아리랑〉(남도 민요) | 16 | 5 | 〈사랑가〉(판소리) | 8 |
| 2 | 〈동창이 밝았느냐〉(시조) | 13 | | 〈한강수타령〉(경기 민요) | 8 |
| | 〈몽금포타령〉(서부 민요) | 13 | | 〈군밤타령〉(경기 민요) | 7 |
| 3 | 〈강원도 아리랑〉(동부 민요) | 12 | 6 | 〈늴리리야〉(경기 민요) | 7 |
| | 〈너영 나영〉(제주 민요) | 12 | | 〈밀양아리랑〉(동부 민요) | 7 |
| 4 | 〈옹헤야〉(동부 민요) | 11 | | 〈자진강강술래〉(남도 민요) | 7 |
| 5 | 〈산도깨비〉(창작 국악) | 10 | | 〈통영개타령〉(동부 민요) | 7 |

표 10-4 『중학교 음악』 교과서에 7회 이상 수록된 다문화 가창곡

| 순위 | 곡명 | 나라명 | 수록 권수 | 순위 | 곡명 | 나라명 | 수록 권수 |
|---|---|---|---|---|---|---|---|
| 1 | 〈모리화〉 | 중국 | 13 | 4 | 〈벚꽃〉 | 일본 | 8 |
| 2 | 〈산타 루치아〉 | 이탈리아 | 11 | 5 | 〈잠보〉 | 케냐 | 7 |
| 3 | 〈연가〉 | 뉴질랜드 | 10 | | 〈라쿠카라차〉 | 멕시코 | 7 |

## (2) 감상 수록곡

중학교 교과서에 가장 많이 나오는 서양 감상곡은 브리튼의 〈청소년을 위한 관현악 입문〉으로 14권에 수록되어 있었다. 그다음은 〈운명교향곡〉 〈마왕〉 〈목신의 오후에의 전주곡〉 순이었다(〈표 10-5〉 참고). 전통 감상곡 중 가장 많이 나오는 감상곡은 〈수제천〉으로 17권에 모두 실려 있었으며, 〈종묘제례악〉 〈사물놀이〉 〈산조〉 등이 각각 16회 실려 있었다. 창작 국악곡 중에는 이성천의 〈청소년을 위한 국악 관현악 입문〉이 가장 많이 실려 있었다(〈표 10-6〉 참고).

표 10-5 『중학교 음악』 교과서에 7회 이상 수록된 서양 감상곡

| 순위 | 곡명 | 수록 권수 |
|---|---|---|
| 1 | 〈청소년을 위한 관현악 입문〉(브리튼) | 14 |
| 2 | 〈운명교향곡〉(베토벤) | 11 |
| 3 | 〈마왕〉(슈베르트) | 10 |
| | 〈목신의 오후에의 전주곡〉(드뷔시) | 10 |
| 4 | 〈할렐루야〉(헨델) | 9 |
| 5 | 〈몰다우〉(스메타나) | 8 |

표 10-6 『중학교 음악』 교과서에 7회 이상 수록된 전통 감상곡

| 순위 | 곡명 | 영역 | 수록 권수 | 순위 | 곡명 | 영역 | 수록 권수 |
|---|---|---|---|---|---|---|---|
| 1 | 〈수제천〉 | 정악 | 17 | 5 | 〈타령〉 | 정악 | 11 |
| 2 | 〈종묘제례악〉 | 제례악 | 16 | 6 | 〈취타〉 | 정악 | 9 |
| | 〈사물놀이〉 | 민속 음악 | 16 | | 〈여민락〉 | 정악 | 9 |
| | 〈산조〉 | 민속 음악 | 16 | | | | |
| 3 | 〈대취타〉 | 정악 | 14 | 7 | 〈신모듬〉 | 창작 국악 | 8 |

| 4 | 〈시나위〉 | 민속 음악 | 12 | 8 | 〈침향무〉 | 창작 국악 | 7 |
|---|---|---|---|---|---|---|---|
| | 〈청소년을 위한 국악 관현악 입문〉 | 창작 국악 | 12 | | 〈프론티어〉 | 창작 국악 | 7 |

### (3) 악기 종류

중학교 교과서에 합주 외에 소개된 악기별 종류는 서양 악기가 11종, 국악기가 7종이었다. 서양 악기 중 가장 많이 소개되어 있는 악기는 리코더로, 15종의 교과서에서 제시되고 있다. 그다음 기타, 오카리나, 드럼 순으로 많이 소개되고 있었다(〈표 10-7〉 참고). 국악기는 단소, 소금, 사물놀이[3]가 16종의 교과서에 실려 있었으며, 그다음으로는 장구, 가야금 순이었다(〈표 10-8〉 참고).

표 10-7 │ 『중학교 음악』 교과서에 수록된 서양 악기별 종류

| 순위 | 기악 활동 악기 | 수록 권수 | 순위 | 기악 활동 악기 | 수록 권수 |
|---|---|---|---|---|---|
| 1 | 리코더(알토 리코더) | 15(4) | 6 | 핸드벨 | 5 |
| 2 | 기타(전자 기타) | 14(2) | | 피페 | 5 |
| 3 | 오카리나 | 13 | 7 | 우쿨렐레 | 3 |
| 4 | 드럼 | 12 | 8 | 하모니카 | 2 |
| 5 | 피아노(건반) | 6 | 9 | 톤차임 | 1 |

표 10-8 │ 『중학교 음악』 교과서에 수록된 국악기별 종류

| 순위 | 기악 활동 악기 | 수록 권수 | 순위 | 기악 활동 악기 | 수록 권수 |
|---|---|---|---|---|---|
| 1 | 단소 | 16 | 3 | 가야금 | 11 |
| | 소금 | 16 | 4 | 소리북 | 2 |
| | 사물놀이 | 16 | 5 | 해금 | 1 |
| 2 | 장구 | 13 | | | |

---

3. 사물놀이에 쓰이는 4개의 악기가 동시에 소개되어 있다.

# 3. 지도 방법의 관점

지도 방법의 관점에서는 교과서에 나타난 학습 활동의 형태를 중심으로 분석하였다. 학습 활동의 형태를 여섯 가지로 분류한 민경훈의 분석 방법을 사용하여(우리 책 제8장 129쪽) 가창, 감상, 기악, 창작 영역별로 학습 활동의 형태 분석을 시행하였다.

표 10-9  학습 활동의 분석 범주에 따른 학습 활동의 형태 예시

| 학습 활동의 분석 범주 | 학습 활동의 형태 예시 | 분류 방법에 대한 설명 |
|---|---|---|
| 음악의 생산 | • 〈강강술래〉를 다양한 시김새를 넣어 노래 불러 보자. | '다양한 시김새를 넣는 것'은 여러 가지 시김새가 즉흥으로 들어갈 수 있으므로 '음악의 생산'으로 분류한다. |
| 음악의 재생산 | • 제재곡을 자진모리장단에 맞추어 노래 불러 보자. | '장단에 맞추어 노래 불러 보자'는 악보에 의한 노래 부르기와 연주하기 등의 2차적 표현 활동이므로 '음악의 재생산'으로 분류한다. |
| 음악의 수용 | • 그림악보를 보고, 각 성부의 흐름을 살피며 감상하여 보자. | '감상하여 보자'는 음악 청취 활동이므로 '음악의 수용'으로 분류한다. |
| 음악에 대한 성찰 | • 영상과 음악이 조화를 이루는지에 대하여 발표해 보기 | '조화를 이루는지에 대하여 발표해 보기'는 지식의 함축을 위한 사고 활동이므로 '음악에 대한 성찰'로 분류한다. |
| 음악의 전이 | • 〈강강술래〉의 여러 놀이를 노래와 함께 즐겨 보자. | '놀이를 노래와 함께 즐겨 보자'는 노래로 배운 것을 신체 활동으로 바꾸어 표현하는 것이므로 '음악의 전이'로 분류한다. |
| 음악에 대한 정리 | • 〈강강술래〉의 유래에 대하여 알아보자. | '알아보자'는 문제 해결의 답을 요구하는 성격의 학습 활동이므로 '음악에 대한 정리'로 분류한다. |

## 1) 가창 영역

가창곡이라 가창 영역에 분류된 제재라 하더라도 학습 활동의 형태를 분석해 보면 노래를 부르는 재생산적 활동뿐만 아니라 감상(수용적 활동), 창작(생산적 활동), 신체표현(전이적 활동) 등 다른 영역의 활동과 함께 있는 경우도 많다. 이런 경우에는 활동의 형태를 따로 분류해야 한다. 다음 가창곡 〈자진강강술래〉에는 5개의 학습 활동이 제시되어 있다. 이 활동들을 자세히 분석해 보면 음악의 생산, 재생산, 수용, 성찰, 전이, 정리의 여섯 가지 활동이 모두 나타나 있다. 다음은 가창곡 〈자진강강술래〉의 학습 활동 형태를 분석한 구체적인 예이다.

| 출판사 | 쪽수 | 단원명 | 제재곡 | 학습 목표 |
|---|---|---|---|---|
| ㈜와이<br>비엠 | 136-137 | 빠르기 | 〈자진강강술래〉 | • 강강술래의 유래를 이해하고 노래 부른다.<br>• 긴 · 자진 형식을 이해하고 빠르기의 변화를 신체로 표현한다. |

| 분석 범주 | 악곡 〈자진강강술래〉 학습 활동의 형태 |
|---|---|
| 음악에 대한 정리 | • 〈강강술래〉의 유래에 대해 알아보자.<br> – 임진왜란 당시에 왜적이 침입해 오자, 우리 쪽 인원이 많이 보이도록 하기 위해 원을 그리며 돌았다고 한다.<br> – 원시 공동체 사회에서 달밤에 축제를 벌여 노래하고 춤추던 민속놀이에서 유래하였다고 한다. |
| 음악의 재생산 | • 제재곡을 자진모리장단에 맞추어 노래 불러 보자.<br> |
| 음악의 생산, 음악의 재생산 | • 〈강강술래〉 가락의 형태를 단계적으로 익히고, 다양한 시김새를 넣어 노래 불러 보자.<br> |
| 음악의 수용, 음악의 전이 | • 〈강강술래–자진강강술래〉를 감상하며, 변화하는 빠르기에 맞추어 걷거나 뛰어 보자.<br>• 강강술래는 처음에는 중모리장단의 느린 가락으로 천천히 부르다가 차츰 빨라지면서 자진모리장단으로 매우 빠르게 부른다.<br> – 긴·자진 형식: 처음에는 느린 곡으로 시작해서, 점차 빠른 곡으로 이어 나가는 형식<br> – 긴·자진 형식의 민요: 〈농부가–자진농부가〉〈육자배기–자진육자배기〉 등 |
| 음악에 대한 정리, 음악의 전이 | |

## 2) 감상 영역

감상곡 〈할렐루야〉를 예로 감상의 학습 활동을 분석해 보면 다음과 같다.

| 출판사 | 쪽수 | 단원명 | 제재곡 | 학습 목표 |
|---|---|---|---|---|
| ㈜금성출판사 | 141 | 마음으로 느끼는 음악 | 〈할렐루야〉 | • 바로크 시대의 음악 감상하기<br>• 음악적 특징과 푸가 형식 이해하기 |

| | |
|---|---|
| 분석 범주 | 악곡 〈할렐루야〉 학습 활동의 형태 |
| 음악에 대한 정리 | • 헨델 오라토리오 〈메시아〉 중 〈할렐루야〉<br>– 〈할렐루야〉는 헨델의 합창곡 중에서 가장 유명한 곡으로, 오라토리오 〈메시아〉 2부의 마지막에 연주된다. 메시아는 예수의 생애를 다룬 종교적인 극음악 오라토리오로, 1741년에 24일이라는 짧은 기간 동안에 작곡되었다. 1부는 예수의 탄생, 2부는 죽음과 부활, 3부는 인류의 근원을 주제로 한다. |
| 음악의 수용 | |
| 음악에 대한 정리 | **활동 더하기**<br>➕ 합창의 연주 형태에 대하여 조사해 보자. |

## 3) 기악 영역

기악곡 〈타령〉은 정간보로 제시되어, 정간보를 보고 연주하게 되어 있다. 〈타령〉을 예로 기악의 학습 활동을 분석해 보면 다음과 같다.

| 출판사 | 쪽수 | 단원명 | 제재곡 | 학습 목표 |
|---|---|---|---|---|
| ㈜교학사 | 132-133 | 악기로 표현하기 | 〈타령〉 | 특징 살려 연주하기 |

| 분석 범주 | 악곡 〈타령〉 학습 활동의 형태 |
|---|---|
| 음악의 수용,<br>음악에 대한<br>정리 | **1** 현악 영산회상 중에서 '타령'을 감상하면서 줄풍류 음악의 특징을 살펴보자.<br><br> |
| 음악의<br>재생산 | **2** 타령 장단에 맞추어 율명으로 노래 부르면서 가락을 익혀 보자.<br><br> |

| 음악의 생산 | **3** 시김새 없이 중심 가락을 충분히 익힌 후, 시김새를 넣어 가락을 더욱 풍성하게 연주해 보자. |
|---|---|

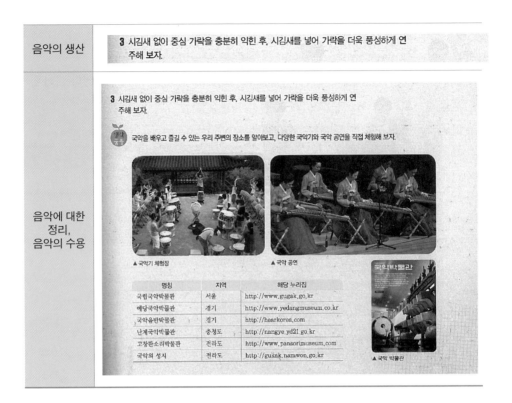

| 음악에 대한 정리, 음악의 수용 | |
|---|---|

**3** 시김새 없이 중심 가락을 충분히 익힌 후, 시김새를 넣어 가락을 더욱 풍성하게 연주해 보자.

국악을 배우고 즐길 수 있는 우리 주변의 장소를 알아보고, 다양한 국악기와 국악 공연을 직접 체험해 보자.

▲ 국악기 체험장　　▲ 국악 공연

| 명칭 | 지역 | 해당 누리집 |
|---|---|---|
| 국립국악박물관 | 서울 | http://www.gugak.go.kr |
| 예당국악박물관 | 경기 | http://www.yedangmuseum.co.kr |
| 국악유반박물관 | 경기 | http://hearkorea.com |
| 난계국악박물관 | 충청도 | http://nangye.yd21.go.kr |
| 고창판소리박물관 | 전라도 | http://www.pansorimuseum.com |
| 국악의 성지 | 전라도 | http://gukak.namwon.go.kr |

▲ 국악 박물관

## 4) 창작 영역

'공익 광고 UCC 만들기'를 예로 창작의 학습 활동을 분석해 보면 다음과 같다.

| 출판사 | 쪽수 | 단원명 | 제재 | 학습 목표 |
|---|---|---|---|---|
| ㈜천재교과서 | 94-95 | 음악은 언제나 내 곁에 | 공익 광고 UCC 만들기 | 디지털 매체를 활용하여 음악을 만든다. |

| 분석 범주 | '공익 광고 UCC 만들기' 학습 활동의 형태 |
|---|---|
| 음악에 대한 정리 | **1 UCC 만들기**<br>**1. 주제 정하기** 만들고 싶은 영상 음악의 주제와 장면, 음악 등을 상의한다. → **2. 장면 구성하기** 필요한 사진, 동영상 소재 등의 자료를 수집한다. → **3. 음악 선정하기** 동영상에 어울리는 음악을 선정한다.<br>**6. 평가해 보기** UCC를 감상하며 영상과 음악이 조화를 이루고 있는지 평가한다. ← **5. 파일 공유하기** 각 모둠이 만든 공익 광고 UCC를 학교 홈페이지에 올려 공유한다. ← **4. 편집하기** 무비 메이커를 활용하여 영상과 음악을 합성한다. |

**음악의 생산**

2 공익 광고 UCC 만들기

(1) 주제 정하기

예 '지구를 살리기 위한 우리의 노력'이라는 주제로 모둠별로 한 편의 UCC를 제작한다.

(2) 장면 구성하기

예 지구의 환경 파괴 모습, 맑은 자연의 모습 등을 담은 화면을 수집한다.

➔ 필요한 장면을 정한 뒤, 동영상을 직접 제작하거나 사진을 모아 동영상을 만든다.

○ 훼손된 자연

○ 맑은 자연

(3) 음악 선정하기

➔ 동영상에 어울리는 음악을 선정한다.

| 장면 | 어울리는 음악 | 장면 | 어울리는 음악 |
| --- | --- | --- | --- |
| 훼손된 자연의 모습 ① | | 맑은 자연의 모습 ① | |
| 훼손된 자연의 모습 ② | | 맑은 자연의 모습 ② | |
| 훼손된 자연의 모습 ③ | | 맑은 자연의 모습 ③ | |

➔ MP3나 컴퓨터를 이용해서 직접 녹음한 후, 컴퓨터에 저장하고 편집한다.

➔ 기존의 음악을 활용하여 컴퓨터에 저장하고 편집한다.

**음악에 대한 정리**

(4) 무비 메이커 프로그램을 활용하여 영상과 음악을 합성하기

● '윈도 무비 메이커' 프로그램을 실행한다.

[시작→모든 프로그램→Windows Movie Maker]

● 프로그램의 기능을 익히고, 장면 구성에 따라 UCC를 만들어 본다.

① 초기 화면 왼쪽에는 프로그램의 주요 기능이 나와 있다.

② 컴퓨터에 준비해 놓은 동영상 또는 사진을 불러온다.

③ 디지털 매체를 활용해 만든 음악 또는 해설 음원을 넣는다.

④ 동영상을 편집한다.

⑤ 재생 버튼(▶)을 눌러 만든 작품을 확인해 본다.

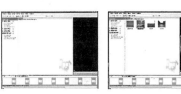

(5) 공익 광고 UCC를 완성하여 개인이나 학교 홈페이지에 올려 보기

| 음악의 수용,<br>음악에 대한<br>성찰 | (6) UCC를 감상하고, 영상과 음악이 조화를 이루는지에 대해 발표해 보기 |
|---|---|

## 토의 주제

1. 가창곡을 선정하여 지도 방법의 관점 중 학습 활동의 분석 범주인 '음악에 대한 성찰'에 해당하는 학습 활동 형태를 만들어 보자.

2. 기악곡을 선정하여 지도 방법의 관점 중 학습 활동의 분석 범주인 '음악의 전이'에 해당하는 학습 활동 형태를 만들어 보자.

3. 창작을 다루는 제재를 선정하여 지도 방법의 관점 중 학습 활동의 분석 범주인 '음악에 대한 정리 및 음악의 수용'에 해당하는 통합적인 학습 활동 형태를 만들어 보자.

4. 감상곡을 선정하여 지도 방법의 관점 중 학습 활동의 분석 범주인 '음악의 생산 및 재생산, 음악에 대한 성찰'에 해당하는 통합적인 학습 활동 형태를 만들어 보자.

## 〈부록 5〉중학교 음악 교과서 도서 목록

| 출판사 | 저자 |
|---|---|
| 경기도교육청 | 윤용재, 손철수, 남기홍, 지종문, 김태은, 이요한, 구정미, 정원경, 이주상, 김백희, 홍미리 |
| 교학사 | 강민선, 양은주, 한태동, 김선희, 류주욱 |
| ㈜교학사 | 이홍수, 민경훈, 고영신, 유명국, 김일영, 윤해린 |
| ㈜금성출판사 | 김용희, 김신영, 현경실, 현경채, 임인경, 최유진, 오누리 |
| 도서출판태성 | 주대창, 홍진표, 노혜정, 김동수 |
| 두산동아㈜ | 최은식, 김대원, 박현숙, 권혜근, 강선영, 김주연, 하명진 |
| ㈜미래엔 | 장기범, 임원수, 홍종건, 윤성원, 김경태 |
| ㈜박영사 | 주광식, 채은영, 김주경, 최은아 |
| ㈜비상교육 | 홍미희, 김종건, 이동희, 이승윤, 정 미, 허유미 |
| 성안당 | 정욱희, 설창환, 이희종, 유대안, 이정원, 최청와 |
| 세광음악출판사 | 허화병, 이희원, 오병태, 장주연 |
| ㈜와이비엠 | 김미숙, 김혜선, 권혜인, 허수연 |
| ㈜음악과생활 | 양종모, 신현남, 김한순, 독고현, 황은주 |
| ㈜지학사 | 정길선, 황병숙, 유건석, 강세연, 박경준, 엄숙용 |
| ㈜천재교과서 | 윤명원, 윤경미, 조성기, 이지혜, 최문희 |
| ㈜천재교육 | 민은기, 이경화, 안인경, 송선형 |
| 현대음악 | 장보윤, 곽은순, 곽성원 |

제11장

# 고등학교 교과서 분석

김지현 2

이 장에서는 고등학교의 음악교과 관련 교과서를 소개하고, 앞서 제8장에서 제시한 음악 교과서 분석을 위한 분석 범주화에 따라 '외형의 관점' '음악의 관점' '지도 방법의 관점'으로 고등학교 『음악과 생활』 교과서를 예로 들어 분석의 실제를 제시하고자 한다.

## 1. 외형의 관점

'2009 개정 교육과정에 따른 음악과 교육과정' 중 선택 교육과정의 고등학교 과목에는 일반 과목인 음악과 생활, 음악과 진로, 심화 과목의 음악 이론, 음악사, 시창·청음, 음악 전공 실기, 합창·합주, 공연 실습, 음악과 매체, 교양 실기가 있다(교육과학기술부, 2012). 이 중에서 고등학교 교과서로 음악과 생활 10종, 음악과 진로 3종, 심화 과목의 음악 이론, 음악사, 시창·청음이 각각 2종, 합창·합주, 음악과 매체가 각각 1종 개발되었다. 자세한 고등학교 교과서 목록은 〈부록 6〉을 참조하기 바란다.

㈜금성출판사 『고등학교 음악과 생활』(김용희, 현경실, 채은영, 김지현, 이세경,

2014)을 예로 들어 교과서명, 저자, 크기, 쪽수, 색도, 활자의 형태, 단원 및 학습 활동의 배열 형태에 대한 외형적 구조를 살펴보면 〈표 11-1〉과 같다.

이 교과서는 '교과서명, 단원명, 소단원명, 제재곡명, 학습 활동명, 노래 가사, 제시문' 등에서 다양한 활자를 사용하여 단조로움을 피하고 가독성을 높여 학생들이 교과서에 집중할 수 있도록 하였다. 그리고 'Ⅰ. 음악의 아름다움, Ⅱ. 음악의 신명, Ⅲ. 음악의 영향력, Ⅳ. 음악의 즐거움, Ⅴ. 음악과 역사, Ⅵ. 음악과 다양성, Ⅶ. 음악과 사회'의 총 7개 단원으로 배열하고, 각각의 단원을 음악과 관련된 명화로 시작하여 다양한 음악 활동과 다채로운 내용으로 구성하였다. 학습 활동은 '함께하는 음악실'이라는 제목으로 제시하였으며, 'Where'이라는 보충 설명과 함께 제재곡을 익힐 수 있도록 하고 있다.

표 11-1 『고등학교 음악과 생활』 교과서의 외형적 구조

| 교과서명 | 『고등학교 음악과 생활』 |
| --- | --- |
| 교과서 크기 | 210mm×297mm (A4 사이즈와 동일) |
| 교과서 쪽수 | 총 280쪽 |
| 교과서 색도 | 천연색 |

교과서 활자의 형태

| 교과서명 | 단원명 | 소단원명 | 제재곡명 |
| --- | --- | --- | --- |
| 고등학교<br>음악과 생활 | Ⅰ. 음악의 아름다움<br>The beauty of music | Singing<br>아름다운 소리 만들기 | 시조<br>태산이 |

| 학습 활동명 | 노래 가사 | 제시문 |
| --- | --- | --- |
| 함께하는 음악실 | 남촌에 — 는<br>남촌에 — 는 | 음악을 연주하거나 듣는 사람들에게 빼놓을 수 없는 즐거래하는 사람에게는 몸이 곧 악기다. 인간의 몸은 예민하고 때 각자가 낼 수 있는 가장 아름다운 소리가 나온다. 그렇다 소리를 낼 수 있을까? |

| 단원의 배열 형태 | 학습 활동의 배열 형태 |
|---|---|
| 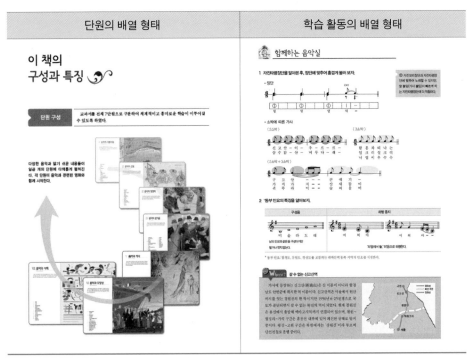 | |

출처: 김용희 외(2014). 고등학교 음악과 생활.

# 2. 음악의 관점

'음악의 관점'에서는 음악과 생활 교과서를 활동 영역 및 장르별로 그 비중을 분석하고, 교과서에 다수 수록된 곡과 순위를 소개하고자 한다.

## 1) 활동 영역 및 장르별 비중 분석

『고등학교 음악과 생활』교과서 4권을 임의로 선정하여 교과서의 내용을 활동 영역 및 장르로 분류하여 분석하였다. 활동 영역은 '가창' '기악' '창작' '감상' '이해' 등으로 분류하여 분석하였으며, 그 결과 [그림 11-1]과 같이 '가창'이 34.5%로 비중이 가장 높았고, '이해' '기악' '감상' 순으로 나타났으며, '창작'이 5.5%로 가장 낮은 비중을 차지하였다. '기타1'에는 '가창 · 기악 · 창작 · 감상 · 이해'로 분류하기에는 애매한 생활화, 조사 보고서, 음악 이론 정리 등을, '기타2'에는 표

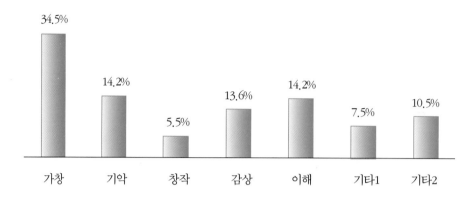

[그림 11-1] 『고등학교 음악과 생활』 교과서의 활동 영역별 비중

지, 차례, 제목 페이지, 자료 출처, 참고문헌, 부록 등을 포함하였다.

　'국악' '서양음악' '다문화음악' '대중음악' 등 장르별로 분류하여 분석한 결과 [그림 11-2]와 같이 '서양음악' 이 31.0%로 비중이 가장 높았고, '국악' '대중음악' 순으로 나타났으며, '다문화음악' 이 5.5%로 가장 낮은 비중을 차지하였다. '기타 1' 에는 '국악·서양음악·다문화음악·대중음악' 으로 분류하기에는 애매한 창작 국악, 퓨전 음악 등을, '기타2' 에는 표지, 차례, 제목 페이지, 자료 출처, 참고문헌, 부록 등을 포함하였다.

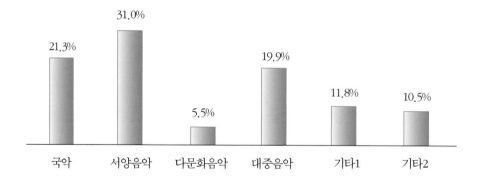

[그림 11-2] 『고등학교 음악과 생활』 교과서의 장르별 비중

## 2) 다수 수록곡 및 순위

10종의 『고등학교 음악과 생활』 교과서에 다수 수록된 가창곡, 감상곡 및 기악 악기 순위를 살펴보면 다음과 같다.

### (1) 가창 수록곡

10종 『고등학교 음악과 생활』 교과서에 가장 많이 수록된 가창곡은 〈그대를 사랑해〉〈눈〉〈오! 내 사랑〉〈울게 하소서〉로 9권에 수록되었고, 국악 가창곡 중에는 〈경복궁 타령〉이 7권에, 〈정선아리랑〉이 6권에 수록되어 있었다. 다문화 음악 가창 곡으로는 〈월칭 마틸다〉가 5권에 수록되어 있었으며, 5회 이상 수록된 가창곡은 〈표 11-2〉와 같다.

표 11-2 『고등학교 음악과 생활』 교과서에 5회 이상 수록된 가창곡

| 순위 | 곡명 | 수록 권수 | 순위 | 곡명 | 수록 권수 |
|---|---|---|---|---|---|
| 1 | 〈그대를 사랑해〉(베토벤) | 9 | 3 | 〈돌아오라 소렌토로〉(쿠르티스) | 6 |
| | 〈눈〉(김효근) | 9 | | 〈정선아리랑〉(강원도 민요) | 6 |
| | 〈오! 내 사랑〉(조르다니) | 9 | 4 | 〈강강술래〉(전라도 민요) | 5 |
| | 〈울게 하소서〉(헨델) | 9 | | 〈강원도 아리랑〉(강원도 민요) | 5 |
| 2 | 〈경복궁 타령〉(경기도 민요) | 7 | | 〈수심가〉(평안도 민요) | 5 |
| | 〈남촌〉(김규환) | 7 | | 〈새타령〉(전라도 민요) | 5 |
| | 〈내 맘의 강물〉(이수인) | 7 | | 〈신고산타령〉(함경도 민요) | 5 |
| | 〈오! 나의 태양〉(카푸아) | 7 | | 〈여자의 마음〉(베르디) | 5 |
| | 〈음악에〉(슈베르트) | 7 | | 〈오! 샹젤리제〉(디건) | 5 |
| 3 | 〈강 건너 봄이 오듯〉(임긍수) | 6 | | 〈월칭 마틸다〉(호주 민요) | 5 |
| | 〈그리운 금강산〉(최영섭) | 6 | | 〈진도아리랑〉(전라도 민요) | 5 |
| | | | | 〈Nella Fantasia〉(모리꼬네) | 5 |

### (2) 감상 수록곡

10종 『고등학교 음악과 생활』 교과서에 가장 많이 수록된 감상곡은 〈마르첼루스 의 미사〉와 〈종묘제례악〉으로 7권에서 그 내용을 다루고 있다. 감상곡의 경우 다양 하고 수많은 악곡이 교과서의 특징에 따라 다채롭게 선곡되어 있어서, 가창곡에 비

해 10종 교과서에서 공통으로 선곡한 곡을 찾아보기 어려웠다. 4회 이상 수록된 감
상곡은 〈표 11-3〉과 같다.

표 11-3  『고등학교 음악과 생활』 교과서에 4회 이상 수록된 감상곡

| 순위 | 곡명 | 수록 권수 | 순위 | 곡명 | 수록 권수 |
|---|---|---|---|---|---|
| 1 | 〈마르첼루스의 미사〉(팔레스트리나) | 7 | 4 | 〈수제천〉 | 4 |
| | 〈종묘제례악〉 | 7 | | 〈여민락〉 | 4 |
| 2 | 〈영산회상〉 | 6 | | 〈영웅교향곡〉(베토벤) | 4 |
| 3 | 〈페르귄트 모음곡〉(그리그) | 5 | | 〈전람회의 그림〉(무소륵스키) | 4 |
| 4 | 〈메시아〉(헨델) | 4 | | 〈청성곡〉 | 4 |
| | 〈볼레로〉(라벨) | 4 | | 〈핀란디아〉(시벨리우스) | 4 |
| | 판소리 〈춘향가〉 중 〈사랑가〉 | 4 | | 〈헌정〉(슈만) | 4 |
| | | | | 〈환상교향곡〉(베를리오즈) | 4 |

### (3) 악기 종류

10종 『고등학교 음악과 생활』 교과서에서는 다양한 기악 활동이 제시되어 있는
데, 그중에 '기타'는 클래식, 포크, 전자 기타 등을 포함하여 모두 9권에 수록되어
있었다. 악기별 종류는 〈표 11-4〉와 같다.

표 11-4  『고등학교 음악과 생활』 교과서에 수록된 악기별 종류

| 순위 | 기악 활동 악기 | 수록 권수 | 순위 | 기악 활동 악기 | 수록 권수 |
|---|---|---|---|---|---|
| 1 | 기타 | 9 | 6 | 단소 | 3 |
| 2 | 가야금 | 7 | | 장구 | 3 |
| 3 | 사물놀이 | 6 | 7 | 소리북 | 2 |
| | 소금 | 6 | | 풍물놀이 | 2 |
| | 오카리나 | 6 | | 플루트 | 2 |
| 4 | 드럼 | 5 | 8 | 태평소 | 1 |
| 5 | 피아노(건반) | 4 | | 피페 | 1 |
| | 우쿨렐레 | 4 | | | |

# 3. 지도 방법의 관점

『고등학교 음악과 생활』교과서의 가창, 기악, 창작, 감상 영역의 학습 활동을 앞서 제8장에서 제시한 지도 방법의 관점 중 '학습 활동의 분석 범주' 여섯 가지에 따라 그 형태를 분류해 보면 다음과 같다. 우선 〈표 11-5〉에서 제시한 '학습 활동의 분석 범주'에 따른 '학습 활동의 형태'를 예로 들어 그 분류 방법을 살펴보자.

표 11-5 학습 활동의 분석 범주에 따른 학습 활동의 형태 예시

| 학습 활동의 분석 범주 | 학습 활동의 형태 예시 | 분류 방법에 대한 설명 |
|---|---|---|
| 음악의 생산 | • 주어진 조건에 맞게 리듬을 완성해 보자. | 리듬을 직접 만들어 보는 것은 1차적 표현 활동이므로 '음악의 생산'으로 분류한다. |
| 음악의 재생산 | • 〈Seasons of love〉를 불러 보자. | '불러 보자'는 2차적 표현 활동이므로 '음악의 재생산'으로 분류한다. |
| 음악의 수용 | • 〈심술타령〉을 감상하자. | '감상'은 음악 청취 활동이므로 '음악의 수용'으로 분류한다. |
| 음악에 대한 성찰 | • 연주법의 사례로 토의해 보자. | '토의'하는 것은 사고 활동이므로 '음악에 대한 성찰'로 분류한다. |
| 음악의 전이 | • 발림을 하면서 불러 보자. | '발림을 하면서'는 신체 활동으로 바꾸어 표현하는 것이므로 '음악의 전이'로 분류한다. |
| 음악에 대한 정리 | • 봄을 기다리는 마음을 표현한 노래를 찾아보자. | '찾아보자'는 문제 해결의 답을 요구하는 성격의 학습 활동이므로 '음악에 대한 정리'로 분류한다. |

## 1) 가창 영역

| 출판사 | 쪽수 | 단원명 | 제재곡 | 학습 목표 |
|---|---|---|---|---|
| 현대음악 | 16-18 | 노래 부르기 | 〈강 건너 봄이 오듯〉 | 조바꿈되는 곡의 구성을 이해하고, 넓게 뛰어가는 가락의 음정을 정확하게 노래할 수 있다. |

악곡 〈강 건너 봄이 오듯〉에서는 '형식을 이해하고, 조바꿈되는 부분의 음색을 살려 노래하기' '가락에 유의하여 정확한 음정으로 노래하기' '셋잇단음표 가락 바르게 부르기' '노래를 찾아 감상하고, 느낌 이야기하기'의 네 가지 활동을 제시하고 있다. 이를 지도 방법의 관점 중 학습 활동의 분석 범주로 각각 분류하면 '음악에 대한 정리, 음악의 재생산' '음악의 재생산' '음악에 대한 정리, 음악의 재생산' '음악에 대한 정리, 음악의 수용, 음악에 대한 성찰'로 학습 활동 형태를 정리할 수 있다.

| 분석 범주 | 악곡 〈강 건너 봄이 오듯〉 학습 활동의 형태 |
|---|---|

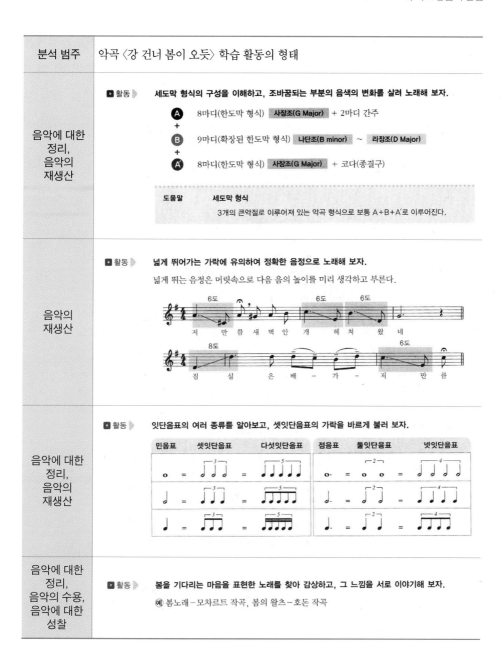

| 음악에 대한 정리, 음악의 재생산 | ▶활동▶ 세도막 형식의 구성을 이해하고, 조바꿈되는 부분의 음색의 변화를 살려 노래해 보자. |

## 2) 가창 영역(국악)

| 출판사 | 쪽수 | 단원명 | 제재곡 | 학습 목표 |
|---|---|---|---|---|
| ㈜금성출판사 | 58-59 | 음악의 신명 | 〈심술타령〉 | 〈심술타령〉을 감상하고, 자진모리장단에 맞추어 부를 수 있다. |

악곡 〈심술타령〉에서는 '심술타령 감상 및 아니리 따라 읽기' '자진모리장단을 소리북으로 연주하기' '자진모리장단에 맞추어 발림을 하여 노래하기'의 세 가지 활동을 제시하고 있다. 이를 지도 방법의 관점 중 학습 활동의 분석 범주로 각각 분류하면 '음악의 수용, 음악의 재생산' '음악의 재생산' '음악의 재생산, 음악의 전이'로 학습 활동 형태를 정리할 수 있다.

| 분석 범주 | 악곡 〈심술타령〉 학습 활동의 형태 |
|---|---|
| 음악의 수용,<br>음악의<br>재생산 |  **함께하는 음악실**<br><br>1 '심술타령'을 감상하고, 아니리를 끊어서 따라 읽어 보자.<br><br>아 동방이 군자지국이요, 예의지방이라 // 십실지 읍에도 충신이 있고 //<br>칠세지 아이도 효도를 일삼으니 // 어찌 불량한 사람이 있으리오마는 //<br>경상 전라 충청 삼도 어름에 // 놀보 형제가 사는디 // (북)<br>놀보는 형이요, 홍보는 아우라 // 놀보란 놈이 본데 심술이 사나운데다가 //<br>그 착한 동생을 쫓아내야 되겠는디 // 어찌해야 쫓아낼꼬 // (북)<br>그 동생을 쫓아낼 생각으로 // 밤낮 집안에 들어 앉아 심술공부를 하는디 //<br>이렇게 하겠다 // (북)  |
| 음악의<br>재생산 | 2 소리북으로 자진모리장단을 연주해 보자.<br><br>| 부호 | 구음 | 연주 방법 |<br>|---|---|---|<br>| ◐ | 덩 | 손으로 뒷궁을, 북채로 채궁의 중앙을 동시에 친다. |<br>| ○ | 궁 | 손으로 뒷궁을 친다. |<br>| ○○ | 구궁 | 손으로 뒷궁을 연달아 두번 감아 친다. |<br>| ⊗ | 딱 | 북채로 대점을 세게 친다. |<br>| ✕ | 따 | 북채로 소점이나 매화점을 친다. | <br><br>• 자진모리장단<br><br>| 박 | 1 | | 2 | | 3 | | 4 | |<br>|---|---|---|---|---|---|---|---|---|<br>| 구음 | 덩 | | 궁 | | 궁 | 딱 | 궁 | |<br>| 부호 | ◐ | | ○ | | ○ | ⊗ | ○ | | |
| 음악의<br>재생산,<br>음악의 전이 | 3 자진모리장단에 맞추어 발림을 하면서 불러 보자.<br><br>　　　<br>↑ 부채를 펴서 부치기　↑ 부채로 박는 흉내 내기　↑ 부채를 옆으로 가리키기　↑ 부채로 물총 흉내 내기 |

## 3) 기악 영역

| 출판사 | 쪽수 | 단원명 | 제재 | 학습 목표 |
|---|---|---|---|---|
| ㈜미래엔 | 134~137 | 음악적 표현과 소통 -악기로 소통하기- | 리듬 악기의 세계 | • 여럿이 함께하는 다양한 음악 활동을 통하여 즐거움과 소통을 경험할 수 있다.<br>• 삶의 환경이 음악 활동에 미치는 영향을 사례를 통해 발표할 수 있다. |

　'리듬 악기의 세계'에서는 '연주법을 알고 창의적으로 연주하기' '악기가 속한 문화권에 대해 알고 발표하기' '삶의 환경과 악기와의 관계 토의하기' '악기의 문화적 배경을 이해하고 연주하기'의 네 가지 활동을 제시하고 있다. 이를 지도 방법의 관점 중 학습 활동의 분석 범주로 각각 분류하면 '음악에 대한 정리, 음악의 생산' '음악에 대한 정리' '음악에 대한 성찰' '음악에 대한 정리, 음악의 재생산'으로 학습 활동 형태를 정리할 수 있다.

| 분석 범주 | '리듬 악기의 세계' 학습 활동의 형태 |
|---|---|
| 음악에 대한 정리, 음악의 생산 | 활동 1ㅣ 주어진 악기의 소리 내는 방법을 알아보고 창의적으로 연주해 보자. |
| 음악에 대한 정리 | 활동 2ㅣ 악기들이 속한 문화권에 대하여 조사해 보고, 문화와 악기의 관계에 대하여 발표해 보자. |
| 음악에 대한 성찰 | 활동 3ㅣ 삶의 환경이 음악 활동에 미치는 영향을 악기의 형태나 연주법의 사례로 토의해 보자. |
| 음악에 대한 정리, 음악의 재생산 | 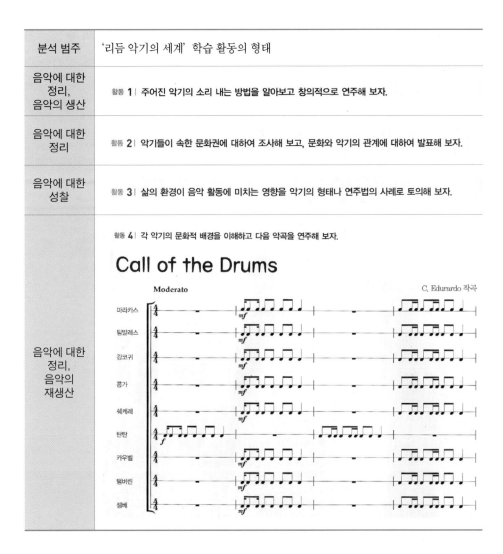 |

4) 창작 영역

| 출판사 | 쪽수 | 단원명 | 제재 | 학습 목표 |
|---|---|---|---|---|
| (주)미래엔 | 159-160 | 음악적 표현과 소통 - 음악 만들기 - | 리듬 창작하기 | • 음악을 구성하는 요소와 원리를 이해할 수 있다.<br>• 셈여림이나 박, 리듬의 구조 등 음악의 요소를 변화시켜 리듬을 창작할 수 있다. |

'리듬 창작하기'에서는 '리듬 연주하기' '리듬 만들어 완성하기' '리듬 연주 발표 및 의도 설명하기' 등의 세 가지 활동을 제시하고 있다. 이를 지도 방법의 관

점 중 학습 활동의 분석 범주로 각각 분류하면 '음악의 재생산' '음악의 생산' '음악에 대한 성찰' '음악의 생산, 음악에 대한 성찰'로 학습 활동 형태를 정리할 수있다.

| 분석 범주 | '리듬 창작하기' 학습 활동의 형태 |
|---|---|
| 음악의<br>재생산 | 활동 1ㅣ 다음 리듬을 익숙해질 때까지 충분히 연주해 보자.<br>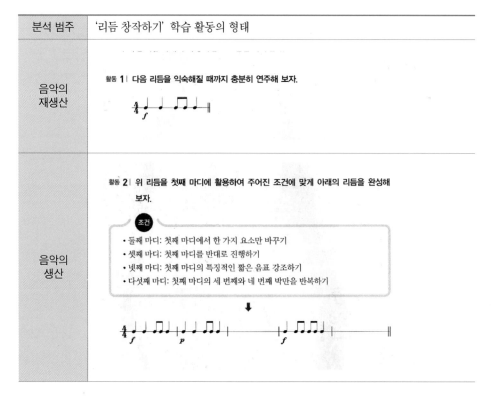 |
| 음악의<br>생산 | 활동 2ㅣ 위 리듬을 첫째 마디에 활용하여 주어진 조건에 맞게 아래의 리듬을 완성해<br>　　　　보자.<br><br>조건<br>• 둘째 마디: 첫째 마디에서 한 가지 요소만 바꾸기<br>• 셋째 마디: 첫째 마디를 반대로 진행하기<br>• 넷째 마디: 첫째 마디의 특징적인 짧은 음표 강조하기<br>• 다섯째 마디: 첫째 마디의 세 번째와 네 번째 박만을 반복하기 |

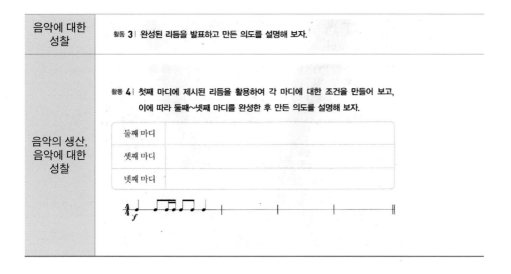

| | |
|---|---|
| 음악에 대한<br>성찰 | 활동 3 │ 완성된 리듬을 발표하고 만든 의도를 설명해 보자. |
| 음악의 생산,<br>음악에 대한<br>성찰 | 활동 4 │ 첫째 마디에 제시된 리듬을 활용하여 각 마디에 대한 조건을 만들어 보고,<br>이에 따라 둘째~넷째 마디를 완성한 후 만든 의도를 설명해 보자. |

## 5) 감상 영역

| 출판사 | 쪽수 | 단원명 | 제재 | 학습 목표 |
|---|---|---|---|---|
| ㈜금성<br>출판사 | 236-239 | 음악과 사회 | 뮤지컬 | 뮤지컬을 시대적 배경과 함께 이해하고, 뮤지컬의 문화적 가치를 생각할 수 있다. |

　'뮤지컬'에서는 '대표적인 뮤지컬 넘버 부르기' '오페라와 뮤지컬 비교하기' 'OSMU(One Source Multi Use)를 적용한 뮤지컬 작품 알아보기' '뮤지컬의 문화 상품과 가치에 생각하기'의 네 가지 활동을 제시하고 있다. 이를 지도 방법의 관점 중 학습 활동의 분석 범주로 각각 분류하면 '음악의 재생산' '음악의 수용, 음악에 대한 정리' '음악에 대한 정리' '음악에 대한 성찰'로 학습 활동 형태를 정리할 수 있다.

뮤지컬

[ 학습 포인트 ]
· 뮤지컬을 시대적 배경과 함께 이해하고, 뮤지컬의 문화적 가치를 생각한다.

뮤지컬은 음악을 중심으로 춤과 드라마, 연기가 결합된 공연 양식이다. 19세기 말 영국에서 발생해 20세기 초 미국에서 발달한 현대 음악극이다. 다양한 소재와 팝, 발라드, 랩 등 여러 음악 양식을 폭넓게 수용하여 대중의 사랑을 받고 있다. 1892년 에드워드가 제작한 "거리에서"가 첫 뮤지컬이며, 그 후 1950년대에는 예술성과 현대적 감각을 갖추고, 60, 70년대에는 대중성보다는 문학성과 예술성이 강조되었다. 1980년대를 맞으면서 공연 예술의 상업화를 주도하는 장르로 발전하였다.

🔊 캐츠

🔊 맘마미아

🔊 시카고

🔊 위키드

| 분석 범주 | '뮤지컬' 학습 활동의 형태 |
|---|---|
| 음악의 재생산 | 활동1 뮤지컬 "렌트" 제2막에 나오는 'Seasons of love'를 불러 보자.<br><br>**Seasons of love**<br>라슨 작사 / 작곡 · 박칼린 역사<br><br>♩=116<br><br>오십이만오천육백분의 귀한 시간 - 들   우리들눈앞에 놓인 수 많은 - 날 -<br><br>오십이만 오천육백분의 귀한 시간 - 들   어 떻게 재요<br><br>일 년의 - 시간 -   날 짜로 계 절로 매 일밤마신 - 커피로<br><br>만 남 과 이 별의 시 간들 - 로 - 그   오십이 만 오천육 백분의 |

**활동2** 오페라 "라 보엠"을 현대화 한 작품 뮤지컬 "렌트"를 서로 비교해 보자.

두 작품은 가난한 젊은 예술가의 이야기라는 동일한 모티브를 가진다. 예술가로 살아가는 자유로운 삶과 삶에서 부딪히는 현실적인 문제(사랑, 이별, 경제력, 질병 등)를 소재로 대본과 음악의 극적 결합을 이루었다. 이 둘 모두 작곡가의 삶을 작품에 투영시켜 시대를 반영하고 있다.

| 렌트 | 제목 | 라 보엠 |
|---|---|---|
| 뮤지컬 | 장르 | 오페라 |
| 작사, 작곡, 극본: 조나단 라슨 | 만든이 | 작곡: 푸치니<br>대본: 자코사와 일리카<br>원작: 앙리 뮈르제 〈보헤미안 삶의 정경〉 |
| 1996년 미국 뉴욕(오프 브로드웨이) | 초연 | 1896년 이탈리아 토리노 |
| 뉴욕의 이스트 빌리지 | 장소 | 파리의 뒷골목 |
| 1990년대 미국, 경제부흥으로 보보스족이 등장했다. 어려운 환경을 탈피하려는 노력을 하는 세속적 야망을 가진 인물을 묘사하고 있다. | 시대적 배경 | 1830년대 유럽, 시민혁명으로 보헤미안이 등장했다. 자신의 환경과 운명에 순응하며 살아가는 자유로운 예술가의 모습을 묘사하고 있다. |
| 로저(음악가), 미미(댄서), 마크(영화제작자), 모린(행위예술가), 콜린스(철학강사), 엔젤(드러머) 등 | 등장 인물 | 로돌포(시인), 미미(의상 디자이너), 마르첼로(화가), 무제타(화가), 콜리네(철학가), 쇼나르(음악가) 등 |
| ⋮<br>〈 로저와 마크가 중심이 된 합창곡 'Rent' 〉<br><br>don't be-lieve those two   af-ter ev-'ry-thing I've done. | 음악적 특징 | ⋮<br>〈 로돌포와 미미의 이중창 '사랑의 테마' 〉<br><br>Ah! tu sol co man-di, a mor!<br>Fre-mon già nel - l'a-ni-ma la dol-cez-ze. |
| * Seasons of Love<br>* La Vie Boheme | 대표곡 | * 그대의 찬 손<br>* 노래에 살고 사랑에 살고 |

**활동3** 기존의 콘텐츠를 변형하여 재창조를 시도하는 영역 중의 하나가 '오페라의 뮤지컬화'이다. 오페라를 각색하여 뮤지컬이 된 대표적인 작품을 알아보자.

**예** 앤드류 로이드 웨버의 "Miss Saigon(미스 사이공)"은 푸치니의 "Madam Butterfly(나비부인)"을 베트남화한 것이며, 브로드웨이 히트작인 "Rent(렌트)"는 푸치니의 "La Boheme(라 보엠)"을 현대 뉴욕 뒷골목으로 재조명하였다. 엘튼 존과 팀 라이스의 "Aida(아이다)"는 베르디의 "Aida(아이다)"를 새롭게 창조한 것이다.

**활동4** 자신이 좋아하는 뮤지컬의 문화 상품과 문화적 가치에 대해 생각해 보자.

**뮤지컬 "렌트"**

렌트는 초연 후 12년 동안 미국에서만 무려 3750억 원이라는 천문학적인 수입을 올렸다. 여러 상을 석권하여 최고의 화제작으로 떠올랐으며, 브로드웨이 역사상 7번째로 롱런한 대중성을 갖춘 작품이다.

- 뮤지컬계의 아카데미상 격인 토니상(Tony Awards)에서 10개 부문 후보에 올라 작품상 · 음악상 · 각본상 · 남우조연상 등 4개 부문을 수상
- 오비상, 드라마 데스크 상, 퓰리처 상 수상

**[왼쪽 세로 구분]**
음악의 수용, 음악에 대한 정리

음악에 대한 정리

음악에 대한 성찰

**뮤지컬 "맘마미아"**

맘마미아는 스웨덴 출신 팝 그룹 아바(ABBA)의 노래로 만들어진 브로드웨이 뮤지컬로 세계에서 1억 명이 넘는 관객을 끌어 모으며 1조 4000억원의 흥행수입을 올린 것으로 기록되고 있다.

● 1999년 영국 런던 웨스트엔드에서 초연
● 2001년 미국 뉴욕 브로드웨이에서 초연
● 로렌스 올리비에상 조연상

**국악뮤지컬 "미소 – 춘향연가"**

외국인에 더 인기 있는 국내 뮤지컬!
외국인 관객이 85%이상을 차지하는 글로벌 한 작품으로 전통을 세계화하는 대표적인 브랜드!
"미소"는 1997년 시작해 15년간 4,200회 공연을 올렸고, 전 세계 72만 명이 관람한 대한민국 대표 국악 뮤지컬이다.

● 국악 공연과 이야기를 한아름 담고 있는 멋진 한국 국악 뮤지컬

## 토의 주제

1. 가창곡을 선정하여 지도 방법의 관점 중 학습 활동의 분석 범주인 '음악에 대한 정리'에 해당하는 학습 활동 형태를 만들어 보자.

2. 기악곡을 선정하여 지도 방법의 관점 중 학습 활동의 분석 범주인 '음악의 수용 및 음악의 전이'에 해당하는 통합적인 학습 활동 형태를 만들어 보자.

3. 창작을 다루는 제재를 선정하여 지도 방법의 관점 중 학습 활동의 분석 범주인 '음악의 생산'에 해당하는 학습 활동 형태를 만들어 보자.

4. 감상곡을 선정하여 지도 방법의 관점 중 학습 활동의 분석 범주인 '음악의 재생산 및 음악에 대한 성찰'에 해당하는 통합적인 학습 활동 형태를 만들어 보자.

# 〈부록 6〉 고등학교 교과서 도서 목록

### 일반 과목 『고등학교 음악과 생활』 교과서 목록

| 출판사 | 저자 |
|---|---|
| 경기도교육청(㈜중앙교육) | 윤용재, 손철수, 정의숙, 문상용, 조효진, 김백희, 김금희, 임현경 |
| ㈜교학사 | 이홍수, 고영신, 김일영, 조경선, 강유경 |
| ㈜금성출판사 | 김용희, 현경실, 채은영, 김지현, 이세경 |
| ㈜미래엔 | 장기범, 김경태, 송무경, 임원수, 조성기, 홍종건 |
| ㈜박영사 | 주광식, 김주경, 최은아 |
| ㈜아침나라 | 김광옥, 박준호, 김희경, 박수진, 이누리 |
| ㈜음악과생활 | 양종모, 신현남, 조대현, 김한순, 독고현, 송미애 |
| ㈜지학사 | 황병숙, 정길선, 강세연, 박경준, 김혜진, 엄숙용 |
| ㈜천재교육 | 민은기, 이경화, 안인경, 송선형 |
| 현대음악 | 허화병, 전명찬, 유경수, 최진형, 주수진 |

### 일반 과목 『고등학교 음악과 진로』 교과서 목록

| 출판사 | 저자 |
|---|---|
| ㈜교학사 | 양은주, 강민선, 구희연, 이동희 |
| ㈜음악과생활 | 양종모, 신현남, 조대현, 김한순, 독고현, 송미애 |
| ㈜천재교육 | 민은기, 이경화, 안인경, 송선형, 최원민, 정이은 |

## 심화 과목 교과서 목록

| 과목명 | 출판사 | 저자 |
|---|---|---|
| 음악 이론 | ㈜교학사 | 신현남, 김수연, 구희연, 윤경미, 양현경, 이동희 |
| 음악 이론 | ㈔한국검인정 (제주교육청) | 민경훈, 고영신, 김혜정, 최 진, 강창희, 노정숙, 이정대, 임새롬, 임희진 |
| 음악사 | ㈜교학사 | 신현남, 김수연, 구희연, 이동희 |
| 음악사 | ㈔한국검인정 (제주교육청) | 조치노, 김태하, 박창희, 서의석, 설창환, 이복희, 조영배 |
| 시창 · 청음 | ㈜교학사 | 양재무, 윤경미, 장보윤 |
| 시창 · 청음 | ㈔한국검인정 (광주교육청) | 김지현, 안소영, 홍청의, 손창위, 김기준, 조은영, 이복희, 주경휘, 김태하 |
| 합창 · 합주 | ㈔한국검인정 (광주교육청) | 김성국, 박신화, 변욱, 승윤희 |
| 음악과 매체 | ㈔한국검인정 (제주교육청) | 김지현, 조치노, 박은영, 기 서, 오승식, 조은영, 이기천, 이복희, 김태하 |

제4부
# 음악과 교재의 활용과 실제

# 제12장

# 다문화 음악교육

김영미

다문화 음악교육은 세계적 안목을 소유한 인재 그리고 다양한 민족 문화를 이해하고 그들의 주체성을 인정하는 인재를 양성하는 데 목적이 있다. 이를 위해 다양한 시대 · 문화 · 장르의 음악으로 구성하고 이와 함께 질적인 교수 · 학습 방법을 사용하여 실제적인 경험을 하는 음악 수업이 되어야 한다.

## 1. 다문화 음악교육 이해

포스트모더니즘은 사회, 정치, 경제, 문화, 개인생활 등에 변화를 주어 문화의 다양성을 인지하며 동시에 여러 문화의 뿌리를 이해하고 가치를 존중하는 문화 다원주의로 나타났다. 2009 개정 교육과정에서 교육이 추구하는 인간상은 ① 문화적 소양과 다원적 가치에 대한 이해를 바탕으로 품격 있는 삶을 영위하는 사람, ② 세계와 소통하는 시민으로서 배려와 나눔의 정신으로 공동체 발전에 참여하는 사람으로 명시되어 있다. 이와 함께 음악과 교육과정 음악과 목표에서 역사적이며 문화적인 맥락에서 악곡을 이해하게 서술하고 있다.

'다문화' 는 하나의 사회에서 각기 다른 성격을 지닌 집단들이 조합을 이루어 하나의 문화를 형성하는 상태이다. 이는 혼합 민족이 이루는 사회적 구조에서 민족·문화적 차별을 없애고 다양한 민족 문화를 폭넓게 수용하려는 상태를 의미한다. 1970년 이후부터 '상호문화(interculture)'와 '다문화(multiculture)' 용어를 사용하며 교육학 영역에서 '상호문화적 교육' 또는 '다문화적 교육'이라는 용어를 사용하게 되었다. '상호문화' 또는 '간문화'는 특정한 문화를 흡수하거나 다른 문화를 지배하지 않고 각 문화를 관용적으로 받아들이는 태도와 다원적 세계관이 바탕이 되어 문화를 교류하는 상태이다. 우리나라 음악교육학에서 이 두 단어를 세밀한 구분 없이 보편적으로 '다문화 교육'이라는 개념으로 사용하고 있다(민경훈, 2009: 99-100).

다문화 교육은 자신의 나라와 세계에 존재하는 문화적 다양성을 접하도록 하는 교육과정을 말하는데, 이를 통해 인류의 보편적 문화 가치를 추구하고 세계 가치와 문화적 다원성을 강조하는 문화상대주의적 입장을 견지하도록 돕는 것을 목적으로 한다. 다문화 교육은 학교 내에서 인종차별주의를 벗어나도록 하는 교육의 한 방법으로 시작되었으나, 성 차별, 계층 차별, 장애에 대한 차별을 극복할 수 있는 교육으로까지 확산되고 있다. 그러므로 넓은 의미에서 다문화 교육은 다양한 문화-민족-성-사회계층의 학생들에게 동등한 교육의 기회를 제공하고, 더불어 긍정적인 문화 교류 태도, 인식, 행동 등이 발달되도록 돕는 교육을 목표로 한다. 뱅크스(J. Banks)는 "세상을 바꾸기 전 우리 자신을 변화해야 한다."라고 전제하였다. 학교에서 음악 활동을 통해 학생들은 자기변화(개혁)를 하고 다른 학생들과 활동에 참여하는 과정을 통해 서로를 이해하게 된다. 이러한 과정을 거치며 세성은 바뀌어 가는 것이다.

학자별 다문화 교육의 개념을 정의하면 다음과 같다.

- J. Banks(2013): 주요한 부분을 수정(change)하는 개혁운동(reform movement)으로 다양한 문화·민족·성·사회 배경 등을 가진 학습자들이 공평한 학습 기회를 가지고 문화교류에 대한 긍정적인 태도와 인식을 가지도록 행동을 발달시키는 목적을 두는 교육과정
- C. I. Bennett(2014): 다양한 문화권과 사회에서 민주적인 가치와 신념을 가지고 다양한 문화에 대한 이해를 키우는 목적을 둔 교육과정

즉, 다문화 음악교육이란 문화적으로 다양한 세계 여러 나라와 한국 지역사회 고

유의 문화정체성을 음악어법에 맞도록 교육적으로 해석하고 이해하고 더 넓혀 음악이 속해 있는 사회, 문화까지 이해하는 것이다. 즉, '서양예술음악' 중심이었던 음악교육을 진정한 '세계'라는 개념으로 교육하는 것이다. 다문화 음악교육의 개념 정의를 학자별로 제시하면 다음과 같다.

- D. Elliot(1995): 동화, 융화, 열린 사회적 다문화에서 더 발전하여 세계적 관점에서 문화에 따른 음악적 다양성을 인정하며 음악적 개념에 있어서 문화가 음악미학을 대신하는 음악교육
- Banks & Campbell, Carol, Scott-Kassner(2010): 인종적이고 민족적인 기원에 의해 구별되는 집단과 더불어 다양한 세대, 연령, 성, 종교, 사회적 계급의 사람들이 음악을 연구하는 교육
- William M. Anderson & Patricia Shehan Campbell(2010): 세계의 다양한 민족, 문화, 나라를 대표하는 음악을 노래, 연주, 감상 등의 활동을 통해 음악교육 과정에 반영하는 것이다. 학생들이 세계와 자신의 문화유산에 대한 이해를 얻을 수 있게 하는 탐험의 길
- 민경훈(2009): 모든 나라의 문화권을 초월하여 다른 민족의 음악을 통해서 그들의 문화를 이해하고 함께 공유하는 음악교육

다민족 구성이 아니더라도 모든 수업 구성원은 다양하다. 음악교과 수업에서 각 학생은 다른 사회계층 구성원이고 각각 악곡에 대한 다른 관점을 가지고 있다. 엘리엇이 "MUSIC is inherently."라고 제시하였듯 음악은 그 자체가 성격상 다문화적 요소를 내재하고 있다(Elliot, 1995: 207). 따라서 학습자들은 음악 학습을 통해 다원화된 현대사회와 다양한 문화를 자연스럽게 이해할 수 있게 된다. 그러므로 다문화 음악교육은 문화적 경계로부터 자유로울 수 있는 시민, 다양성의 공존 속에서 공동선을 추구하는 문화적 민주시민을 양성, 즉 세계적 안목을 소유한 인재 그리고 다양한 민족 문화를 이해하고 그들의 주체성을 인정하는 인재를 양성하는 것을 목표로 한다.

뱅크스가 제시한 다문화 교육의 목표에 따른 다문화 음악교육의 목표는 다음과 같이 서술할 수 있다(Banks, 2010: 50-53).

## 2. 다문화 음악교육 접근법

표 12-1  다문화 교육의 목표에 따른 다문화 음악교육의 목표

| 내용 | 다문화 교육 목표 | 다문화 음악교육 목표 |
| --- | --- | --- |
| 관계/이해적 | 각 개인이 다른 문화의 관점에서 자신을 바라볼 줄 알면서 자신에 대한 이해를 더욱 깊게 하는 것이다. 즉, 다문화 교육은 관계, 이해, 존중을 전제로 한다. | 다양한 음악과 활동을 통해 자신을 표현하고 타인과의 관계를 형성하며 이해하고 존중하는 자세를 학습하게 한다. |
| 역사/문화적 | 역사와 문화에 관한 다양한 시각이 존재하고 있음을 깨닫게 하는 것이다. 다문화 교육을 통해 개인이 속한 집단의 문화와 주류 사회의 문화, 다른 문화를 이해하고 그 속에서 효과적으로 기능하고 살아가는 방법을 함양하게 된다. | 다양한 시대의 음악과 다양한 문화권의 음악을 이해하고 이를 통해 사회를 이해하는 넓은 시각을 형성한다. |
| 정치/사회적 | 특정 민족, 인종 집단 구성원들이 신체적이며 문화적인 특징 때문에 받는 고통과 차별을 줄이는 것을 목표로 한다. | 특정 민족과 문화의 음악을 선입견이나 차별 없이 독자적 가치로 이해하게 한다. |
| 상호소통적 | 다양한 집단의 구성원들이 상호 소통에 필요한 읽고 쓰기의 기능을 익힐 수 있도록 한다. | 음악으로 상호 소통할 수 있도록 음악을 읽고 쓰는 기능을 학습한다. |

### 1) 학교교육에서의 다문화 교육

뱅크스는 다문화 교육을 이루기 위해 교과내용 통합하기, 지식 구성하기, 평등교육, 편견감소, 학생 자율적 학교문화와 사회구조 구축 등 필수적 다섯 가지 접근(dimension)을 제시하였다([그림 12-1] 참고). 이는 학교교육에서 진정한 다문화 교육을 이루기 위해 반드시 필요한 교육환경이다.

뱅크스의 다섯 가지 다면적 접근을 음악교육에 적용하면 다음과 같이 정리할 수 있다(Banks, 2010: 37).

[그림 12-1]을 교육과정과 음악교육에 적용하면 〈표 12-2〉와 같다.

〈표 12-3〉은 뱅크스가 제시한 학교 교육과정이 진정한 다문화 교육과정으로 적용되는 단계를 나타낸 것이다.

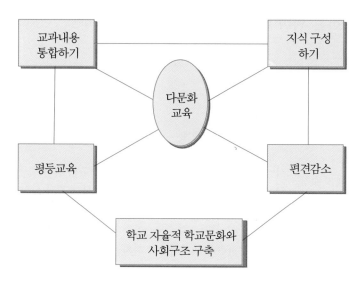

[그림 12-1]  **다문화 교육의 5접근(dimension)**

표 12-2  다문화 음악교육의 다섯 가지 다면적 접근

| dimension | 다문화 교육 | 다문화 음악교육 적용 |
|---|---|---|
| 교과내용 통합<br>(content integration) | 학과목의 주요 학습 개념, 원칙, 일반화, 이론 등을 자세히 설명하기 위해 다양한 집단과 문화의 교과내용과 실제 예 제시 | 노래하기, 악기 연주하기, 음악 듣기, 즉흥/창작하기 활동에서 역사 또는 문화 학습 내용을 통합하기 |
| 지식 구성(knowledge construction) | 내재된 문화에 대한 확실한 추정, 관점, 교육된 성향 등이 지식을 구성하는 데 어떻게 영향을 주는지 이해하고, 조사하고, 결정하도록 지도 | 교수·학습 활동 내용에서 나타나는 음악 개념과 음악 활동에 함축된 역사, 사회, 문화 내용을 이해하고 조사하고 추측하기 |
| 평등교육(equity pedagogy) | 다양한 인종을 대하는 태도적 특징을 파악하고 적합한 교수 방법과 교육 자료를 사용하여 태도를 수정하도록 지도 | 다양한 인종을 위한 음악 교수법과 교육 자료 개발하기 |
| 편견감소(Prejudice reduction) | 청소년들이 삶을 통해 다양한 인종에 대해 긍정적인 태도를 개발하도록 지도 | 청소년들은 편견을 가지고 여러 장르의 음악을 판단하므로 음악 교사는 모든 음악에 긍정적인 태도를 가질 수 있도록 지도하기 |
| 학생 자율적 학교문화와 사회구조 구축<br>(Empowering school culture and social structure) | 다양한 인종, 민족, 문화권의 학생들이 자율적으로 참여할 수 있는 학교 문화 창출 | 다양한 인종, 민족, 문화권의 학생들이 자율적인 음악 활동을 할 수 있는 학교와 음악 학습 문화를 구축하기 |

## 2) 세계화를 위한 다문화 교육

표 12-3  다문화 음악교육의 5단계

| 단계 | 다문화 교육 | 다문화 음악교육 적용 |
|---|---|---|
| Stage 1<br>주요 교육과정 수정<br>(Curriculum of the Mainstream) | 서양 유럽 문화와 남성 중심의 교육 과정을 다양한 문화와 인종에 대한 내용으로 수정 | 서양 유럽 음악이 중심이 되는 음악 교과서 개편과 다양한 민족과 문화권 음악을 학습 교재로 수정 |
| Stage 2<br>인물, 축제, 명절<br>(Heroes and Holidays) | 다양한 문화권의 역사적이며 사회 적으로 중요한 인물, 축제, 명절 등 을 주요 교육과정에 도입 | 다양한 문화권의 역사적이며 사회적 으로 중요한 인물, 축제, 명절 등과 관련된 음악을 소개 |
| Stage 3<br>통합<br>(Integration) | 소수 민족과 문화에 대한 교사의 지 식과 핵심적 교재 등을 역사적 인 물, 축제, 명절 등의 주제와 연관 | 서양 유럽예술 음악과 더불어 다양 한 민족과 문화의 음악을 역사적 인 물, 축제, 명절 등의 주제와 연관 |
| Stage 4<br>구조적 개혁<br>(Structural Reform) | 학생들이 다양한 시각으로 사건을 바라보고 개념을 이해하고 사실을 깨닫게 하기 위해 교사 자신들의 지 식과 관점을 확대 | 학생들이 다양한 시대, 문화, 장르의 음악을 이해하고 즐기게 하기 위한 교사의 교수법 개발과 지식의 확대 |
| Stage 5<br>다문화, 사회적 활동과 인식<br>(Multicultural, Social Action, and Awareness) | 인종차별, 성차별, 경제적 불평등 등을 포함한 중요한 사회적 쟁점이 교육과정에 나타나야 한다. 위의 사 항들을 고려한 학생들의 주장, 아이 디어, 관점 등이 학습 경험 전반에 제시: 학생 자신들이 다문화 교재 | 교육과정에 도입한 사회적 쟁점이 나타난 음악을 학습하고 이해하고 학생들이 주장하고 생각하는 바를 토론하고 발표 |

세계화에 바탕을 둔 다문화적 음악교육의 교육적 가치는 일반 교육적 접근, 문화 적 접근, 역사 및 사회적 접근, 정치적 접근 방법 등으로 분류할 수 있다(민경훈, 2004: 440-443).

### (1) 일반 교육적 접근

자신과 다른 사람들을 이해할 수 있는 능력과 관용, 평화, 협동심, 연대성 등을 추구하는 사회교육적인 접근이다. 따라서 다문화 음악교육에서 학습자 스스로가 마음의 문을 열고, 자신과 다른 사람들을 이해하고 그들의 직면한 문제를 생각하도록 지도해야 한다.

### (2) 문화적 접근

음악문화와 생활문화를 이해하도록 지도하는 접근이다. 다문화 음악교육은 각 문화의 고유한 생활방식과 생활태도를 존중하는 관용적 태도를 형성시키는 단계에서 출발하여야 한다. 자신의 나라 또는 민족 문화를 가치 있게 대하는 태도와 동등하게 다른 나라의 문화에 대하여 진지하게 논의하고 평가하는 가운데 다른 나라 음악문화도 소중하다는 것을 느끼는 학습이다. 이와 같이 다문화 음악교육에서는 자기 민족 중심적 가치 평가에서 벗어나 상대를 인정하는 민주적 사고로 전환하여 문화적 차이를 객관적으로 파악하도록 지도해야 한다.

### (3) 역사 및 사회적 접근

각 나라의 역사적-사회적 현상을 이해하도록 지도하는 접근이다. 이와 같은 목표에 도달하기 위해서 다른 나라의 민요를 단순한 음악 활동의 교재로 보는 것이 아니라, 역사적 주체로 존중하고 이해하려는 다문화적 자세가 필요하다. 일반적으로 학교의 음악 수업에서 다른 민족의 민요를 학습할 때 노래 부르기 또는 단순히 음악 듣기 활동으로 구성하고 있다. 그러나 다문화 음악교육은 이 민요들이 역사적-사회적 주체로 드러날 수 있도록 해야 한다. 이를 위해 음악 수업에서 다루어지는 세계의 민요들은 생활환경과 방식은 물론, 실제 음악적 체험 및 춤과 연관되어 다루어져야 한다.

### (4) 정치적 접근

인종과 문화적 차별의 극복을 위해 정치적인 내용을 포함하는 접근이다. 상호의 문화를 존중하는 다문화 음악교육에서 정치적인 요소는 배제될 수 없다. 다양한 문화와 생활방식을 가진 사람들이 평화적으로 공존하고 화합할 수 있기 위해 정치적인 해결이 필요하고, 이를 위해 다문화 교육 또한 인종차별의 극복과 화합에 기여할 수 있어야 한다.

이처럼 다문화 음악교육은 교육적, 문화적, 역사 및 사회적, 그리고 정치적인 필요에 의해 유기적으로 연합되어 있다. 따라서 다문화 음악교육의 궁극적 가치는 이와 같은 네 가지 접근을 통해 다양한 문화에 대한 이해와 그에 따른 포용성을 기르고 문화적, 인종적 차별을 극복하여 인류애를 실현하는 데에 있다고 볼 수 있다.

## 3. 다문화 음악교육의 실천 방안

### 1) 다문화 음악교육의 기본 방향

효과적인 다문화 음악교육은 다양한 음악과 활동이 포함된 교육과정 수립이 요구된다. 다양한 시대·문화·장르의 음악으로 구성하고 이와 함께 질적인 교수·학습 방법을 사용하여 실제적인 경험을 하는 음악 수업이 되어야 한다. 다문화 음악교육을 위한 수업을 구성하면 다음과 같다(민경훈, 2004: 444-445).

- 수업 전개
  - 1차시에 음악을 직접 불러 보거나 연주하는 활동으로 구성하고 2차시에 다문화 관련 오디오나 동영상 자료 학습으로 연계한다.
  - 학생들의 노래 부르기 또는 악기 연주하기 등의 활동을 다문화 관련 자료와 비교한다. 즉, 교사가 제시하거나 학생들이 조사해 온 시청각 자료 연주와 비교하며 표현 방법 등 차이점을 이야기하는 활동을 한다.
  - 제재곡과 관련된 나라 또는 민족의 역사·지리·문화·사회적 상황 등에 대해 조사하고 발표한다.

- 악곡 선택
  각 문화권과 나라의 대표적 음악과 민요와 다양한 장르의 음악을 제재곡으로 선택한다.

- 언어적 · 문화적 · 사회적 관점에서 제재곡을 학습한다.
- 학습자의 인지 발달 과정과 음악적 발전 과정을 고려하며 다양한 문화권의 음악을 직접 표현하는 활동을 한다. 이를 통해 고유한 음악문화와 음악적 표현방법을 학습한다.
- 다양한 문화권 음악의 특징과 표현 양식을 인지적 · 정의적 측면에서 학습한다.
- 다양한 문화권의 음악의 특징을 표현하는 연주 방식을 학습한다.
- 다양한 나라와 민족에 대해 다양한 음악적 표현 방법으로 학습한다.
- 처음으로 경험하는 문화 또는 민족의 음악을 학습한다.
- 각 문화와 민족을 대표하는 민속음악, 종교음악, 예술음악, 현대음악, 대중음악 등을 학습한다.

## 2) 음악과 다문화 교육 내용 및 방법

### (1) 음악과 다문화 학습 내용

일반적인 음악과 교수 · 학습은 다양한 음악 활동을 수행하며 학습자의 음악 지식 습득이나 음악적 기술 향상이 성취되도록 수업이 구성된다. 이와 비교하여 다문화

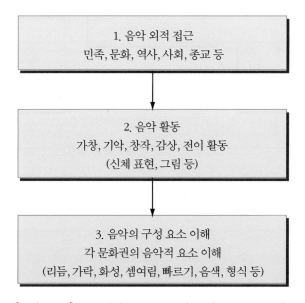

[그림 12-2] **다문화 음악 수업 구상(민경훈, 2004: 444)**

음악과 교수·학습은 더 다양한 학습 자료와 학습 내용으로 구성하여야 한다. 결과적으로 단순한 노래 부르기, 음악 듣기, 악기 연주하기, 즉흥/창작하기 등의 활동이 아닌 교과 간 연계 또는 통합하는 활동 등으로 다양하게 구성된다.

### (2) 학습 활동의 구상

효과적 다문화 음악교육은 학습 목표 설정, 제재곡 선정, 학습 활동 선택을 교육 현장에 알맞게 현실적으로 구성하여 교수·학습 지도안에 반영하여야 한다(민경훈, 2004: 447).

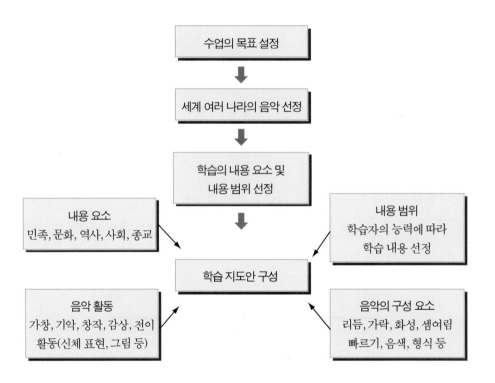

[그림 12-3] **다문화 음악 수업 설계**

## (3) 음악과 다문화 교육 학습의 수업 모형

# 음악과 교수 · 학습 지도안

초등학교((주)미래엔, 107쪽)

| 학교급 | 초등학교 | 대상학년 | 6학년 |
|---|---|---|---|
| 단원명 | 6. 세계를 향하여 | | |
| 해당 차시 | 아메리카의 노래 | | |
| 다문화 요소 | 아메리카 여러 나라의 노래, 문화와 역사, 전통 | | |
| 교수 · 학습 방법 | 협력학습, 문제 해결 학습, 활동 중심 교육 | 평가 방법 | 교사관찰평가, 모둠상호평가 |

● 개요

아메리카 지역의 여러 나라 노래를 배워서 노래하여 그 지역의 문화, 역사, 전통, 음악적 특징과 악기 등을 이해하는 단원이다. 제재곡은 아메리카 지역 2개 나라의 곡들이며 음악과 문화의 특징이 잘 나타나는 민요를 학습한다.

● 학습 목표

| 주요 내용 | 자메이카 음악과 문화에 대한 이해를 바탕으로 노래 특징을 살려 신체 표현과 함께 노래한다. | 다문화 요소 | 문화적 접근: 자메이카 역사/문화 이해하기 |
|---|---|---|---|

• 제재곡의 음악적 구성 요소와 특징을 이해할 수 있다.
• 제잭곡의 음악적 특징을 이해하며 노래할 수 있다.
• 제재곡에 음악적 특징을 이해하며 신체로 표현할 수 있다.
• 자메이카의 음악과 역사와 문화를 학습하고 자메이카를 이해한다.

☞ 자메이카 문화를 이해하고 음악에 나타난 문화적 특징을 이해하도록 한다.
☞ 자메이카 음악의 특징을 이해하도록 한다.

## ● 교수 · 학습 자료

| 주요 내용 | 아메리카에 대한 자료: 지도, DVD, CD, 동영상, 타악기 | 다문화 요소 | 문화적 접근: 아메리카 음악 이해하기 |
|---|---|---|---|

• 아메리카 대륙의 국가들이 정확히 표시된 지도를 준비해 학생들의 이해를 도와준다.

• 모둠별 신체 활동을 위한 도구들을 준비한다.

• 창의적 리듬 학습을 위한 다양한 타악기를 준비한다.

☞ 북아메리카와 남아메리카의 다양한 국가들을 학습하는 데 도움을 주는 자료를 제시하여야 한다.

☞ 기본박과 선율박을 같이 학습하도록 다른 음색을 나타내는 리듬악기(타악기)를 준비한다.

젬베                칼림바                심포냐

발라폰                            봉고

벤조                콩가                코라

## Ⅰ　도입

● 배움 열기

• 아메리카에 대한 이해 및 노래 듣기

| 주요 내용 | 아메리카 이해하기 | 다문화 요소 | 문화적 접근: 음악/생활문화 이해하기<br>역사 및 사회적 접근: 아메리카 대륙에 대한 문화, 역사, 사회 등 조사하기<br>일반 교육적 접근: 발표하고 토론하기 |
|---|---|---|---|

- 아메리카 대륙의 지리적 위치와 속해 있는 국가에 대해 학습한다.
- 아메리카 대륙 국가들에 대한 문화, 역사, 사회 등에 대한 조사를 발표하고 토론한다.
- 남아메리카 민요를 함께 노래하거나 들어 본다.
- 〈바나나 보트송〉을 들어 본다.

☞ 교사는 모둠별 과제를 미리 제시하여 학생들이 문제를 스스로 찾고 해결하는 수업을 진행한다.
☞ 아메리카 대륙 각 국가들의 독특한 특징들을 이해하도록 과제를 제시한다.
☞ 교사가 〈바나나 보트송〉을 직접 노래하거나 동영상을 제시한다. (부록: 〈바나나 보트송〉 악보)

## Ⅱ　전개

● 배움 활동

• 악곡 배경 알아보기

| 주요 내용 | 남아메리카 대륙과 자메이카에 대해 알아보기 | 다문화 요소 | 정치적 접근: 자메이카 알아보기<br>역사 및 사회적 접근: 자메이카에 대한 지리적 · 사회적 · 역사적 배경 학습하기 |
|---|---|---|---|

- 남아메리카에 대한 교사의 조사 자료를 학생들과 학습한다.
- 자메이카에 대한 여러 가지 지식, 즉 대륙에서의 위치, 기후, 역사, 문화, 인접 국가 등을 학생들이 발표하고 서로 토론하며 공유한다.
- 자메이카를 비롯한 트리니다드 토바코, 바베이도즈 등 카리브해의 여러 섬나라 등에서 번창했던 민요형식의 음악인 칼립소(calypso)를 소개한다. 칼립소는 일종의 즉흥적인 노동요였다. 카리브해의 섬나라 자메이카는 고단한 역사를 지닌 곳이다. 특히 스페인, 영국의 식민지를 지내면서 1830년대에 서인도제도에서의 노예제도가 폐지되기 전까지 무려 40만 명의 흑인들이 노예로 매매된, 이른바 노예무역의 중심지였다. '칼립소'는 사탕수수 농장 등에서 일하는 노예들이 작업 중에 서로 이야기하는 것이 금지되고 있던 토인들이 그들의 방언을 써서 의견 교환이나 뉴스의 전

달을 위해 부른 노래였다. 이때 크리올어(Creole)를 사용하여 톰톰(tomtom, 토인의 원시적인 타악기)의 리듬에 맞추어 노래하였다. '칼립소'는 특히 헤리 벨라폰테(Harry Belafonte)라는 가수가 〈바나나 보트송〉과 〈마틸다 마틸다〉 같은 노래를 불러 칼립소 음악이 세계적으로 알려지기 시작하였다. 그리고 자메이카에서 탄생된 또 다른 장르의 음악인 레게(Reggae)는 스카(ska)와 락스테디 같은 여러 음악 장르의 영향을 받아 현재는 현대 대중음악적인 요소가 강해 민요의 성격이 축소되었다.

☞ 남아메리카와 자메이카에 대해 편견 없이 학습하도록 지도한다.
☞ 문화, 역사 등을 소개하며 자연스럽게 음악을 소개한다.

• 악곡 음악적 구성 알아보기

| 주요 내용 | 〈망고워크〉 노래 특징 알아보기 | 다문화 요소 | 문화적 접근: 자메이카 민요의 특징 알아보기<br>일반 교육적 접근: 의견 발표하기 |
|---|---|---|---|

• 제재곡의 조성을 학습하고 곡의 분위기에 대해 의견을 나눈다.
• 제재곡의 특징을 학습한다. 예) 자메이카 민요 특징, 빠르기, 박자 등
  기원: 자메이카 – 칼립소 노래
  조: 바장조
  박자: 4/4
  형식: ABAb (못갖춘마디)
  리듬: ♩ ♪ ♪ ♪ ♪ ♪ ♪ ♪ ♩ ♪ ♩ ♩ ♩ ♩ ♪ ♩ ♩ ♩
  음악 학습 요소: 점4분음표, 4분음표, 8분음표; 4분쉼표; pickup beat, 싱코페이션, 상승 아르페지오
• 〈망고워크〉 원어 가사를 소개한다.

Mango Walk Folk Song
자메이카 크리올어(Creole)
Mi breda did a tell yuh nuh fe go mango walk
Go mango walk, go mango walk
Mi breda did a tell yuh nuh fe go mango walk
Go mango walk, go mango walk
An nuh pick up the number 11.
Tell mi joe do tell mi joe
Tell mi joe do tell mi
Tell mi joe do tell mi joe
Why you pick up the number 11

Mango Walk Folk Song(영어)

My brother did a tell you not to go mango walk*

Go mango walk, go mango walk,

My brother did a tell you not to go mango walk,

Go mango walk, go mango walk ,

And not to steal the number 11**.

Tell me Joe, do tell me Joe,

Tell me Joe, do tell me,

Tell me Joe, do tell me Joe,

Why you steal the number 11?

\* 'Mango Walk'는 과수원을 뜻한다.

\*\* 'Number 11'은 자메이카에서 생산되는 다양한 종류의 망고를 뜻한다.

☞ 교사의 일방적 정보 전달이 아닌 학생들의 느낌을 자유롭게 발표하도록 한다.

☞ 학생들이 어려운 리듬을 찾아 모둠별로 연습하도록 한다.

• 모둠별 신체 활동 만들기

| 주요 내용 | 리듬을 신체로 표현하기 | 다문화 요소 | 문화적 접근: 자메이카 민요 리듬 이해하기 |
|---|---|---|---|

• 모둠별로 악곡의 리듬을 자유롭게 표현하도록 한다.
• 기본박과 악센트가 나타나는 신체 표현으로 구성한다.

　악보 12-1 〈망고워크〉 리듬 악보

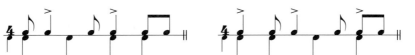

• 신체 표현과 함께 타악기를 연주한다.

☞ 교사는 기본박을 표현할 때 모둠별로 선택한 타악기를 연주하도록 지도한다.

☞ 손뼉치기, 발구르기, 뛰기 등의 이동과 비이동 동작을 사용하도록 지도한다.

☞ 심화 과정: 칼립소 리듬과 〈바나나 보트송〉의 후렴구 리듬을 오스티나토 반주로 사용한다.

악보 12-2 칼립소 리듬

악보 12-3 〈바나나 보트송〉 후렴구 리듬

• 모둠별 발표하기

| 주요 내용 | 〈망고워크〉 노래의 음악적 특징에 어울리게 만든 신체 표현을 타악기 반주에 맞추어 모둠별로 발표한다. | 다문화 요소 | 문화적 접근: 멕시코 문화 특징 이해하기<br>일반 교육적 접근 |
|---|---|---|---|
| • 모둠원이 각각 역할을 수행하도록 구상하고 연습한다.<br>• 음악적 특징을 나타내며 더불어 문화의 특징을 나타내는 창의적 표현으로 구성한다. ||||

☞ 능동적인 신체 표현을 위해 다른 모둠원들은 다같이 〈망고워크〉를 노래하도록 한다.
☞ 창의적 활동이 이루어지도록 발표 환경을 만든다.

## III  정리 및 평가

● 배움 정리

• 토론하고 노래하기

| 주요 내용 | 자메이카 문화에 대한 이해에 대해 서로 토론하고 〈망고워크〉를 노래한다. | 다문화 요소 | 문화적 접근: 남아메리카 문화 이해하기 |
|---|---|---|---|
| • 학습한 남아메리카와 자메이카 문화에 대해 모둠원들과 토론하여 정리한다.<br>• 〈망고워크〉의 음악적 특징을 정리한다.<br>• 다같이 '망고워크' 를 노래한다. ||||

☞ 발표에 대한 상호평가를 위해 모둠 학생들이 평가 관점을 미리 알게 한다.
☞ 자메이카의 문화, 역사, 음악에 대한 이해를 평가하여야 한다.

● 차시 예고

● 평가 계획

| 성취기준 | 다문화 요소 | 평가 방법 |
|---|---|---|
| 자메이카와 다른 남아메리카 국가들을 지도에서 찾을 수 있는가? | 역사 및 사회적 접근 | 교사관찰평가, 학생상호평가 |
| 자메이카의 문화, 역사, 사회 등을 설명할 수 있는가? | 문화적 접근<br>정치적 접근<br>역사 및 사회적 접근 | |
| 〈망고워크〉의 음악적 특징을 신체와 타악기로 표현하며 노래할 수 있는가? | 문화적 접근<br>일반 교육적 접근 | |

# 음악과 교수 · 학습 지도안

중학교((주)금성출판사, 76-77쪽)

| 학교급 | 중학교 | 대상 학년 | 2학년 |
|---|---|---|---|
| 단원명 | 말라이카 | | |
| 해당 차시 | 2/2 | | |
| 다문화 요소 | 아메리카 여러 나라의 노래, 문화와 역사, 전통 | | |
| 교수 · 학습 방법 | 협력학습, 활동 중심 | 평가 방법 | 교사관찰평가, 상호평가 |

● 개요

　　본 제재곡은 2부 합창곡으로 편곡되어 리듬 연주하는 활동으로 아프리카의 리듬, 가락, 문화를 경험하는 교수 · 학습 내용으로 구성한다. 아프리카에서는 모든 의식과 축제, 모임 등에서 노래하고 춤을 추기 때문에 음악은 매우 중요한 역할을 한다. 〈말라이카〉는 전 세계에 다양한 형태의 음악으로 녹음되거나 연주되는 노래이다. 즉흥적인 리듬은 복리듬이므로 다양한 형태의 리듬을 경험할 수 있다.

## ● 학습 목표

| 주요 내용 | 리듬 반주 만들기 | 다문화요소 | 문화적 접근 |
|---|---|---|---|
| • 다양한 타악기로 〈말라이카〉에 어울리는 리듬을 창작할 수 있다. |||| 
| • 다양한 타악기로 합주하며 노래할 수 있다. ||||

☞ 학생들이 제재곡의 리듬에 맞는 리듬 오스티나토를 창작하게 한다.
☞ 모둠별 2개의 리듬 패턴을 창작하게 한다.

## ● 교수 · 학습 자료

| 주요 내용 | 아프리카에 대한 자료: 지도, DVD, CD, 동영상, 타악기 | 다문화 요소 | 문화적 접근: 아프리카 음악 문화 알아보기 |
|---|---|---|---|
| • 아프리카 리듬을 다양하게 경험할 수 있는 음원이나 동영상을 준비한다. ||||
| • 다양한 음색을 지닌 타악기를 준비하여 학생들이 선택하게 한다. ||||

☞ 케냐의 민속 무용, 리듬합주, 케냐의 민요 특성 등을 경험할 수 있는 자료를 준비한다.
☞ 타악기와 함께 연주할 관악기 또는 현악기로 확대하여 학습할 수 있다.

# I  도입

## ● 배움 열기

### • 〈말라이카〉 가사 이해하기

| 주요 내용 | 〈말라이카〉 노래하기 | 다문화 요소 | 문화적 접근: 가사에 표현된 정서 이해하기 |
|---|---|---|---|
| • '말라이카', 즉 연인을 '천사'라 부르며 구애하는 가사의 내용을 표현하며 노래한다. ||||

〈말라이카〉는 동부 아프리카에 광범위하게 알려져 있는 노래로서 남녀를 막론하고 모두 나직이 따라 부를 정도로 대중적인 노래이다. 아프리카에서는 예전에 대개 청혼하는 남자가 신부의 집에 소나 염소 같은 재물을 주어야 하였다. 그러나 가난한 사람은 이 재물이 부족하면 사랑하는 여인과 눈물의 이별을 할 수밖에 없다. 원곡 가사에는 이러한 내용이 잘 표현되어 있으므로 원곡의 가사를 같이 읽는 활동을 한다.

**Malaika, nakupenda Malaika**
   Angel, I love you angel
**Nami nifanyeje, kijana mwenzio**
   and I, what should I do, your young friend
**Nashindwa na mali sina, we,**
   I am defeated by the bride price that I don't have

Ningekuoa Malaika

   I would marry you, angel

Nashindwa na mali sina, we,

Ningekuoa Malaika

   I would marry you, angel


Kidege, hukuwaza kidege

   Little bird, I think of you little bird

Nami nifanyeje, kijana mwenzio

Nashindwa na mali sina, we,

Ningekuoa Malaika

Nashindwa na mali sina, we,

Ningekuoa, Malaika


Pesa zasumbua roho yangu

   The money (which I do not have) depresses my soul

Nami nifanyeje, kijana mwenzio

Ningekuoa Malaika

Nashndwa na mali sina, we

Ningekuoa Malaika

- 피아노나 음원 반주에 맞추어 모든 학생이 선율과 화음 파트를 노래한다.
- 성부를 나누어 화음의 어울림을 느끼며 2부 합창을 한다.
- 아프리카 사람들의 축제 모습 동영상을 보고 느낀 점을 토론한다.

☞ 선율과 화음 성부를 차례로 경험하게 한다.
☞ 음악을 통해 감정을 표현하는 경험을 한다.
☞ 토론을 하며 아프리카 문화와 정서를 경험하게 한다.

## Ⅱ  전개

● 배움 활동

• 악곡 배경 알아보기

| 주요 내용 | 케냐의 사회, 문화, 역사에 대해 알아보기 | 다문화 요소 | 정치적 접근: 아프리카 인종과 종교 알아보기<br>역사 및 사회적 접근: 아프리카 사회와 역사 알아보기 |
|---|---|---|---|

• 케냐는 독립 이후 영연방의 정회원국이다. 케냐 공화국(영어: Republic of Kenya 리퍼블릭 오브 케냐, 스와힐리어: Jamhuri Ya Kenya 잠후리 야 케냐) 또는 케냐(Kenya, 문화어: 케니아)는 동아프리카의 공화국이다. 인도양에 면해 있으며 북동쪽으로 소말리아, 북쪽으로 에티오피아와 남수단, 서쪽으로 우간다, 남쪽으로 탄자니아와 국경을 맞닿고 있다. 수도는 나이로비이며 공용어는 영어와 스와힐리어이다. 케냐의 주요 종족은 키쿠유족, 루히아족, 루오족, 칼렌진족, 캄바족, 키시족, 메루족 등 여러 민족으로 구성되어 있어 각각 다른 언어를 사용한다. 스와힐리어와 영어가 주로 쓰이고 있고 중학교는 모든 과목을 영어로 학습한다. 백인, 인도인, 아랍인 등 비아프리카계 민족은 전체 인구의 1% 정도를 차지한다. 인구 4,403만 명이다. 7억 인구가 살고 있는 아프리카 대륙의 대부분의 나라들은 혈연과 지연으로 결합된 부족 사회로 이루어져 있다. 이들은 신앙, 관습, 규범 등으로 유대를 형성하여 소속감과 집단으로 정체성을 규명한다. 샤머니즘을 기초로 하는 토속 신앙, 일부다처제 등이 문화적 특징이다. 기독교, 이슬람교, 힌두교, 정령신앙 등의 종교가 존재하고 있다.

• 악곡의 음악적 구성 알아보기

| 주요 내용 | 아프리카 음악의 특징 알아보기 | 다문화 요소 | 문화적 접근: 아프리카 음악, 문화, 정서 이해하기 |
|---|---|---|---|

- 아프리카에서 음악은 예식과 의식, 절기 행사 등에서 중요한 역할을 하며 기쁨, 슬픔, 분노, 사랑 등의 감정을 춤과 노래로 표현한다. 각 부족의 언어 고저에서 선율과 리듬이 형성되었다.
- 선율은 오음음계이며 남녀가 어우러져 교창형식으로 노래하며 대부분 신앙적 의미가 있는 악곡이다.
- 리듬은 각 성부가 다른 리듬을 연주하여 복합리듬·복합박자로 구성된다.
- 악기는 각 지역에서 생산되는 재료를 사용하여 제작하며 대부분이 타악기이고 악곡에 맞춰 제작되므로 이조 또는 전조가 불가능하다.

☞ 여러 성부를 연주할 때 각 성부가 서로 다른 박자와 리듬 패턴을 연구하며 자연스럽게 형성되는 아프리카의 리듬을 학습한다.

• 모둠별 악기 반주 만들기

| 주요 내용 | 리듬 반주 만들기 | 다문화 요소 | 일반 교육적 접근: 모둠학습, 창의적 생각하기 |
|---|---|---|---|

- 〈말라이카〉 노래의 주요 리듬을 학습한다.
- 모둠별로 2개의 리듬 오스티나토 패턴을 창작한다.
- 2개의 리듬 패턴을 동시에 연주한다.
- 각 리듬 패턴 연주에 사용할 악기를 결정한다.

☞ 교사가 만든 리듬 오스티나토를 '예'로 제시한다.

악보 12-4 말라이카 오스티나토

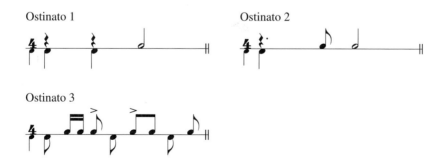

☞ 일정한 리듬 패턴의 반복과 그로부터의 즉흥연주를 타악기로 경험한다.
☞ 효과적인 '복리듬' 활동을 위해 기본박을 일정하게 유지하며 연주하도록 한다.

• 모둠별 발표하기

| 주요 내용 | 모둠별 리듬합주 발표하기 | 다문화 요소 | 일반 교육적 접근: 함께 연주하기 |
|---|---|---|---|
| • 모둠별로 창작한 리듬합주를 연주한다. | | | |

☞ 창작한 리듬합주를 신체 타악으로 바꾸어 연주해 본다.
☞ 2개 이상의 리듬 패턴으로 복리듬합주를 시도해 본다.

## III 정리 및 평가

● 배움 정리

• 노래 부르기

| 주요 내용 | 다 같이 노래하기 | 다문화 요소 | 일반 교육적 접근: 함께 활동하기 |
|---|---|---|---|
| • 각 모둠이 창작한 리듬합주에 맞추어 선율을 노래한다. | | | |
| • 상호평가에서 채택된 모둠의 리듬합주 반주에 맞추어 2부합창을 한다. | | | |

☞ 화음의 어울림과 복리듬 반주를 잘 연주하기 위해 교사는 일정박을 유지하도록 지도
한다.

● 차시 예고

● 평가 계획
☞ 모둠별 리듬 창작하기 전 그리고 모둠 발표하기 전 교사는 평가 기준을 학생들에게 숙지하게 한다.

| 성취기준 | 다문화 요소 | 평가 방법 |
|---|---|---|
| 〈말라이카〉 리듬 특징을 살려 리듬을 창작하였나? | 문화적 접근: 아프리카 음악 문화 이해하기<br>역사 및 사회적 접근: 정서를 반영하여 연주하기 | 교사관찰평가, 모둠별 상호평가, 보고서 |
| 리듬합주의 악기 구성과 연주는 적절하였나? | 일반 교육적 접근: 함께 연주하기 | |

토의 주제

1. 학교교육에서 다문화 음악교육의 필요성에 대해 토의해 보자.

2. 우리나라에서 다문화 음악교육의 개념과 목적에 대해 토의해 보자.

3. 효율적인 다문화 음악교육을 위한 지도 방법에 대해 토의해 보자.

## 〈부록 7〉 MANGO WALK

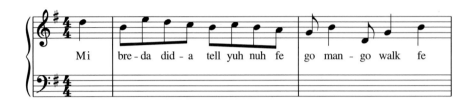

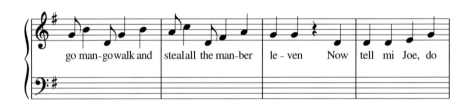

# The Banana Boat Song

# 제13장

# 융합교육

조대현

이 장에서는 오늘날 활발하게 진행되고 있는 STEAM 교육을 중심으로 융합 및 융합교육의 이론적 배경에 대해 학습하고, 나아가 음악 수업 내에서 실현할 수 있는 융합의 가능성에 대해 살펴보고자 한다.

## 1. 융합교육의 이해

### 1) 융합의 정의

융합(Convergence)이라는 용어는 18세기 초 영국의 물리학자 더햄(W. Derham)에 의해 사용되기 시작하였다. 라틴어 'convergere'를 어원으로 하며 'con(together)'과 'vergere(to bend)'가 결합한 본 용어는 '한 곳으로 수렴함'이란 뜻을 갖고 있으며, 한편으로는 학문적 경계를 허물고 통합하자는 의미의 통섭(Consilience)과 혼용되기도 한다(고채영 외, 2012). 사전적 의미로 볼 때 융합은 흔히 '둘 이상의 사물을 서로 섞거나 조화시켜 하나로 합한 것'으로 정의된다. 그러나 오늘날 흔히 사용되는 통합, 통섭의 개념과 비교할 때, 융합은 분명 이와는 구별되는 다른 의미를 갖고 있다. 〈표 13-1〉은 흔히 혼용하여 사용하기 쉬운 융합과 통합 그리고 통섭에 대한 차이를 학자들의 정의를 인용하여 비교·정리한 것이다.

표 13-1 융합과 통합, 통섭에 대한 정의 비교

| 구분 | 통합<br>(Integration) | 통섭<br>(Consilience) | 융합<br>(Convergence) |
|---|---|---|---|
| 최재천<br>(2007) | 물리적으로 합친 것으로 진짜로 섞이지 않은 상태 | 원래의 학문이 사라지는 것이 아니라 학문들 간에 잦은 소통을 하는 것 | 화학적으로 진짜로 합쳐져 원래 형태가 하나가 되면서 전혀 새로운 것이 되는 상태 |
| 민경찬<br>(2009) | 물리적인 연합의 성격으로 둘 이상의 것을 하나로 모으는 것 | 생물학적인 변신의 성격으로 서로 다른 요소들이 모여 새로운 개체로 변화되는 것 | 화학적인 섞임으로 녹아져서 하나로 합쳐지는 것 |
| 김진수<br>(2011) | 서로 다른 학문을 물리적으로 일부분만 통합하는 것 | – | 서로 다른 학문을 화학적으로 완전히 통합하는 것 |

출처: 조대현(2014).

〈표 13-1〉의 내용에서 우리는 통합의 개념이 통섭이나 융합에 비해 앞선 개념이라는 사실을 발견할 수 있다. 표에서 인용한 세 학자 모두 2개 이상의 대상을 물리적으로 결합한 것을 통합이라고 정의하는 반면, 통섭과 융합은 잦은 소통을 통해 생물학적 변화(통섭)를 겪게 되고, 종래에는 화학적으로 새로운 하나(융합)가 되는 통합적 환경 이후의 결과를 말하고 있기 때문이다.

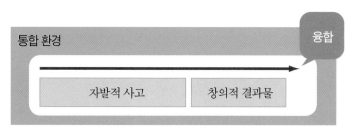

[그림 13-1] **융합의 과정**

이러한 관점에서 볼 때 융합은 다양한 요소로 구성된 통합적 환경과의 작용 속에서 이루어지는 학습자의 자발적인 사고와 이를 통해 창의적인 결과물을 도출하는

'과정'으로 정의할 수 있다.

## 2) 융합교육의 정의

융합교육은 융합의 정의에서 언급한 바와 같이 통합교육, 특히 과학영역에서 시도된 통합교육에서 그 유래를 찾을 수 있다. 1950년대 말 미국에서 대두한 학문 중심 교육과정은 과목별로 세분화되어 있는 교과목의 특성상 내용적인 분절을 야기하였고, 이는 지식 및 결과 중심의 획일적 교육이라는 비판 아래 새로운 교육 방법에 대한 모색이 이루어졌다. 이때 나타난 것이 통합교육이다. 이를 과학교육에 적용한 결과물로는 과학(Science)과 기술(Technology) 교육을 통합한 'STS'[1]를 비롯하여, 수학(Mathmatics), 과학(Science), 기술(Technology)의 통합을 목표한 'MST',[2] 그리고 1990년대 이후 과학 중심 융합교육의 대표적 개념어로 사용되어 온 'STEM'과 'STEAM' 등이 있다.

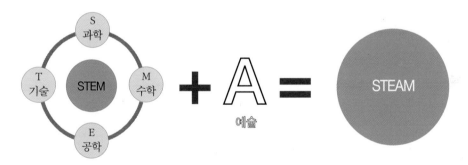

[그림 13-2] **STEM 및 STEAM의 주요 요소**

현대 융합교육의 대명사라 할 수 있는 **STΣ@M**[3] 교육은 '수학적 기초 위에서 공학과 예술을 통한 과학과 기술의 이해(Science & Technology interpreted through Engineering & the Arts, all based in Mathmatical elements)'라고 정의된다(Yakman,

---

1. STS는 과학(Science), 기술(Technology), 사회(Society)의 약자로서 과학적 소양이 있는 인재를 양성하고자 하는 목표 아래 실시되었다. 과학, 기술, 사회의 상호관련성, 인간의 경험에 근거한 과학학습을 중시한다.
2. MST 통합교육은 실생활과의 연계를 통해 교과에 대한 호기심을 자극하고 문제 해결력을 기르며 수학적, 과학적, 기술적인 교양 함양을 목표하는 프로그램이다.
3. **STΣ@M**은 수학적 기초에서 시작되는 STEAM 교육의 내용을 이미지화한 것이다.

2008). STEAM 교육에서 수학은 보편적인 기초언어의 역할을 하고, 예술은 음악이나 미술만을 의미하는 것이 아니라, 언어, 체육, 교양 및 사회과목 등 인문학적 요소까지 포함하고 있다. 즉, 시대가 요구하는 인재상이 단지 과학 영역에서만의 융합이 아니라, 보다 다양한 영역에서의 융합인재, 예를 들어 풍부한 상상력과 창의력 그리고 예술을 포함한 인문·사회적 감성까지 아우를 수 있는 전인교육을 의미하는 것이며, 삶 전체를 통해 이루어지는 평생교육 차원에서의 창의적 융합인재를 목표하는 것이다.

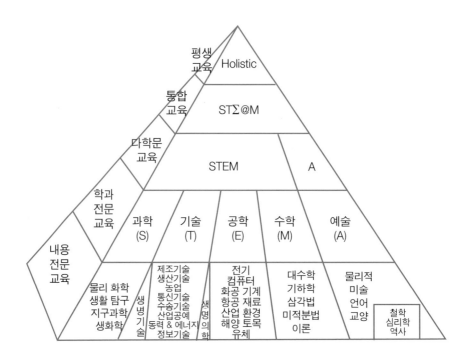

[그림 13-3] 야크만의 피라미드 모형

## 3) 융합교육의 목적

과학 중심으로 시작된 STEAM 교육의 가장 큰 특징은 현대 사회가 요구하는 창의적 인재를 양성하는 데 있어 '과학적 방법'(신명경, 2013)을 사용한다는 것이다. 과학적 방법은 STEAM 교육을 구성하는 모든 영역에 걸쳐 있는 교집합으로써, 이는 다양한 분야에 영향을 주는 범학문적 사고의 가능성을 제공하고, 이를 통한 새로운 지식의 생성을 목표한다. 따라서 현재 시행되고 있는 STEAM 교육은 현대 사회가 요구하는 필수 능력으로 과학적 방법의 습득을 목표한다고 할 수 있다. STEAM 교육이 목표하는 세부 내용은 다음과 같다.

- 개인적 측면 – 개인의 창의·인성, 지성과 감성의 균형 있는 발달
  - 타인을 배려하고 협력하며 소통하는 능력 함양
  - 창조적 협력 인재의 양성
- 사회적 측면 – 빠르게 변화하는 사회에 대한 개인의 적응력 향상
  - 합리적이고 다양성을 인정하는 문화 형성
  - 대중의 과학화를 기반으로 한 합리적인 사회 구성
- 교육적 측면 – 융합적 지식 및 과정의 중요성 인식
  - 교육과정의 유연성 제공
  - 학습자 중심의 수평적인 융합교육 체계 수립
  - 과학 효능감과 자신감, 과학에 대한 흥미 등을 증진시킴으로써 학습에 대한 동기 유발
- 국가적 측면 – 과학기술 및 융합인재 양성
  - 이공계 기피 현상을 최소화하여 과학기술 분야로 진출하는 학생 수 확대

그러나 다양한 학문적 융합을 교육학적 관점에서 연구한 학자들이 제시하는 목표는 이와 차이가 있다. 김광웅(2011)은 한 우물을 깊게 팜으로써 그 깊이를 더해 가는 것도 중요하지만, 지나친 외골수를 경계해야 한다고 지적하였으며, 최재천(2010)은 다양한 학문 영역 간의 소통과 교환의 필요성을 강조하였다. 같은 맥락에서 조대현(2013)은 융합의 주체가 되는 학습자 입장에서의 학습, 즉 학습자 중심 교육을 융합교육의 근간으로 제시하고 있다. 즉, 과학적 방법만을 활용한 융합을 목표하는 것이 아니라 학습자의 다양한 입장과 관점, 혹은 상이한 배경에서 발생하는 결과물의 차이를 인정하고 존중해야 한다는 것이다.

이러한 관점에서 볼 때 오늘날의 융합교육은 특정한 영역의 학문적 역량 강화만을 목표하는 것이 아니라, '소통을 통해 각 학문의 독립된 전문적 지식들이 서로 만나 뭔가 가능성 있는 새로운 것을 찾고 만들어 가는 교육적 과정'(조대현, 2013)이라

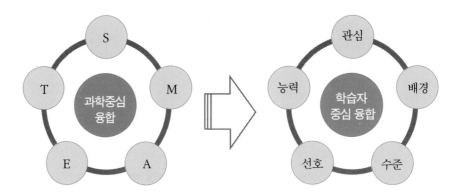

[그림 13-4] **융합교육 목적의 변화**

고 정의할 수 있으며, 이는 무에서 유를 창조하는 것이 아니라 기존의 지식과 기술을 바탕으로 새롭고 조화로운 결과물을 도출하는 '융합적 사고의 형성'을 목표하고 있다.

## 4) 융합교육의 유형

융합교육의 유형은 크게 '방법에 따른 구분'과 '적용에 따른 구분'으로 나누어서 설명할 수 있다.

### (1) 방법에 따른 구분

융합의 유형을 구분하는 데 있어서 중요한 요소는 통합 방법의 차이이다. 따라서 방법적 구분은 학문의 통합 방식 및 연계 정도에 따라 다학문적 통합, 간학문적 통합, 탈학문적 통합 등으로 이루어진다(Drake & Burns, 2004).

① 다학문적 통합(multidisciplinary integration): 독립된 개별 학문이 하나의 주제를 중심으로 연계되어 다각적이고 종합적인 관점을 유도하는 유형이다. 한 교과를 중심으로 적용하기에 용이하다. 현 모형에서 T(기술)가 중심에 있는 이유는 활동 중심의 수업을 진행하는 데 있어서 기술 과목 중심의 수업이 용이하기 때문이다. 퍼거티(Fogarty, 1991)의 통합 유형 중 '거미줄형(주제 중심형)'과 비교 가능한 통합방법이다.

② 간학문적 통합(interdisciplinary integration): 두 개 이상 복수의 학문 분야에서 공통된 개념이나 내용이 동일한 탐구 방식이나 탐구 수준을 통해 동일한 논리 구조 속에서 새롭고 의미 있는 종합을 유도하는 경우이다. 학문 내용의 구별이 가능하고, 조합하는 데 있어서 매우 다양한 경우의 수가 존재한다. 퍼거티(Fogarty, 1991)의 통합 유형 중 '공유형/통합형(개념 중심형)'과 비교할 수 있다.

③ 탈학문적 통합(extradisciplinary integration): 특정 교과 혹은 학문보다 주제 중심으로 학문과 교과가 완전한 통합을 이루는 구조이다. 자유로운 표현 활동이나 문제 해결을 학습과정의 중심 요소로 하는 학습자 중심의 유형으로, 학문 간 경계를 없애고 학습자의 관심과 배경 및 수준에 의해 새로운 영역으로의 통합이 가능하다. 그러나 다수의 분야가 복합적으로 연계되어 학문 간 구별이 쉽지 않으며 교수 준비에 많은 시간과 노력이 요구된다. 퍼거티(Fogarty, 1991)의 통합 유형 중 '몰입형(문제해결 중심형)'과 비교할 수 있다.

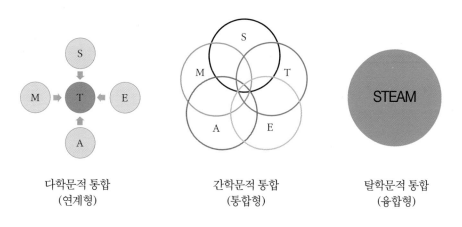

다학문적 통합　　　　간학문적 통합　　　　탈학문적 통합
(연계형)　　　　　　　(통합형)　　　　　　　(융합형)

[그림 13-5] STEAM 통합모형(김진수, 2011)

### (2) 적용 방법에 따른 구분

적용 방법에 따라서는 ① 통합의 방법에 따른 구분과 ② 대상에 따른 구분 그리고 ③ 통합 요소에 따른 구분으로 나눌 수 있으며, 김진수(2011)는 이를 X, Y, Z축으로 이루어진 3차원적 큐빅 모양으로 제시하고 있다.

학문 간 통합의 방식을 의미하는 X축은 통합 방법에 따라 다학문적 통합과 간학문적 통합 그리고 탈학문적 통합으로 구분되며, Y축은 학교급(초등학교, 중학교, 고

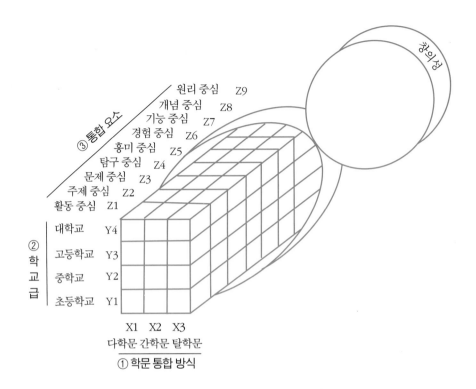

[그림 13-6] **큐빅 모형(김진수, 2011)**

등학교, 대학교)별 구분을 통해 융합교육의 대상을 선정하게 한다. 그리고 Z축은 통합의 여러 요소를 제시함으로써 다양한 융합수업을 가능하게 하고 있다. 예를 들어 X1과 Y1 그리고 Z1으로 이루어진 [그림 13-7]의 ◯의 예는 다학문적이고 활동중심적인 초등학생 대상의 융합 모형이고, X3-Y3-Z3의 ☐의 예는 고등학생을 대상으로 하는 탈학문적이고 문제 중심적인 융합의 형태를 뜻한다. 이론적으로 X, Y, Z축

| 학문 통합 방식 (X축) | 다학문 (X1) | 간학문 (X2) | | 탈학문 (X3) | | | |
|---|---|---|---|---|---|---|---|

| 학교급 (Y축) | 초등학교 (Y1) | 중학교 (Y2) | | 고등학교 (Y3) | | 대학교 (Y4) | |
|---|---|---|---|---|---|---|---|

| 통합 요소 (Z축) | 활동 중심 (Z1) | 주제 중심 (Z2) | 문제 중심 (Z3) | 탐구 중심 (Z4) | 흥미 중심 (Z5) | 경험 중심 (Z6) | 기능 중심 (Z7) | 개념 중심 (Z8) | 원리 중심 (Z9) |
|---|---|---|---|---|---|---|---|---|---|

[그림 13-7] **큐빅 모형의 적용**

의 이러한 상이한 조합은 다양한 융합교육 프로그램의 개발을 가능하게 한다.

## 2. 음악과 융합교육의 실천

### 1) 음악과 융합교육을 위한 교수 · 학습 전략

교수자 관점에서의 융합교육은 '분석 단계 – 설계 단계 – 실행 단계' 등 크게 세 단계로 구분된다. 분석 단계와 설계 단계는 교수자의 준비 단계에 해당하며 실행 단계는 교수자와 학습자의 협업 단계라 할 수 있다.

#### (1) 분석 단계

교수자의 준비 단계에 해당하는 분석단계에서는 ① 음악과 교육과정의 분석이 선행되어야 하며, ② 이를 통해 학습자에게 요구되는 주제와 범위, 내용 등을 결정해야 한다.

#### (2) 설계 단계

설계 단계는 실제 융합 환경을 구성하는 과정으로, 먼저 ① 융합 환경을 통해 추구하는 목표와 내용을 설정하고, 자연스러운 융합을 유도하는 구조화 작업을 한다. 구조화 작업은 이미 앞에서 언급한 ② 다양한 융합의 유형 중 학습자에게 가장 적합하고 효율적인 방법을 결정하고, ③ 자연스러운 융합을 유도할 수 있는 매개 환경을 구성하는 것이다. 이후에 ④ 이를 평가하기 위한 평가기준을 작성한다. 목표 설정

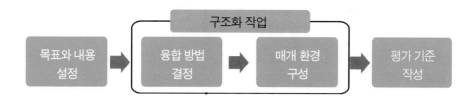

및 평가기준 작성 시 교과 이외 본연의 융합교육적 목표와 평가 내용을 반드시 포함시킨다.

### (3) 실행 단계

교수자가 주체가 되는 분석 및 설계 단계와는 달리 실행 단계에서는 학습자가 주체가 되고 교수자는 이를 지원하는 역할을 하게 된다. 실행 단계는 '상황 제시-창의적 설계-감성적 체험'으로 구분된다.

첫째, '상황 제시'는 자연스러운 융합학습을 유도하기 위한 초기과정으로, 융합 또는 융합의 가능성이 내재된 주제가 제시된다. 이때 학습자의 흥미와 관심을 유발하는 적절한 상황(환경) 제시가 이루어져야 하며, 이는 학습자의 자발적인 행동을 유도하고 주어진 문제 상황에 대한 문제 해결의 의지를 갖게 한다.

둘째, '창의적 설계'의 단계는 학습자들이 주어진 상황에서 다양한 결과물을 도출하기 위한 계획을 스스로 수립하고 계획에 따른 수행 과정을 설계하는 종합적 과정을 포함하고 있다. 실제 융합이 일어나는 과정이다.

셋째, '감성적 체험' 단계에서는 학습자가 학습에 대한 흥미, 자신감, 지적 만족감, 성취감 등을 경험함으로써 학습에 대한 동기유발, 욕구, 열정, 몰입의 의지가 발생하고, 개인, 타인 및 공동체와의 관계, 자연과 문화 등의 의미를 발견하여 선순환적인 자기주도적 학습을 가능하게 하는 모든 활동과 경험이 이루어진다. 긍정적인 감성적 체험은 학습자의 자기효능감 및 자아존중감 향상에 큰 영향을 준다.

## 2) 융합교육 활용의 예

다음은 앞에서 언급한 이론적 내용들을 음악과 수업에서의 융합교육으로 재구성한 예이다.

## (1) 분석 단계

<table>
<tr><th colspan="3">분석 내용</th><th>주제, 범위</th></tr>
<tr><td rowspan="2">음악과<br>교육과정</td><td>목표</td><td>• 음악성과 창의성, 음악의 역할과 가치<br>• 삶 속에서 즐기는 음악<br>• 음악적 정서와 표현력을 계발<br>• 문화의 다원적 가치를 인식<br>• 타인 존중, 배려<br>• 전인적 관점에서의 창의적 인재 육성</td><td rowspan="3">▶ '음악극 만들기'<br><br>음악<br>국어<br>도덕<br>미술</td></tr>
<tr><td>내용</td><td>• 창의적 음악 만들기 & 표현하기<br>• 음악을 즐기는 태도 갖기</td></tr>
<tr><td colspan="2">학습자<br>관찰</td><td>• 이미 학습된 다양한 영역의 교과 내용 분석<br>• 학습자의 반응 및 성향 및 선호도 분석<br>• 생활 속에서의 창의적 표현 능력 등 관찰</td></tr>
</table>

## (2) 설계 단계

<table>
<tr><td>제목</td><td colspan="4">음악극 만들기</td></tr>
<tr><td>대상</td><td colspan="2">중학교 2학년</td><td>교육시수</td><td>5차시</td></tr>
<tr><td>교육 목표</td><td colspan="4">- 여러 상황에 어울리는 음악을 찾거나 느낌을 살려 연주할 수 있다.<br>- 자신의 생각을 의미 있게 표현할 수 있다.<br>- 자연이 지닌 가치를 이해하고 환경에 대한 자신의 태도를 점검할 수 있다.<br>- 옷을 통해 자신을 표현하는 방법에 대해 생각해 본다.<br>- 협동학습을 통해 주어진 상황에 대한 창의적 해결 방안을 도출할 수 있다.</td></tr>
<tr><td rowspan="4">교과<br>연계</td><td>음악</td><td colspan="3">이야기 음악</td></tr>
<tr><td>국어</td><td colspan="3">스토리 창작</td></tr>
<tr><td>도덕</td><td colspan="3">환경 친화적 삶</td></tr>
<tr><td>미술</td><td colspan="3">나를 새롭게</td></tr>
<tr><td>관련<br>요소</td><td>창의성</td><td colspan="3">주어진 주제를 극화하고, 장면에 어울리는 음악과 배경을 찾는 과정에서 개성과 창의성을 발휘한다.</td></tr>
</table>

| 차시별 학습 계획 | | | | |
|---|---|---|---|---|
| 단계 | 차시 | 관련 교과 | 주제 | 주요 활동 및 방법 |
| 상황 제시 | 1 | 도덕 | 환경 친화적인 삶 | - 천재지변, 자연파괴 관련 영상 감상하기<br>- 감상 활동지 기록하기<br>- 환경 문제의 원인에 대해 조사, 발표하기<br>- 환경 문제에 대한 우리의 태도에 대해 토론하기 |
| 창의적 설계 | 2 | 국어 | 스토리 창작 스토리보드 만들기 | - 스토리 창작을 위한 환경에 대한 경험 나누기<br>- 환경 관련 이야기 만들기<br>- 모둠별 스토리보드 작성하기 |
| | 3 | 음악 | 이야기 음악 | - 주어진 내용이나 상황에 어울리는 음악에 대해 이야기하기<br>- 음악이 상황에 미치는 영향에 대해 조사, 발표하기<br>- 스토리보드에 어울리는 악기 또는 연주 방법으로 표현하기 |
| | 4 | 미술 | 나를 새롭게 | - 나를 아름답게 표현하는 방법에 대해 이야기하기<br>- 시각적 효과의 중요성에 대해 조사, 발표하기<br>- 스토리보드에 어울리는 의상 및 배경 만들기 |
| 감성적 체험 | 5 | 음악 도덕 국어 미술 | 모둠별 음악극 발표 및 평가 | - 모둠별 음악극 발표하기<br>- 소감문 작성 및 평가 활동하기 |

## (3) 실행 단계

실행 단계에서는 학습자가 주체적으로 학습하는 학습자 중심의 교육 환경이 제공되어야 한다. 이를 위해서는 ① 교수자의 구성주의적 관점에서의 수업설계 및 운영 능력이 담보되어야 하며, ② 융합 주체에 대한 학습자의 이해와 학습자의 개인적 인성에 대한 배려와 존중 그리고 ③ 그 결과로 나타나는 융합 결과물에 대한 수용이 전제되어야 한다.

학습자 중심의 융합교육을 위해 실행 단계에서 이루어져야 하는 발문의 예를 수업단계에 따라 제시하면 〈표 13-2〉와 같다. 이때 교사는 학습자의 수렴적·확산적·평가적 사고를 유도할 수 있는 질문들을 수업 내에서 필요와 요구에 따라 적절히 전개할 수 있어야 한다.

표 13-2  융합교육의 수업 단계별 발문의 예

| 단계 | 회차 | 주제 | 발문 내용 | 발문 유형 |
|------|------|------|-----------|-----------|
| 상황 제시 | 1 | 환경 친화적인 삶 | 자연이 인간에게 주는 장단점에 대해 이야기해 보자. | 인지 기억적 발문 |
| | | | 환경 문제의 원인에 대해 설명해 보자. | 수렴적 사고 발문 |
| | | | 환경 문제를 해결할 수 있는 방법은 무엇이 있을까? | 확산적 사고 발문 |
| | | | 우리의 삶이 의미 있고 아름다워지려면 어떻게 해야 할까? | 확산적 사고 발문 |
| 창의적 설계 | 2 | 스토리 창작 스토리보드 만들기 | 환경 관련 음악극을 제작한다면 어떻게 만들어야 할까? | 확산적 사고 발문 |
| | | | 우리가 보는 것이 모두 사실일까? 사람에 따라 다르지 않을까? | 수렴적 사고 발문 |
| | | | 흐름이란 무엇이고 논리성이란 무엇인가? | 수렴적 사고 발문 |
| | | | 좋은 극본은 무엇인가? | 확산적 사고 발문 |
| | 3 | 이야기 음악 | 조화란 어떤 것일까? 같은 음으로 이루어진 음악이 좋은 음악일까? | 수렴적 사고 발문 |
| | | | 등장인물, 상황, 배경에 어울리는 음악을 찾아보자. | 확산적 사고 발문 |
| | | | 극 중에서 배경 음악이 필요한 곳을 찾아보자. | 확산적 사고 발문 |
| | | | 음악극에 적합한 음향에는 어떤 것이 있을까? | 확산적 사고 발문 |
| | | | 음악극에 적합한 음향을 설계하고 제작하는 방법에는 어떤 것이 있을까? | 수렴적 사고 발문 |
| | | | 극의 내용과 인물, 상황에 적합한 음악이 제작되었는가? | 평가적 사고 발문 |
| | 4 | 나를 새롭게 | 내가 가진 특징은 무엇인가? | 수렴적 사고 발문 |
| | | | 어떻게 하면 나를 가장 나답게 드러낼 수 있는가? | 확산적 사고 발문 |
| | | | 극에 있어서 의상이나 무대, 배경 등은 어떤 기능을 할까? | 수렴적 사고 발문 |

| 창의적<br>설계 | 4 | 나를 새롭게 | 의상이나 무대, 배경을 제작할 때 사용할 수 있는 재료에는 어떤 것이 있는가? | 수렴적 사고<br>발문 |
|---|---|---|---|---|
| | | | 각 모둠의 극본에서 배경이 달라져야 하는 장면을 찾아보자. | 확산적 사고<br>발문 |
| | | | 극의 내용과 인물, 상황에 적합한 의상, 무대, 배경이 제작되었는가? | 평가적 사고<br>발문 |
| 감성적<br>체험 | 5 | 모둠별<br>음악극<br>발표 및 평가 | 좋은 음악극을 제작하기 위해 우리가 해야 하는 것은 무엇일까? | 수렴적 사고<br>발문 |
| | | | 주제가 잘 드러나려면 어떤 표현기법이 필요한가? | 수렴적 사고<br>발문 |
| | | | 음악극 공연을 위해 지켜야 할 점은 무엇인가? | 수렴적 사고<br>발문 |
| | | | 음악극 감상을 위해 지켜야 할 점은 무엇인가? | 수렴적 사고<br>발문 |
| | | | 음악극을 통해 느낀 점은 무엇인가? | 확산적 사고<br>발문 |

## 토의 주제

1. 음악과 융합교육의 실천이 갖는 교육적 의미와 당위성은 무엇인지 이야기해 보자.

2. '과학적 방법'에 비교할 수 있는 '음악적 방법'에는 어떤 것이 있는지 설명해 보자.

3. '음악'과 연계 가능한 타 교과 및 내용은 무엇이고 그 유형은 어떠한지 토의해 보자.

4. 융합교육을 현장에 적용하기 위해 필요한 교수자의 자세는 어떠해야 하는지 토의해 보자.

# 제 **14** 장

# 인성교육[1]

장근주

이 장에서는 인성교육의 개념과 함께 인성교육의 가치덕목·인성역량을 여덟 가지 요소로 설정하였고, 이에 대한 초등학교와 중학교에서의 실천 가능성을 위해서 내용을 구체화하였으며, 해당 교육 내용에 대한 활동의 예를 제시하였다.

## 1. 인성교육의 이해

인성교육이란 '학생들의 바람직한 인성을 함양하려는 교육'을 말한다. 국어사전에서 제시하는 인성의 어의는 '사람의 성품' '각 개인이 가지는 사고와 태도 및 행동 특성'이다. 심리학적 관점에서 인성은 특정한 인간의 사고, 감정, 행동 양식을 포괄하는 성격(personality)을 일컫는다. 도덕 철학적 관점에서 인성은 인간으로서 지켜야 할 품격이나 덕목을 지칭하는 인격(character)을 칭한다. 학교교육에서 중시

---

1. 이 장은 2013년 양정실, 조난심, 박소영, 장근주, 은지용의 「교과교육을 통한 인성교육 구현 방안」 연구를 이 장에 맞도록 재구성한 것이다.

하고 있는 인성교육은 지·덕·체, 지·정·의가 고루 발달한 '전인성'의 의미를 포함하는 인격 등과 같이 가치지향적인 용어가 적합하다는 입장에서 인성교육 (character education)으로 칭한다.

인성에 대한 논의의 역사는 매우 깊다. 우리의 경우에는 일찍이 유교적인 교육적 전통에서 성리학의 인성론이 교육과 관련하여 활발하게 논의되었고, 서양의 경우에는 아리스토텔레스의 덕 윤리학을 토대로 품성으로서의 덕 교육에 대한 논의가 있었다. 이러한 고전적인 논의들은 1960년대에 자유주의적 도덕교육론이 퇴조하고, 덕 윤리(virtue ethics)의 부활과 인격교육 운동이 전개됨에 따라 다시 활발해졌다.

'인성'이라는 용어가 이렇듯 다양한 역사적·이론적·사회적·교육적 맥락에서 사용되어 왔기 때문에 그 개념이 의미하는 범위와 깊이를 특정하기 어려운 것이 현실이다. 그렇다 보니 교육의 상황에서 쓰이는 '인성'의 의미도 모호하여 관계자들에게 혼란을 주기도 한다. 인성이란 한 개인의 품성을 나타내는 것으로 개인적·사회적으로 바람직한 삶을 위한 마음과 행동을 의미하며, 그것은 불변의 것이 아니라 교육이나 환경 등에 의해 변화될 수 있다. 또한 인성의 개념 정의는 관련되는 이론적 배경에서 의미가 규정되기도 한다. 예를 들어, 인성의 핵심 요소를 도덕성에 두는 입장에서는 윤리학적·철학적 관점에서 정의되는 '인격'의 개념이 인성교육에서 초점을 두어야 할 의미라고 본다(조난심 외, 2003). 인격의 의미는 사람으로서의 됨됨이, 사람의 품격을 말하며, 개인의 지·정·의 및 육체적 측면을 총괄하는 전체적 통일체를 지칭한다. 인격은 도덕적 행위의 주체를 뜻하기도 한다.

인성과 인성교육의 의미는 이미 확정된 것이라기보다 시대적 변화와 사회적·교육적 상황에 따라 강조점이 달라지는 것이라고 할 수 있다. 인성교육은 학교에서 다양한 교육 활동과 학교생활 경험을 통해 이루어지되 그것이 통합적으로 한 개인의 성품에 작용하여 인간으로서 바람직한 성향을 형성한 상태, 인간으로서 마땅히 지켜야 할 도를 알고 실천하는 상태를 목적으로 이루어지는 교육을 뜻한다. 달리 표현하면, 인성교육은 학교에서 학생들이 단지 지식과 기술을 배우고 상급학교 진학이나 장래의 진로를 개척하는 것을 넘어, 궁극적으로 바람직한 인성을 갖춘 훌륭한 인간으로 성장하기를 기대하는 것이다.

## 2. 음악교육에서 추구해야 할 가치덕목 · 인성역량

음악교육을 통한 인성교육에서 추구해야 할 주요 가치덕목 · 인성역량은 〈표 14-1〉
과 같다. 음악적 감수성은 음악을 이해하고 받아들이는 능력으로 미적 공감 및 수용
과 일치하며, 존중, 배려, 자율과 책임, 정의, 참여와 협동은 가치덕목으로, 소통 능
력, 문제 해결 능력과 판단력은 인성역량으로 구분할 수 있다.

| 표 14-1 | 음악과 가치덕목 · 인성역량

| 가치덕목 · 인성역량 | 포함되는 인성 요소 | 음악과 교육에의 적용 |
|---|---|---|
| 존중 | 자기존중: 자신감, 자아수용, 자기표현, 자기통제, 긍정적 태도 | • 다른 문화 음악과 다른 사람의 연주를 존중 |
| | 타인 존중: 인권 존중, 다른 문화에 대해 편견 갖지 않기 | |
| 배려 | 관용, 연민, 양보, 친절, 봉사, 헌신, 공감, 화합 | • 각자 맡은 성부의 역할 속에서 다른 사람의 연주를 듣고 화음의 아름다움을 느끼며 연주 |
| 자율과 책임 | 자기 임무 완수, 정직, 성실, 신뢰, 윤리적 책임감 | • 음악을 연주하고 창작하는 과정을 인내하여 음악 작품 완성 |
| 참여와 협동 | 공동체의식, 민주시민의식, 협력, 도움 주기, 팀워크 | • 공동체 안에서 다양한 음악 활동과 음악회에 참여하는 태도 |
| 음악적 감수성 (공감과 수용) | 미적 자극을 받아들여 느끼는 성질이나 성향/느낌(감정)이 일어나거나 받아들이는 것 | • 음악의 표현적 특질에 미적으로 반응하고 지각하여 음악의 구성 요소들의 관련성 속에서 형성된 '의미'를 통찰하고 공감 |
| 소통 능력 | 의사소통 능력, 대화를 통한 관계 개선 | • 자신과 타인의 감정과 생각을 음악적으로 표현하고 음악 문화와 작품을 이해 |
| 문제 해결 능력과 판단력 | 문제 인식, 가능한 해결 방안 모색, 결정에 따른 결과를 예상해 보기, 도덕적 성찰, 합리적인 의사결정 능력 | • 음악창작, 음악극, 배경 음악 만들기 등의 음악 활동에서 종합적이고 창의적인 의사결정 능력 |
| 정의 | 준법, 규칙 준수, 공정, 질서, 가치 판단 | • 창작 윤리를 준수하여 작품 만들기<br>• 저작권을 준수하여 음악 창작하고 다운받기 |

〈표 14-1〉에 설정된 교과교육을 통한 인성교육에서 추구해야 할 가치덕목·인성역량은 다음과 같은 특성을 갖는다.

첫째, 학교 인성교육에서는 궁극적으로 전인성을 추구하기 때문에 위에 제시된 가치덕목·인성역량 외에도 수많은 목록이 제시될 수 있을 것이다. 그러나 최근 우리 학교교육의 상황에 대한 문제의식과 이를 개선하기 위한 인성교육의 활성화에 초점을 두고 있기 때문에 그러한 맥락에서 강조되어야 할 가치덕목·인성역량을 통합하여 설정하였다. 특히 최근 우리 학교에서 발생되는 학교폭력과 같은 문제들은 주로 학생들의 자기 자신에 대한 올바른 이해 부족, 대인관계 능력 부족 그리고 평화적인 갈등 해결 능력의 부족 등으로 인해 초래되는 것으로 보고 이러한 문제를 해소해 나가기 위해 필요한 인성교육의 주요 가치덕목·인성역량을 설정하였다.

둘째, 가치덕목과 인성역량을 통합하였다. 종래의 인성교육이나 인격교육 연구에서는 추구하는 덕목을 설정하는 것이 주된 경향이었고, 인성 핵심 역량을 설정하는 관점이 일부 있었다. 그러나 가치덕목과 인성역량을 명확히 구분하는 것은 어렵고, 보다 중요한 것은 교과교육을 통한 인성교육의 실천성을 제고하는 것이다. 즉, 교과교육을 통한 인성교육이 단지 내용 차원에서 인성적 가치덕목을 첨부하거나 강조하는 것에서 그치는 것이 아니라, 교과 수업의 과정에서 인성역량을 이끌어 내고 함양하는 데 초점을 둠으로써 일상생활의 문제 해결 과정에 대한 성찰과 재조정을 통해 학생들이 바람직한 행동을 하는 것을 목적으로 하는 것이다. 이러한 덕목과 역량적 접근의 통합은 교과교육을 통한 인성교육 활성화를 위해 새로운 가능성을 열어 줄 것이라 기대한다.

셋째, 앞에서 제시한 인성교육을 위한 가치덕목·인성역량은 학생들의 전인적 발달을 그 바탕에 깔고 있다. 곧 학생들이 지·덕·체가 고루 발달한 조화로운 인격을 형성하는 것을 바탕으로 이와 같은 가치덕목·인성역량이 제시된 것이다. 따라서 학생들이 문학, 음악, 미술과 같은 예술 교육을 통해 심미적 수용과 미적 공감을 할 수 있도록 설정된 것이다. 이는 교과교육을 통한 인성교육이 도덕과나 사회과만을 통해서 이루어지기보다는 국어과나 음악, 미술 교과들을 통해서 한층 확장되어 이루어짐으로써 좀 더 풍부한 인성과 정서가 길러지기를 기대한 것이다.

# 3. 음악교육을 통한 인성교육 실천의 기본 방향

학교 음악교육을 통한 인성교육을 활성화하기 위해서는 다음의 사항을 실천해야 한다.

- 첫째, 각 음악과 교육 내용에 인성교육의 가치덕목 · 인성역량을 연계시키고 구체화한다.
  - 음악과 교육과정의 내용 요소와 인성교육의 가치덕목 · 인성역량과의 연관 성을 분석하고, 이를 체계화하여 제시한다.
  - 음악교육을 통해 길러야 할 인성교육의 가치덕목 · 인성역량이 현행 교육과 정에 충실하게 반영되어 있지 않은 경우에는 교과 내용과 인성교육의 가치덕 목 · 인성역량을 연계시켜 지도하는 방안을 모색한다.
- 둘째, 학생 참여적인 협력학습의 인성교육 방법을 적극 활용한다.
  - 학생 참여적인 협력학습을 위주로 인성교육을 강화하는 교수 · 학습 방법과 모형을 적극 활용한다.
  - 수업 중 교사와 학생의 상호작용과 학생 간의 상호작용 과정에서 인성교육의 가치덕목 · 인성역량이 습득될 수 있도록 유의하여 지도한다.
- 셋째, 인성교육의 관점에서 교과서를 재구성하고, 다양한 인성교육 교수 · 학 습 자료를 활용한다.
  - 인성교육과 관련이 깊은 교과서 내용을 재구성하여 지도한다.
  - 수업 시간에 활용하는 인성교육 자료에서는 학생들의 고민, 일상생활의 맥 락과 연계된 소재를 활용한다.
- 넷째, 음악 교과의 평가에서는 인성 교수 · 학습 과정 및 결과를 평가하기 위한 수행 평가 방법을 적극 활용한다.
  - 음악교육 평가에서 인성교육 학습 요소를 반드시 포함시켜 평가한다.
  - 음악교육을 통한 인성 요소 학습 결과를 제대로 평가하기 위해서는 학생들의 참여 정도, 태도 등을 재는 평가 방법의 활용이 필요하다.
  - 인성교육 평가 결과에 대한 피드백을 통해 학생 스스로 자신의 태도와 행동

을 개선할 수 있도록 한다.

## 4. 음악과 인성교육의 내용과 방법

### 1) 음악과 인성교육의 내용과 방법

음악과 인성교육의 주요 내용을 제재 및 주제를 중심으로 관련 가치덕목 · 인성역량과 연계시키고, 교수 · 학습 내용 사례를 중심으로 내용과 방법을 구체화하면 〈표 14-2〉〈표 14-3〉과 같다. 표에서 제시하는 활동들은 중점적으로 다루어지는 가치덕목 · 인성역량의 예를 제시한 것으로, 실제 수업에서는 다양한 가치덕목 · 인성역량이 결합되어 학습되는 것을 기본으로 한다.

#### (1) 초등학교

표 14-2  초등학교 음악과 교육 내용과 가치덕목 · 인성역량의 연계성 및 내용 구체화

| 가치덕목 · 인성역량 | 제재 및 주제 | 인성 활동의 예 | 교수 · 학습 방법 | 평가 방법 |
|---|---|---|---|---|
| 존중 | 여러 나라의 동요나 민요를 부르기 | • 다른 나라의 동요 부르기 | 프로젝트 중심 교수 · 학습 | 포트폴리오 관찰법 (태도평가) |
|  | 다른 나라의 음악 문화 이해하는 태도 갖기 | • 오페라, 뮤지컬 등을 듣고 느낀 점을 다양한 방법으로 소개하기 |  |  |
| 배려 | 노래 부르거나 악기 연주하기 | • 리듬 합주나 기악 합주하기 | 협동학습 | 자기평가 상호평가 |
| 자율과 책임 | 역할 나누어 음악 만들기 | • 새로운 랩 가사 만들기 | 협동학습 | 관찰법 (태도평가) 실기평가 자기평가 |
| 참여와 협동 | 음악 발표회 계획하고 참여하기 | • 학급 음악 발표회를 협력하여 계획하고 발표하기 | 협동학습 문제 해결 학습 | 자기평가 상호평가 관찰법 (태도평가) |

| 음악적<br>감수성<br>(공감과 수용) | 음악 요소 및 개념을 이해하며 표현하기 | • 리듬에 맞추어 친구 소개하기<br>• 바꾼 리듬꼴로 빙고 놀이하기 | 통합적<br>교수 · 학습 | 관찰법<br>실기평가 |
|---|---|---|---|---|
| 소통 능력 | 악곡을 감상하고 특징에 대해 이야기하기 | • 〈동물의 사육제〉를 듣고 떠오르는 동물의 특징에 대하여 이야기하고 협동화로 그리기 | 토의 · 토론<br>학습 | 관찰법 |
| | 다양한 문화권의 음악의 특징에 대해 이야기하기 | • 모둠별로 역할을 나누어 쓰임에 따른 음악적 특징을 조사하여 발표하기<br>• 우리 지역에 전승되어 오는 음악과 관련된 설화, 전설, 인물 등을 찾아 다른 사람에게 설명하기 | | |
| 문제 해결<br>능력과<br>판단력 | 이야기 음악 만들기 | • 자연이나 주변의 소리를 탐색하기 | 문제 해결<br>학습<br>협동학습 | 관찰법<br>상호평가 |
| 정의 | 창작 윤리 준수하여 음악 만들기 | • 학급 UCC 만들기 | 협동학습<br>문제 해결<br>학습 | 관찰법 |

## (2) 중학교

표 14-3　중학교 음악과 교육 내용과 가치덕목 · 인성역량의 연계성 및 내용 구체화

| 가치덕목 ·<br>인성역량 | 제재 및 주제 | 인성 활동의 예 | 교수 · 학습 방법 | 평가 방법 |
|---|---|---|---|---|
| 존중 | 세계 여러 나라의 민요 | 다른 나라의 문화를 이해하고 외국민요 불러 보기 | 역할극 | 실기평가<br>자기평가 |
| 배려 | 함께 연주하기 | 음악에 맞추어 친구와 함께 컵타나 몸타하기 | 협동학습 | 자기평가<br>상호평가 |
| 자율과 책임 | 역할 나누어 음악 만들기 | 스마트폰을 이용해 음악 만들기 | 협동학습 | 상호평가<br>실기평가 |
| 참여와 협동 | 작곡가와 음악 홍보물 | 모둠별로 음악신문 만들기 | 프로젝트 학습 | 포트폴리오 |
| | | 광고에 사용된 음악 제목 찾기 | 토론 | |
| | | 게임 배경 음악 만들기 | 협동학습 | |

| 음악적 감수성<br>(공감과 수용) | 음악의 아름다움을<br>느끼며 연주하기 | 핸드벨 합주하기 | 협동학습 | 실기평가<br>자기평가 |
|---|---|---|---|---|
| 소통 능력 | 한국을 대표하는<br>음악 | 외국인에게 우리 음악 알<br>리기 | 창의적 문제<br>해결 학습 | 보고서 |
| 문제 해결<br>능력과<br>판단력 | 사회적 맥락 속의<br>음악 | 음악 방송 프로그램 만들기 | 프로젝트 학습 | 포트폴리오 |
| 정의 | 음악 저작권 | 표절 근절을 위한 해결책 토<br>론하기 | 토의/토론 | 보고서 |

## 2) 수업 예시안

### (1) 초등학교 음악과 수업 예시안

| 학교급 | 초등학교 | 대상 학년 | 3학년 |
|---|---|---|---|
| 단원명 | 21. 음악이랑 생활이랑 | | |
| 해당 차시 | '학교생활'을 음악으로 표현하기(2/2차시) | | |
| 인성 요소 | 배려, 소통, 참여, 협동, 존중, 문제 해결, 음악적 감수성 | | |
| 교수 · 학습 방법 | 협력 학습, 활동 중심 교육,<br>창작 활동 중심 수업 모형 | 평가 방법 | 교사 관찰평가<br>학생상호 관찰평가 |

● 개요

　　본 단원은 4학년의 '장면을 음악으로 나타내기', 5학년의 '이야기 음악'으로 연계되는 내용이다. 1차시는 주변의 소리를 탐색하여 목소리, 물체, 악기로 표현하기, 2차시는 이야기에 어울리게 음악으로 표현하기로 구성되어 있다.

　　본 차시인 2차시는 학생 개인별로 운동회 모습을 글이나 그림으로 꾸미고 악기로 표현하는 활동을 재구성하여 모둠별로 '학교생활'이라는 주제로 학생들의 학교생활 모습을 이야기로 만들고, 우리 주변의 여러 가지 물건과 좋아하는 악기를 선택하여 '학교생활'을 음악으로 표현하도록 하였다.

　　학교생활 모습을 크게 여덟 가지로 나누어 사진을 촬영한 후 학습지에 제시하고 사진을 보면서 모둠별로 이야기를 꾸미게 하는 활동으로, 학생 자신의 삶과 연결 지어 배움의 자발성을 이끌어 내고자 하였다. 나아가 모둠활동을 통하여 참여와 협동의 상호작용으로 협력적인 문제 해결 능력을 기르고, 자신의 생각을 표현하며 서로의 생각을 존중하여 자기의 느낌을 충분히 표현하도록 하였다. 또한 학생들의 자유로운 의견을 수용하고 공감하는 분위기를 조성하여 배움의 결과를 스스로 점검하고 자기 언어와 자기 생각으로 정리하여 표현할 수 있도록 하였다.

## Ⅰ 도입

### ● 동기 유발 자료

- 여러 가지 악기로 표현 방법 생각하기

| 주요 내용 | 우리 주변의 소리에는 어떤 것들이 있는지 알아보고, 이야기를 듣고 여러 가지 악기로 표현 방법을 생각해 본다. | 인성역량 | 존중, 소통 |
|---|---|---|---|
| • 이 소리는 무엇을 흉내 낸 소리일까를 질문한다. (장구로 시계소리를 흉내 내어 친다.)<br>• 여러 가지 주변의 소리를 악기로 표현할 수 있도록 지도한다.<br>• "나는 점점 더 빨리 달리게 되었습니다." 등을 리듬악기로 표현해 본다.<br>• 달리기할 때 '땅' 하는 총소리를 음악으로 어떻게 표현할 수 있을지 질문한다. | | | |

　☞ 악기로 표현할 때 발표하는 사람은 악기를 선택한 이유를 들어 말하며, 듣는 사람은 다른 사람의 생각을 경청하고 다른 사람의 생각을 존중하며 서로 다름을 인정하게 한다.

### ● 학습 목표

| 주요 내용 | '학습 문제' 를 찾아보고 인지한다. | 인성역량 | 문제 해결 |
|---|---|---|---|
| 학습목표<br>• '학교생활' 을 이야기로 꾸미고 이야기를 목소리, 물체, 악기 등을 사용하여 음악으로 표현할 수 있다. | | | |

　☞ 무엇을 배울 것인지 학생들이 찾아보게 함으로써 문제를 인식하고 능동적인 태도로 학습에 임하게 하며, 배울 문제를 확실히 알고 학습에 임하게 한다.

## ●사전 준비 확인하기

| 자료 | 리듬악기, 가락악기, 생활악기, 색연필, 사인펜, 학교생활에 관한 사진 자료 | 인성역량 | 자율, 책임 |
| --- | --- | --- | --- |
| • 모둠별로 즉흥 연주에 활용할 다양한 악기를 미리 준비한다. | | | |
| • 우리 학교생활 중에서 음악으로 표현하고 싶은 것을 생각해 오도록 한다. | | | |

☞ 모둠별로 필요한 악기는 모둠원들이 책임감을 갖고 자율적으로 준비한다.

☞ 이야기를 음악으로 표현할 때 다른 사람을 배려하여 너무 소란스럽지 않도록 사전에 지도한다.

## II 전개

## ● '나의 학교생활' 이야기 꾸미기

### • '이야기 음악' 만드는 순서 알아보기

| 주요 내용 | '이야기 음악' 만드는 순서를 알아본다. | 인성역량 | 소통 |
| --- | --- | --- | --- |

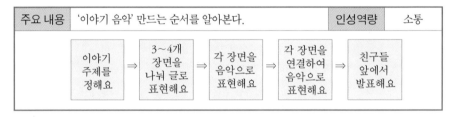

☞ 이야기를 음악으로 표현할 때 어떤 순서로 하면 좋을지 토의하면서 내 의견만 주장하지 않고 다른 사람의 생각도 인정하여 서로 소통하는 시간이 되게 한다.

### • 모둠별로 주제 정하고 이야기 꾸미기

| 주요 내용 | • 모둠별로 우리 학교생활 중에서 음악 이야기로 나타내보고 싶은 모습을 이야기한다.<br>• 모둠별로 '학교생활' 사진 자료를 보고 이야기로 꾸밀 주제를 정한다.<br>① 음악 시간 ② 청소 시간 ③ 체육 시간 ④ 점심 시간<br>⑤ 현장 학습 ⑥ 운동회 ⑦ 수영 활동 ⑧ 미술 시간 ⑨ 기타 | 인성역량 | 배려,<br>참여,<br>협동 |
| --- | --- | --- | --- |
| • 음악발표회를 준비하는 장면을 보고 음악시간에 재미있었던 일을 떠올려 주제를 정한다.<br>　- 모둠 친구들과 협의하여 4~5가지 정도의 장면을 글로 간단하게 나타낸다. | | | |

☞ 모둠원들이 자기가 표현하고 싶은 장면을 존중과 배려로 협력하여 표현하게 한다.

● **이야기를 음악으로 표현하기**

• **이야기를 음악으로 표현하기**

| 주요 내용 | 모둠별로 꾸민 이야기에 어울리게 목소리, 물체, 악기를 골고루 사용하여 음악 만들기를 한다. | 인성역량 | 참여, 협동 |
|---|---|---|---|

- 교실에 준비된 물건, 악기, 목소리를 사용하여 모둠별 상황에 맞게 다양하게 활용하여 표현한다.
- 의성어, 의태어, 목소리의 높고 낮음이나 크고 작음으로 표현한다.
- 생활악기를 사용하여 음악적 느낌을 다양한 방법으로 표현한다.

☞ 서로의 느낌을 최대한 존중하고 배려하여 이야기에 어울리는 악기로 다양하게 표현할 수 있도록 하며 공동체 의식을 갖고 협력하여 이야기 음악을 만들도록 한다.

• **모둠별 발표하기**

| 주요 내용 | 이야기의 장면에 어울리게 만든 이야기 음악을 모둠별로 발표한다. | 인성역량 | 참여, 협동 음악적 감수성 |
|---|---|---|---|

- 발표할 때는 해설자가 장면을 이야기한 후 음악으로 발표한다.
- 발표 도중에 연습한 대로 되지 않더라도 말하지 않고 즉흥연주한다.
- 다른 모둠의 발표를 들으면서 잘한 모둠이나 잘된 표현, '나라면 어떻게 했을까?' 등의 생각을 간단하게 감상학습지에 기록하면서 듣도록 한다. (교사관찰평가, 학생상호평가)

☞ 모둠원이 즐겁게 참여하고 협력하여 장면에 어울리게 잘 표현하며, 서로의 느낌을 받아들이는 배움과 성장의 시간이 되도록 한다.

## III 정리 및 평가

● **내면화**

• **느낀 점 말하기**

| 주요 내용 | 이 시간에 공부하고 느낀 점이나 새롭게 안 사실, 더 배우고 싶은 점, 궁금한 점 등을 이야기하게 한다. | 인성역량 | 공감 소통 |
|---|---|---|---|

- 여러 가지 소리를 사용하여 이야기를 음악으로 표현해 보면서 알게 된 점이나 느낀 점을 발표해 본다.
- 오늘 공부하고 난 느낌을 한 문장으로 말해 본다.

☞ 학생들이 자유로운 의견을 수용하고 공감하는 분위기를 조성하여 배움의 결과를 스스로 점검하고 자기 언어와 자기 생각으로 정리하여 표현할 수 있도록 한다.

● 평가 계획

- 이야기의 장면에 어울리게 목소리, 물체, 악기로 표현할 수 있는가?
- 모둠별 즉흥 표현 활동에 적극적으로 참여하는가?

## (2) 중학교 음악과 수업 예시안

| 학교급 | 중학교 | 대상 학년 | 2학년 |
|---|---|---|---|
| 단원명 | 내가 만드는 음악 | | |
| 해당 차시 | (2/3차시) 캠페인 UCC 제작하기 | | |
| 인성 요소 | 배려, 나눔, 협동, 존중, 참여 | | |
| 교수 · 학습 방법 | 협동 학습, 활동 중심 교육, 프로젝트 교수 · 학습 방법 | 평가 방법 | 포트폴리오, 실기평가 |

● 개요

  본 학습의 목표는 '배려와 나눔'을 주제로 하여 캠페인 UCC를 제작하는 것이다. 학습자들이 '배려와 나눔'을 주제로 기존의 곡을 활용하여 가사를 창작한 후, 캠페인 송을 직접 노래하고 음원으로 제작하도록 한다. 또한 캠페인 송에 어울리는 영상을 촬영하고 편집하여 '배려와 나눔' 캠페인 영상을 제작하도록 한다. 이를 통하여 학습자들은 '배려와 나눔'의 본질에 관하여 깊이 생각하게 되며, 이것들을 올바르게 표현해 내기 위한 창의적인 아이디어들을 생산해 낼 것이다. 또한 다양한 매체의 활용을 통하여 음악을 재구성하는 능력과 음악을 실생활에서 활용하는 방법 등을 자연스럽게 습득하게 될 것이다.

### I　도입

● **동기 유발 자료 감상**

　• 캠페인의 내용과 가사, 음악, 영상과의 관련성 탐구하기

| 주요 활동 | 두 가지의 서로 다른 영상을 보며 각각 무엇에 관한 내용인지 알아보고, 음악과 가사 그리고 영상과의 조화에 대해 생각해 본다. |
|---|---|

● **학습 목표**

| 주요 활동 | '학습 목표' 제시 |
|---|---|

학습 목표
• Audacity 프로그램을 활용하여 '배려와 나눔'에 관한 캠페인 송을 녹음하여 음원으로 만들 수 있다.
• 태블릿 PC나 스마트폰을 활용하여 캠페인 송에 어울리는 간단한 캠페인 영상을 제작할 수 있다.

● **사전 준비 확인하기**

| 자료 | '배려와 나눔' UCC 제작 계획서 작성 확인하기 |
|---|---|

• 지난 시간 모둠별로 토의한 캠페인 영상의 내용 및 화면 구성 계획을 확인한다.
• 지난 시간 창작한 캠페인 가사의 완성도를 확인한다.
• 캠페인 송 녹음을 위한 반주음원의 준비(30~40초) 상태를 확인한다.

　• '배려와 나눔' UCC 제작 계획서 예시

| '배려와 나눔' UCC 제작 계획서 | | |
|---|---|---|
| 모둠 구성원<br>이름(학번) | 김경＊(209＊＊) | 전형*(209＊＊) |
| | 김성＊(209＊＊) | 손범*(209＊＊) |
| 제목 | 왕따와 멋쟁이 | |
| 캠페인 송<br>음원 제목(가수) | 자니(프라이머리) | |
| 음악 선정 이유 | 제작할 캠페인의 앞부분에서는 왕따 폭행이 이루어지고 뒷부분에서는 멋쟁이의 위로가 이루어진다. 따라서 내용이 통일성 있게 잘 이어지도록 적당한 미디엄 템포의 곡을 선정하였는데, 이 곡은 후렴부로 갈수록 약간 고조된 느낌을 주기 때문에 멋쟁이의 위로가 등장하는 부분에 어울린다. 또한 프라이머리의 〈자니〉는 후렴부의 가사가 단순해 개사가 쉽다. | |

| 역할 나누기 | 출연(주연) | |
| | 출연(조연) | |
| | 음악편집 | |
| | 영상편집 | |
| | 촬영 | |
| | 작사(개사) | |
| | 노래 | |
| 캠페인 송 가사 | 너는 지금 뭐해? 자니? 괜찮아? | |
| | 뜬금없이 말을 걸어 보지만 | |
| | 어떻게 해 줄 거란 뜻은 아니야 | |
| | 그냥 안쓰러워 그래 아니 위로하려 그래 | |
| 캠페인 영상 내용 및 화면 구성 | - 왕따가 구석으로 밀쳐진다. | - 작은 소리로 반주 음악이 흘러 나온다. |
| | - 가해학생이 왕따의 뺨을 때린다. | |
| | - 여러 명의 가해학생이 왕따를 구타한다. | - 점점 음악의 소리가 커진다. |
| | - 폭행이 끝나고 왕따는 혼자 외롭게 앉아 있다. | |
| | - 혼자 앉아 있는 왕따를 멋쟁이가 발견하고 다가온다. | - 본격적인 개사 노래 부분이 등장한다. "너는 지금 뭐해? 자니? 괜찮아? 뜬금없이 말을 걸어 보지만 어떻게 해 줄거란 뜻은 아니야. 그냥 안쓰러워 그래 아니 위로하려 그래." |
| | - 멋쟁이는 위로의 말을 건넨다. | |
| | - 멋쟁이가 왕따를 일으켜 세우고 함께 걸어가며 친구가 된다. | - 반주 음악이 계속된다. |
| | - 엔딩 크레딧이 올라간다. | |

## II 전개

● 활동 1. Audacity 프로그램을 활용한 캠페인 송(UCC 음원) 제작

| 주요 활동 | 모둠별로 음악 편집 프로그램인 Audacity를 활용하여, 학습자들이 창작한 가사로 직접 노래 부른 것을 녹음 및 편집하여 음원으로 제작한다. |
| --- | --- |

- 음악 편집 프로그램인 Audacity를 활용한 캠페인 송(UCC 음원) 제작하기
  - 캠페인 영상을 고려하여 영상의 주인공을 선정하면서, 동시에 노래할 학생과 편집에 참여할 학생을 선정한다.
  - 노래 녹음이 완성되면 음악에 다양한 효과를 선택적으로 넣어 주어 소리를 디자인하고, 최종적으로 영상과 어울릴 수 있도록 음악을 편집한다.
  - 소리 디자인이 완성되면 '내보내기'를 통하여 음원(WAV) 파일로 만들어 낸다.

● 활동 2. 태블릿 PC나 스마트폰을 활용한 캠페인 영상 제작
- 태블릿 PC나 스마트폰을 활용한 캠페인 영상 촬영하기

| 주요 활동 | 태블릿 PC나 스마트폰에 탑재된 카메라를 실행하여 캠페인 영상을 촬영한다. |
|---|---|

〈태블릿 PC나 스마트폰을 활용한 영상 촬영 활동 시 유의사항 이해하기〉
  - 화면 구성의 통일성을 위하여 태블릿 PC나 스마트폰은 항상 가로로 위치하게 하여 촬영한다.

- 태블릿 PC나 스마트폰을 활용하여 캠페인 영상 편집하기

| 주요 활동 | 태블릿 PC나 스마트폰에 탑재된 편집 앱을 이용하여 촬영한 캠페인 영상을 편집한다. |
|---|---|

### III 정리 및 평가

● 내면화
- 작품 완성도 확인하기
  - 모둠별로 제작한 '배려와 나눔' 캠페인 UCC의 제작 진행 과정 및 완성도 확인하기

- 캠페인 UCC 배포하기

〈모둠별로 제작한 '배려와 나눔' 캠페인 UCC를 배포 및 홍보하기〉

- 모둠별로 제작한 '배려와 나눔' 캠페인 UCC의 완성 작품을 학습자들이 직접 교내 홈페이지에 탑재한다.

| 주요 활동 | 모둠별로 제작한 '배려와 나눔' 캠페인 UCC를 교내 홈페이지나 유튜브 등에 학습자들이 직접 탑재하여 홍보한다. |
|---|---|

## 토의 주제

1. 음악교육에서 인성교육의 의미와 인성교육이 필요한 이유를 논의해 보자.

2. 인성교육 중심의 음악 수업이 도덕교육과 차별성을 두기 위한 방법을 이야기해 보자.

3. '음악' 수업에서 학습할 수 있는 인성교육의 교과 내용과 교수·학습 방법에 대하여 논의해 보자.

# 참고문헌

강민선, 강민선, 양은주, 한태동, 김선희, 류주욱(2012). 중학교 음악. 서울: 교학사.

강현석, 주동범(2012). 현대 교육과정과 교육평가. 서울: 학지사.

강혜숙, 김영중, 김혜연, 신재한, 한애희(2009). 현장에서의 제작·활용을 위한 교재·교구의 이론과 실제. 파주: 공동체.

고채영, 오찬숙, 김현식, 이선영, 송보라, 오기미, 김혜자, 권희정(2012). 핵심역량 증진을 위한 감성기반 교과융합 수업 연구. 경기도교육연구원.

고춘선, 홍종건(2001). 중학교 음악 2. 서울: 세광음악출판사.

권성호(1990). 교육공학원론 서울: 양서원.

교육과학기술부 고시(2008). 초·중등학교 교과용도서 국·검·인정 구분 고시. 제2008-139호 (2008. 8. 27.).

교육과학기술부 고시(2009). 초·중등학교 교과용도서 국·검·인정 구분 고시. 제2009-4호 (2009. 1. 21.).

교육과학기술부 고시(2010). 초·중등학교 교과용도서 국·검·인정 구분 고시. 제2010-21호 (2010. 4. 14.).

교육과학기술부 고시(2011a). 초·중등학교 교과용도서 국·검·인정 구분 고시. 제2011-14호 (2011. 2. 28.).

교육과학기술부 고시(2011b). 초·중등학교 교과용도서 국·검·인정 구분 고시. 제2011-29호 (2011. 8. 19.).

교육과학기술부 고시(2012). 초·중등학교 교과용도서 국·검·인정 구분 고시. 제2012-17호

(2012. 8. 29.).

교육과학기술부(2009). 검정도서 편찬 및 검정기준. 서울: 교육과학기술부.

교육과학기술부(2010). 2010년 교과서 선진화 방안. 서울: 교육과학기술부.

교육과학기술부(2011). 음악과 교육과정. 서울: 교육과학기술부.

교육과학기술부(2012). 음악과 교육과정(교육과학기술부 고시 제2011-361호[별책 12]). 서울: 교육과학기술부.

교육과학기술부, 한국교육과정평가원(2011). 초·중등학교 교과용도서 편찬상의 유의점 및 검정기준. 한국교육과정평가원 연구자료 ORM 2011-49.

교육부(1999). 제7차 교육과정에 따른 2종 교과용도서 집필상의 유의점(고등학교). 서울: 교육부.

교육부(2000). 교과서 백서. 서울: 대한교과서주식회사.

교육부(2013). 행복교육, 창의인재 양성: 교육부 2013년 국정과제 실천계획 발표. 보도자료 (2013. 3. 28).

교육인적자원부(2002). 교과서 편수 자료 I (편수일반). 서울: 교육인적자원부.

교육인적자원부(2003). 제7차 교육과정 적용 우수사례집-초등학교 학교 교육과정 준비에서 평가까지. 서울: 교육인적자원부.

교육인적자원부(2007). 중학교 검정도서 편찬상의 유의점 및 검정기준. 서울: (주)세원문화사.

권낙원, 민용성, 최미정(2008). 학교 교육과정 개발론-학교 교육과정, 어떻게 이해하고 개발할 것인가. 서울: 학지사.

권덕원(2000). 다문화주의 음악교육론과 국악교육. 음악과 문화, 3권, 59-60.

권덕원, 석문주, 최은식, 함희주(2006). 음악교육의 기초. 파주: 교육과학사.

권성호(1990). 교육공학원론. 서울: 양서원.

김광옥, 박준호, 김희경, 박수진, 이누리(2014). 고등학교 음악과 생활. 파주: ㈜아침나라.

김광웅(2011). 융합학문, 어디로 가고 있나? 서울: 서울대학교출판문화원.

김미숙(2011). 음악 교과서 발전 방향 연구. 음악교육연구, 40(3), 109-125.

김미숙, 김혜선, 권혜인, 허수연(2012). 중학교 음악. 서울: ㈜와이비엠.

김미숙, 임강온, 이호경, 김혜선(2010). 중학교 음악 2. 서울: 더텍스트.

김병희, 정길영, 차상희, 은은숙(2011). 교육과정의 이해. 서울: 공동체.

김상윤, 최진원, 조채영, 권미량, 조정아, 차영숙, 최숙연(2007). 유아교수매체 및 교수공학. 서울: 청목출판사.

김성국, 박신화, 변욱, 승윤희(2014). 고등학교 합창·합주. 광주: (사)한국검인정(광주교육청).

김순애(1997). 교과교육의 이론과 실제. 광주: 조선대학교 출판국.

김승익, 장인영, 민용성, 조난심, 백경선, 이승미, 민부자(2009). 초등학교 교육과정 해설-총론. 서울: 교육과학기술부.

김애자, 최향미(2009). 교재 · 교구 연구 및 지도법. 서울: 창지사.

김왕동(2011). 창의적 융합인재 양성을 위한 과제: 과학기술과 예술 융합(STEAM). STEPI Insight, 제67호. 과학기술정책연구원

김용희, 김신영, 현경실, 현경채, 임인경, 최유진, 오누리(2012). 중학교 음악. 서울: ㈜금성출판사.

김용희, 김신영, 현경실, 현경채, 임인경, 최유진, 오누리(2013). 중학교 음악. 서울: ㈜금성출판사.

김용희, 현경실, 채은영, 김지현, 이세경(2014). 고등학교 음악과 생활. 서울: ㈜금성출판사.

김정원, 김유정, 박현미(2005). 영유아를 위한 교재 · 교구 연구 및 지도법. 서울: 양서원.

김지현, 안소영, 홍청의, 손창위, 김기준, 조은영, 이복희, 주경휘, 김태하(2014). 고등학교 시창 · 청음. 광주: (사)한국검인정(광주교육청).

김지현, 조치노, 박은영, 기 서, 오승식, 조은영, 이기천, 이복희, 김태하(2014). 고등학교 음악과 매체. 제주: (사)한국검인정(제주교육청).

김진수(2011). STEAM 교육을 위한 큐빅 모형. 한국기술교육학회지, 11(2), 124-139.

남덕우(1995). 교육학 대사전. 서울: 교육과학사

노석구, 박현주, 백윤수(2012). 4C-STEAM의 학교 현장 적용을 위한 이슈와 문제점. 교육과학기술부 2012 융합인재교육 STEAM 학술대회 자료집, 67-72.

노승종, 류미옥, 한승환, 이재성, 김동희, 김연진, 주태원, 허지영, 최현주, 박지영(2015). 초등학교 음악 5 · 6. 서울: 교학사.

민경찬(2009). 융합연구와 융합교육. 인문정책 포럼, 제2집, 35-38.

민경훈(1998). 바이마르 공화국 이후 독일 음악교육의 발전. 음악교육연구, 17, 141-172.

민경훈(2004). 상호문화적 음악교육의 의미와 지도방법에 관한 연구-초등학교 중심. 음악과 민족, 제28호, 432-455.

민경훈(2009). 다문화 교육으로서 음악 교육의 필요성과 역할. 예술교육연구, 7권, 1호, 93-111.

민경훈(2014). 음악교과서의 효과적 분석을 위한 분석 준거 모델 개발. 예술교육연구, 12(2), 43-66.

민경훈, 고영신, 김혜정, 최 진, 강창희, 노정숙, 이정대, 임새롬, 임희진(2014). 고등학교 음악 이론. 제주: (사)한국검인정(제주교육청).

민경훈, 김신영, 김용희, 방금주, 승윤희, 양종모, 이연경, 임미경, 장기범, 조순이, 주대창, 현경실(2013). 음악교육학 총론(2판). 서울: 학지사.

민은기, 이경화, 안인경, 송선형(2012). 중학교 음악. 서울: ㈜천재교육.

민은기, 이경화, 안인경, 송선형(2014). 고등학교 음악과 생활. 서울: ㈜천재교육.

민은기, 이경화, 안인경, 송선형, 최원민, 정이은(2014). 고등학교 음악과 진로. 서울: ㈜천재교육.

박은종(2010). 사회과 교재연구와 교수 · 학습법 탐구. 경기: 한국학술정보(주).

박은종(2012). 사회과 교육론의 이해와 탐구. 파주: 한국학술정보.

박인학(1999). 교과교재 연구 및 지도법. 서울: 대왕사.

박지현(2014). 교과서 정책 변화에 따른 음악 교과서의 개선 방향 탐색. 음악교육공학, 19, 1-18.

배장호(2011). 교육학과 교재연구 및 지도법. 경기: 서현사.

백윤수(2012). 융합인재교육(STEAM) 실행방향 정립을 위한 기초연구. 한국과학창의재단 2012-12.

변영계(2003). 교육방법 및 교육공학. 서울: 학지사

변영계, 김영환, 손미(2000). 교육방법 및 교육공학. 서울: 학지사.

서울대학교 교육연구소(1994). 교육학용어사전. 서울: 하우.

서울대학교 교육연구소(2011). 교육학용어사전. 서울: 하우.

서지영, 주형미, 남창우, 윤현진, 손예희, 권유진, 김혜숙, 김기철, 김명정, 박지현, 조성민, 김정효, 이재봉(2012). 디지털 교과서 내용 표준(안) 및 심의 기준 개발. 한국교육과정평가원 연구보고 CRT 2012-1.

석문주, 권덕원, 최미영, 김대원, 최유리, 박주만, 김은영(2014). 초등학교 음악 3·4. 두산동아㈜.

석문주, 권덕원, 최미영, 김대원, 최유리, 박주만, 장은석, 정지혜(2015). 초등학교 음악 5·6. 두산동아㈜.

석문주, 최은식, 함희주, 권덕원(2006). 음악교육의 이해와 실천. 파주: 교육과학사.

성경희(1988). 음악과 교육론. 서울: 갑을출판사.

소진형, 경지숙, 김진숙, 이근호, 이영섭, 안연순(2009). 중학교 교육과정 해설-총론. 서울: 교육과학기술부.

송진웅, 권성기(2003). 과학과 교재 연구 및 지도. 서울: 시그마프레스.

신계휴, 오세균, 송석만, 김종명, 이진원, 홍승연, 유상일(2012). 초등학교 음악 6. ㈜천재교육.

신계휴, 오세균, 송석만, 김종명, 이진원, 홍승연, 조윤경, 천윤영(2012). 초등학교 음악 5. ㈜천재교육.

신귀복, 강덕원(1994). 중학교 음악 2. 서울: 현대음악출판사.

신명경(2013). STEAM 교육에 대한 과학교육 측면에서의 이해. 미래음악교육연구회 제2회 세미나집, 23-35.

신재한(2013). STEAM 융합교육의 이론과 실제. 파주: 교육과학사.

신재한, 김현진, 오동환(2013). 창의 인성교육을 위한 수업 설계 전략. 파주: 교육과학사.

신현남, 김수연, 구희연, 윤경미, 양현경, 이동희(2014). 고등학교 음악 이론. 서울: ㈜교학사.

신현남, 김수연, 구희연, 이동희(2014). 고등학교 음악사. 서울: ㈜교학사.

심성경, 김경의, 변길희, 김나림, 최대훈, 박주희(2007). 영유아를 위한 교수매체의 이론과 실제. 서울: 학지사.

안동순(2012). 학문융합 관점에서 본 융합인재교육(STEAM) 연구. 전북대학교 대학원 박사학위

논문.

안형일, 이남수, 이준기(1988). 중학교 음악 2. 서울: ㈜금성교과서.

양은주, 강민선(2008). 고등학교 실용음악 전문교과서 분석 및 모형 개발. 음악교육연구, 35, 47-73.

양은주, 강민선, 구희연, 이동희(2014). 고등학교 음악과 진로. 서울: ㈜교학사.

양재무, 윤경미, 장보윤(2014). 고등학교 시창 · 청음. 서울: ㈜교학사.

양정실, 조난심, 박소영, 장근주, 은지용(2013). 교과교육을 통한 인성교육 구현 방안. 한국교육과정평가원, RRC 2013-6.

양종모(2013). 음악교과에서 융합교육의 의미와 실천 방법. 제7회 한국음악교육학회 콜로키움 & 워크숍 자료집, 17-34.

양종모, 신현남, 김은영, 박진홍(2014). 초등학교 음악 3 · 4. ㈜음악과생활.

양종모, 신현남, 김한순, 독고현, 황은주(2012). 중학교 음악. 서울: ㈜음악과생활.

양종모, 신현남, 조대현, 김한순, 독고현, 송미애(2014a). 고등학교 음악과 생활. 서울: ㈜음악과생활.

양종모, 신현남, 조대현, 김한순, 독고현, 송미애(2014b). 고등학교 음악과 진로. 서울: ㈜음악과생활.

양종모, 이상규, 우광혁, 허정미, 김은영, 천은영, 박진홍, 최춘지(2012a). 초등학교 음악 5. ㈜금성출판사.

양종모, 이상규, 우광혁, 허정미, 김은영, 천은영, 박진홍, 최춘지(2012b). 초등학교 음악 6. ㈜금성출판사.

엄정례, 유향선(2005). 유아교재교구연구 및 지도법. 파주: 정민사.

오세균, 권경순, 김정인, 류삼일, 오남훈, 우덕상, 이진원, 함명희, 홍주현(2014). 초등학교 음악 3 · 4. ㈜천재문화.

오연주, 안은숙, 김혜수, 이은상, 이경실, 고영주, 이명희(2003). 제작 과정 중심의 교재 · 교구 이론과 실제. 서울: 창지사.

오인경, 최정임(2005). 교육 프로그램 개발 방법론. 서울: 학지사.

유택열(2008). 본질 수업과 실제. 파주: 교육과학사.

윤경미, 장보윤, 곽은순, 곽성원(2010). 중학교 음악 2. 서울: 현대음악.

윤명원, 윤경미, 조성기, 이지혜, 최문희(2012). 중학교 음악. 서울: ㈜천재교과서.

윤명원, 정은경, 이동재, 김애경, 최은아, 이진배, 정일영, 허선영, 이지연(2015). 초등학교 음악 5 · 6. ㈜천재교육.

윤문정, 승윤희(2013). 교육과정 변천에 따른 초등학교 음악교과서의 구성 체계 및 교육적 패러다임 변화 관점에서의 인물삽화 비교 분석. 예술교육연구, 11(3), 43-63.

윤용재, 손철수, 남기홍, 지종문, 김태은, 이요한, 구정미, 정원경, 이주상, 김백희, 홍미리

(2012). 중학교 음악. 수원: 경기도교육청.

윤용재, 손철수, 정의숙, 문상용, 조효진, 김백희, 김금희, 임현경(2014). 고등학교 음악과 생활. 수원: 경기도교육청(㈜중앙교육).

윤현진, 문영주, 주형미, 김정효, 박지현, 윤지훈, 이동엽(2014). 교과용도서 개발 체제의 개선 방안. 한국교육과정평가원 연구보고 CRT 2014-2.

이대균, 송정원(2001). 유아 교재 · 교구 연구 및 지도(pp. 68-73). 서울: 양서원.

이대균, 송정원(2006). 영유아를 위한 교재 · 교구 연구 및 지도. 서울: 양서원.

이성영(1992). 국어과 교재의 특성. 국어교육학연구, 제2집. 국어교육학회.

이성옥, 김서경(2011). 초등학교 5, 6학년 음악교과서 생활화 영역 분석 연구. 음악응용연구, 4, 52-71.

이종국(2001). 한국의 교과서 출판 변천 연구. 서울: 일진사.

이종국(2008). 한국의 교과서 변천사-근대 교과서 백년, 다시 새 세기를 넘어. 서울: 대한교과서주식회사.

이지연(2008). 교육방법 및 교육공학(pp. 125-127). 서울: 서현사.

이철수(2009). 사회복지학사전. 서울: 블루피쉬.

이홍수(1990). 음악교육의 현대적 접근. 서울: 세광음악출판사.

이홍수(1992). 느낌과 통찰의 음악교육. 서울: 세광음악출판사.

이홍수, 고영신, 김일영, 조경선, 강유경(2014). 고등학교 음악과 생활. 서울: ㈜교학사.

이홍수, 민경훈, 고영신, 유명국, 김일영, 윤해린(2012). 중학교 음악. 서울: ㈜교학사.

인명편찬위원회(2002). 새로 나온 인명사전. 서울: 민중서관.

임세빈(1991). 시청각교육. 서울: 한국어린이교육선교회.

장기범 외(2015). 초등 5 · 6 음악. 서울: 미래엔.

장기범, 강연심, 김경자, 김경화, 김희숙, 윤성원, 임원수, 조성기, 표태호, 홍종건 (2014). 초등학교 음악 3 · 4. ㈜미래엔.

장기범, 강연심, 김경자, 김경화, 김희숙, 윤성원, 임원수, 조성기, 표태호, 홍종건 (2015). 초등학교 음악 5 · 6. ㈜미래엔.

장기범, 강연심, 임재섭, 신은경, 김경민(2013). 초등학교 음악 6. ㈜미래엔.

장기범, 김경태, 송무경, 임원수, 조성기, 홍종건(2014). 고등학교 음악과 생활. 서울: ㈜미래엔.

장기범, 임원수, 홍종건, 윤성원, 김경태(2012). 중학교 음악. 서울: ㈜미래엔.

장보윤, 곽은순, 곽성원(2012). 중학교 음악. 서울: 현대음악.

장보윤, 곽은순, 곽성원(2013). 중학교 음악. 서울: 현대음악.

전숙자(2002). 사회과교육의 통합적 구성과 교수 · 학습 설계. 파주: 교육과학사.

정교철(2013). 고등학교 음악교과서의 대중음악 수용사례에 대한 연구. 음악과 민족, 46, 223-266.

정길선(2007). 다원주의 음악교육론, 한일교육연구, 13호, 138-139.

정길선, 허정미, 천은영, 최춘지, 김민하, 강은하, 강세연(2014). 초등학교 음악 3 · 4. ㈜지학사.

정길선, 허정미, 천은영, 최춘지, 김민하, 강은하, 강세연(2015). 초등학교 음악 5 · 6. ㈜지학사.

정길선, 황병숙, 유건석, 강세연, 박경준, 엄숙용(2012). 중학교 음악. 서울: ㈜지학사.

정세문, 이홍수, 정미령, 김준수, 황병훈(1983). 중학교 음악 2. 서울: 동아출판사.

정용부, 오성숙(2001). 교과교재연구 및 지도법. 서울: 학지사.

정욱희, 설창환, 이희종, 유대안, 이정원, 최청와(2012). 중학교 음악. 파주: 성안당.

정종원, 정주혁(2011). 웹기반 비디오 중심 수업분석활동 지원 시스템 개발 요소에 대한 탐색적 연구. 교육방법연구, 23(4), 799-825.

제주특별자치도교육청(2013). 2009 개정 교육과정에 따른 인정 도서 개발 집필자 연수 자료. 제주: 제주특별자치도교육청.

조규락, 김선연(2006). 교육방법 및 교육공학-교육공학의 3차원적 이해. 서울: 학지사.

조난심, 윤현진, 이명준, 차우규(2003). 도덕교육학신론. 서울: 문음사.

조대현(2013). 음악 중심 융합교육과 이를 위한 전제조건. 음악과 민족, 46, 267-289.

조대현(2014). 음악 중심 융합교육의 구현을 위한 제언. 음악과 민족, 48, 183-209.

조벽(2012). 조벽 교수의 수업 컨설팅(대한민국 교사들을 위한 마이크로 티칭 노하우). 서울: 해냄.

조순이(2004). 독일 초등학교 음악교과서와 교사용 지도서 "Musikunterricht(음악수업)"의 내용 체계 분석 연구. 음악교육연구, 27, 227-256.

조용태(2012). Dewey의 자유주의와 다문화 교육. 파주: 교육과학사.

조익상(2012). 한국과학창의재단 지원에 의한 기술 교사용 STEAM 프로그램 개발 사례. 교육과학기술부 2012 융합인재교육 STEAM 학술대회 자료집. 102-113.

조치노, 김태하, 박창희, 서의석, 설창환, 이복희, 조영배(2014). 고등학교 음악사. 제주: (사)한국검인정(제주교육청).

조향숙(2012). 융합인재교육(STEAM)의 정책, 연구, 실천. 교육과학기술부 2012 융합인재교육 STEAM 학술대회 자료집, 9-28.

조효임, 진동주, 김남삼, 우덕상, 김애경, 허 민, 최은아, 정일영(2013). 초등학교 음악 6. ㈜태림.

주광식, 김주경, 최은아(2014). 고등학교 음악과 생활. 서울: ㈜박영사.

주광식, 채은영, 김주경, 최은아(2012). 중학교 음악. 서울: ㈜박영사.

주대창, 강주원, 양재욱, 김현정, 민미식, 최윤경, 한승모, 이지향(2014). 초등학교 음악 3 · 4. ㈜비상교육.

주대창, 강주원, 양재욱, 김현정, 민미식, 최윤경, 한승모, 이지향(2015). 초등학교 음악 5 · 6. ㈜비상교육.

주대창, 정은경, 김현정, 민미식, 이회영, 염현진(2012). 초등학교 음악 5. 태성출판사.

주대창, 정은경, 김현정, 민미식, 이회영, 염현진(2012). 초등학교 음악 6. 태성출판사.

주대창, 홍진표, 노혜정, 김동수(2012). 중학교 음악. 서울: 도서출판태성.

주천봉, 임태홍, 김은희, 이태동(2015). 초등학교 음악 3 · 4. 세광음악출판사.

채현경, 최유미(2012). 예술중심 융합프로그램 개발 연구. 한국문화예술진흥원.

최은식, 김대원, 박현숙, 권혜근, 강선영, 김주연, 하명진(2012). 중학교 음악. 서울: 두산동아㈜.

최일, 김병석, 안정희(2009). 다문화 교육의 이론과 실제. 서울: 학지사.

최일선, 박해미, 이진화(2010). 영유아 교사를 위한 교재교구 연구 및 지도법. 서울: 교육아카데미.

최재천(2007). 통섭-지식의 대통합. 한국생활과학회 하계학술대회 자료집, 제2집.

최재천(2010). 자연과 통섭하라. Design Talk, 4권, 7-12.

한국과학창의재단(2011). 한국의 다빈치 교육, 융합인재교육(STEAM). 2011년 성과발표회 자료
    집.

한국과학창의재단(2012). 융합인재교육(STEAM) 실행방향 정립을 위한 기초연구. 한국과학창
    의재단 2012-12.

한국교과서연구재단(2000). 한국 편수사 연구(I). 한국교과서연구재단 연구보고서 2000-4.

한국교과서연구재단(2001). 한국 편수사 연구(II). 한국교과서연구재단 연구보고서 01-1.

한국사회과교육연구회(2011). 다문화 교육의 이론과 실제. 파주: 한국학술정보㈜ 이담Books.

함희주(2003). 초등학교교육에서 다문화적 음악교육 적용가능성 탐색. 음악교육연구, 25권, 105-
    106.

허강(2004). 한국의 검인정 교과서. 서울: 일진사.

허재영(2006). 국어과 교과서와 교재 지도 연구. 서울: 한국문화사.

허화병, 이희원, 오병태, 장주연(2012). 중학교 음악. 서울: 세광음악출판사.

허화병, 이희원, 오병태, 장주연(2013). 중학교 음악. 서울: 세광음악출판사.

허화병, 전명찬, 유경수, 최진형, 주수진(2014). 고등학교 음악과 생활. 서울: 현대음악.

현경실(2013). 초등학교 음악교과서 국악내용 변천 연구. 예술교육연구, 11(2), 93-111.

홍미희, 김종건, 이동희, 이승윤, 정미, 허유미(2012). 중학교 음악. 서울: ㈜비상교육.

홍종명(2011). 교재 선정을 위한 한국어교재 평가 모형 연구. Foreign Languages Education,
    18(3), 413-438.

황병숙, 정길선, 강세연, 박경준, 김혜진, 엄숙용(2014). 고등학교 음악과 생활. 서울: ㈜지학사.

황병훈, 박학범, 송택동, 홍성민, 김희중, 허지영, 이정민, 김은애, 이효겸, 이재성(2015). 초등학
    교 음악 3 · 4. 서울: 교학사.


[네이버 지식백과] 코메니우스 [Johann Amos Comenius] (인명사전, 2002.1.10., 민중서관)

[네이버 지식백과] 프뢰벨 [Friedrich Wilhelm August Fröbel] (사회복지학사전, 2009.8.15., Blue
    Fish)

Adorno, T. W. (1972). *Dissonanzen, Musik in der verwalteten Welt. Göttingen.* Vandenhoeck & Ruprecht.

Anderson, W. M., & Shehan, C. P. (2010). *Multicultural Perspectives in Music Education,* vol. 2. Lanham: Rowman & Littlefield Education.

Antholz, H. (1970). *Unterricht in Musik.* Düseldorf: Schwann.

Association for Educational Communication & Technology(1977). *The definition of educational technology.* Washington D.C.: AECT.

Badge, J. L., Dawson, E., Cann, A. J., & Scott, J. (2008). Assessing the accessibility of online learning. *Innovations in Education and Teaching International, 45*(2), 103-113.

Banks, J. A. (1993). Approaches to multicultural curriculum reform. In J. Banks and C. Banks (Eds.), *Multicultural education: Issues and perspectives.* Boston: Allyn & Bacon.

Banks, J. A. (2004). *Handbook of Research on Multiculturalism Education.* San francisco, CA: Jossey-Bass.

Banks, J. A. (2006). *Race, Culture, and Education: The Selected Works of James A. Banks.* Taylor & Francis.

Banks, J. A. (2013). *An Introduction to Multicultural Education* (5th ed.). NJ: Pearson Education Inc.

Banks, J. A., & Banks, C. A. M. (Eds.). (2011). 다문화교육의 현안과 전망(차윤경, 부향숙, 윤용경 역, p. 286). 서울: 박학사. (원전은 1993년에 출판)

Bennett, C. I. (2014). *Comprehensive multicultural education: theory and practice* (8th ed.). NJ: Pearson.

Brown, S., & Smith, B.(1996). *Resource-based learning.* London: Kogan Page.

Bruner, J. (1996). *The Culture of Education.* Boston: Havard

Canada's Schoolnet. Retrieved from March 4 from http://www.schoolnet.ca/home/e/resources.

Clark, R. E., & Salomon, G. (1986). Media in teaching. In M. Wittrock (Ed.), *Handbook of research on teaching* (3rd ed.). New York: Macmillan.

Drake, S. M., & Burns, R. C. (2004). *Meeting standard through integrated curriculum.* Alexandria, VA: Association for Supervision and Curriculum Development.

Education Home. Retrieved from March 4 from http://www.microsoft.com/education/?ID=Instructional Resources.

Elliot, D. J. (1995). *A New Philosophy of Music Education: Music Matters.* New York: Oxford University Press.

Fogarty, R. (1991). *The mindful school : how to integrate the curricular, palatine I.* Skylight

& Trainning Pub, Inc.

Helms, S. (1991). Zum Verhaeltnis von Musikpaedagogik und Massenmedien, In Reinhard Schneider (Hrsg.), *Perspektiven Schulischer Musikerziehung in den 90er Jahren, Musik im Diskurs.* Bd. 8. Regenburg: Bosse Verlag.

Hobmair, H. (1997). *Psychologie, 2.* Aufl. Köln: Stam.

Hofstetter, R. (1970). *Ziel und Inhalte in Schulbuechern fuer den Musikunterricht seit 1970: Eine inhaltsanalytische Untersuchung.* Justus-Liebig-Universitaet Giessen.

Januszewski, A., & Molenda, M. (Eds.). (2009). 교육공학-정의와 논평-(한정선, 김영수, 강명희, 정재삼 역). 서울: 교육과학사. (원전은 2008년에 출판)

Lofstrom, E., & Nevgi, A. (2007). From strategic planning to meaningful learning: diverse perspectives on the development of web-based teaching and learning in higher education. *British Journal of Educational Technology, 38*(2), 312-324.

Marsh, C., & Willis, W. (1995). *Curriculum; Alternative Approaches, Ongoing Issue* (3rd ed.). Upper Saddle River, NJ: Merill Prentice Hall.

McCaughey, K. (2010). Ten Great Low-Cost Teaching Tools. *English Teaching Forum, 4,* 24-29.

Morris, C., & Chikwa, G. (2014). Screencasts: How effective are they and how do students engage with them? *Active Learning in Higher Education, 15*(1), 25-37.

Neo, Tse-Kian, & Neo, Mai. (2004). Classroom innovation: engaging students in interactive multimedia learning. *Campus-Wide Information Systems, 21*(3), 118-124.

Newby, T. J., Stepich, D. A., Lehman, J. D., & Russell, J. D. (2008). 교수 · 학습을 위한 교육공학 (노석준, 오선아, 오정은, 이순덕 역). 서울: 학지사. (원전은 2006년에 출판)

Oliveira, J. M., Marti, M. C., & Cervera, M. G.(2009). What changes when technology is good enough? *International Journal of Learning, 16*(2), 477-488.

Pestalozzi, J. H. (2000). 숨은이의 저녁노을(김정환 역). 서울: 박영사. (원전은 1780년에 출판)

Pestalozzi, J. H. (2008). 겔트루드는 어떻게 그의 자녀를 가르치나(김선양 역). 서울: 한국학술정보 (주). (원전은 1801년에 출판)

Reigeluth, C. M. (1983). Instructional design: What is it and why is it? In C. M. Reigeluth (Ed.), *Instructional design theories and models: An overview of their current status,* 3-36. NJ: Hillsdale, Lawrence Erlbaum Associates.

Sünkel, W. (2005). 수업현상학(권민철 역). 서울: 학지사. (원전은 1996년에 출판).

Standford, P., Slavic, A., & Cox, A.(2001). Access to distributed learning material: the EASEL solution. *VINE, 31*(1), 65-70.

Stein, G. (1977). *Schulbuchwissen, Politik und Paedagogik: Zur Sache Schulbuch,* Bd. 10.

Kastellaun: Henn Verlag.

Venus, D. (1984). *Unterweisung im Musikhoeren.* Wilhelmshaven: Heinrichshofen.

Yakman, G. (2008). 2008 PATT Publication: STEAM research-based paper. http://www.steamedu.com, 2014.8.11. 인출.

Yakman, G. (2011). Introducing Teaching STEAM as a Practical Educational Framework for Korea. In STEAM 교육 국제 세미나 및 STEAM 교사 연구회 오리엔테이션, 40-76.

Yildirim, K. (2008). A Case Study on the Use of Materials by Classroom Teachers. *Educational Sciences: Theory & Practice, 8*(1), 305-322.

# 찾아보기

## 인 명

# 내용

# 저자 소개

**대표 저자  김미숙(Kim Misook)**
미국 컬럼비아대학교 음악교육학 박사
현 상명대학교 교육대학원 교수
논문    음악교과서 발전 방향 연구
          문화예술교육사를 위한 음악 감상 레퍼토리 연구
          외 다수


**현경실(Hyun Kyungsil)**
미국 템플대학교 음악교육학 박사
현 성신여자대학교 교육대학원 교수
저서    한국음악적성검사(학지사, 2004)
논문    어린이의 신체동작능력과 음악적성과의 상관관계 연구
          외 다수


**민경훈(Min Kyunghoon)**
독일 뮌스터대학교 음악교육학 박사
현 한국교원대학교 음악교육과 교수
공저    음악교육학 총론(2판, 학지사, 2013)
논문    교과교육학의 관점에서 중등학교 음악교사의 역량 강화에 관한 논의
          외 다수


**장근주(Jang Gunjoo)**
미국 컬럼비아대학교 음악교육학 박사
현 한국교육과정평가원 연구원
논문    음악교사의 교수내용지식(PCK)에 대한 인식
          대학 음악 전공자들의 자기효능감과 연주자신감의 상관관계
          외 다수


**김영미(Kim Youngmee)**
미국 템플대학교 음악교육학 박사
현 계명대학교 교육대학원 교수
편저    음악교수법의 실제(도서출판 돌담, 2011)
논문    중등음악 교육에서의 음악극 활동에 대한 연구: 협동학습에 의한 창의적 음악 활동
          외 다수

**조성기(Cho Sunggi)**

한양대학교 음악이론 박사

현 공주대학교 음악교육과 교수

공저     ICT 활용 음악만들기(한국음악교육공학회, 2006)

논문     음악 감상 학습을 위한 스마트러닝시스템 설계 및 구현

        외 다수


**김지현(Kim Jihyun) 1**

경희대학교 음악교육학 박사

현 조선대학교 음악교육과 교수

논문     Suggestion on the Problem-based Learning Environment for Smart Learning in Pre-service Music Teacher Education

        방과후학교 음악교사의 문제점과 개선 방안

        외 다수


**조대현(Cho Daehyun)**

독일 뷔르츠부륵음악대학교 철학 박사(음악교육학/교육심리학/음악학)

현 경상대학교 음악교육과 교수

공저     아동발달(태영출판사, 2011)

논문     융합교육 발전 방안 연구

        음악교과 재구성 방안 연구

        외 다수


**송주현(Song Joohyun)**

서울대학교 음악교육학 박사

현 서울 신목고등학교 교사

논문     역량 중심 음악과 교육과정 비교 연구 – 영국과 캐나다 퀘백 주 중심

        독일 함부르크 주의 역량 중심 음악과 교육과정 개발 사례 탐색

        외 다수

**박지현(Park Jihyun)**
서울대학교 음악교육학 박사
현 광주교육대학교 음악교육과 교수
논문　교과서 정책 변화에 따른 음악 교과서 개선 방향 탐색
　　　음악 교과서의 질 제고를 위한 편수 용어 정비 방안
　　　외 다수

**최윤경(Choi Yunkyong)**
경북대학교 교육학 박사
현 대구 동도초등학교 교사
공저　초등학교 음악 3·4(비상교육, 2014)
　　　초등학교 음악 5·6(비상교육, 2015)
논문　초등학교 음악 지필 평가 문항의 문제점 분석
　　　외 다수

**김지현(Kim Jheehyeon) 2**
서울대학교 음악교육학 박사과정 수료
현 서울 경동고등학교 교사
공저　고등학교 음악과 생활(금성출판사, 2014)
　　　자유학기 선택프로그램 밴드 합주 워크북 및 지도서(교육부·서울특별시교육청, 2014)

# 음악과 교재 연구
## -음악교육 교재·교구 개발 및 활동-
## Teaching Materials in Music Education

2015년 4월 25일 1판 1쇄 발행
2021년 9월 25일 1판 5쇄 발행

지은이 • 김미숙 · 현경실 · 민경훈 · 장근주 · 김영미 · 조성기
　　　　김지현 · 조대현 · 송주현 · 박지현 · 최윤경 · 김지현

펴낸이 • 김 진 환

펴낸곳 • (주) **학지사**

　　　　04031 서울특별시 마포구 양화로 15길 20 마인드월드빌딩 5층

대표전화 • 02) 330-5114　　팩스 • 02) 324-2345

등록번호 • 제313-2006-000265호

홈페이지 • http://www.hakjisa.co.kr
페이스북 • https://www.facebook.com/hakjisabook

ISBN 978-89-997-0689-9　93370

정가 **17,000원**

이 도서의 국립중앙도서관 출판시도서목록(CIP)은 서지정보유통지원시스템
홈페이지(http://seoji.nl.go.kr)와 국가자료공동목록시스템(http://www.nl.go.kr/kolisnet)
에서 이용하실 수 있습니다.
(CIP제어번호: CIP2015011273)

출판 · 교육 · 미디어기업 **학지사**

간호보건의학출판 **학지사메디컬** www.hakjisamd.co.kr
심리검사연구소 **인싸이트** www.inpsyt.co.kr
학술논문서비스 **뉴논문** www.newnonmun.com
원격교육연수원 **카운피아** www.counpia.com